VIE

DE

P.-FR. NÉRON

PRÊTRE

DE LA SOCIÉTÉ DES MISSIONS-ÉTRANGÈRES

NÉ A BORNAY

au diocèse de Saint-Claude

MARTYR LA FOI AU TONKIN

le 3 novembre 1860

AVEC PORTRAIT, FAC-SIMILE ET CARTE

PAR

M. L'ABBÉ CHÈRE

CHANOINE HONORAIRE

DIRECTEUR AU SÉMINAIRE DIOCÉSAIN DE SAINT-CLAUDE

Appellavi martyrem
prædicavi satis.
(S. Amb., de Virgin.)

VEND AU PROFIT DE LA MISSION DU TONKIN OCCIDENTAL

LONS-LE-SAUNIER

IMPRIMERIE GAUTHIER FRÈRES

1877

VIE

DE

M. P.-FR. NÉRON

M. PIERRE-FRANÇOIS NÉRON

De la Société des Missions-Étrangères de Paris,

Né a Bornay, au Diocèse de Saint-Claude : le 21 Septembre 1818,
Martyrisé au Tonkin Occidental,
le 3 Novembre 1860.

VIE

DE

M. P.-FR. NÉRON

PRÊTRE

DE LA SOCIÉTÉ DES MISSIONS-ÉTRANGÈRES

NÉ A BORNAY

au diocèse de Saint-Claude

DÉCAPITÉ POUR LA FOI AU TONKIN

le 3 novembre 1860

AVEC PORTRAIT, FAC-SIMILE ET CARTE

PAR

M. L'ABBÉ CHÈRE

CHANOINE HONORAIRE

DIRECTEUR AU SÉMINAIRE DIOCÉSAIN DE SAINT-CLAUDE

Appellavi martyrem
prædicavi satis.

(S. Ambr., de Virgin.)

LONS-LE-SAUNIER

IMPRIMERIE GAUTHIER FRÈRES

—

1877

ÉVÊCHÉ

DE

SAINT-CLAUDE

APPROBATION

Saint-Claude, 16 juin 1877.

MONSIEUR ET BIEN-AIMÉ DIRECTEUR,

Je ne puis qu'applaudir à la bonne pensée que vous avez eue de livrer à l'impression votre intéressante étude sur la vie édifiante et trop courte de notre jeune et généreux martyr de la Société des Missions-Etrangères, M. Néron, une des belles gloires sacerdotales de ce diocèse. C'est avec un empressement de cœur que je vous envoie mon approbation, après la lecture pleine de charmes que j'ai faite de votre travail. Il produira certainement les plus heureux fruits dans tous les cœurs chrétiens ; et ceux qui auront lu votre livre se feront un devoir de le répandre.

Recevez, cher Monsieur, avec mes encouragements, la nouvelle assurance de mes meilleurs sentiments d'affection et de dévouement en N.-S.

† LOUIS-ANNE,
Évêque de Saint-Claude.

LETTRE DE Mgr BESSON

Évêque de Nîmes

A L'AUTEUR

———

Cauterets, le 16 juillet 1877.

MON CHER AMI,

Vous avez bien voulu me faire lire, un des premiers, après votre évêque bien-aimé, les pages encore inédites de la vie de M. Néron, prêtre du diocèse de Saint-Claude et martyr de la foi au Tonkin.

Je vous remercie de cette attention qui me révèle toute votre amitié, et, la lecture achevée, je ne veux pas terminer ma journée, sans vous féliciter de votre bel ouvrage.

Vous en avez réuni tous les documents avec une piété vraiment fraternelle, puisqu'il s'agissait d'un de vos condisciples et de vos amis. Mais les détails dans lesquels vous êtes entré sur sa famille, sa jeunesse, ses études, sa vocation, ont tout leur intérêt, même pour les étrangers, et vous avez su y mettre autant de mesure que d'exactitude.

Je ne regarde point comme un hors d'œuvre les pages consacrées aux Missions Etrangères. Plusieurs connaissent déjà toute cette histoire, mais beaucoup l'ignorent, et ceux mêmes qui la connaissent la relisent toujours avec un nouveau plaisir. Il n'y a point d'histoire dont on puisse dire plus justement : *Indocti discant, et ament meminisse periti.*

Au sortir du Séminaire qui forme les martyrs, M. Néron n'a plus que dix ans à vivre. Mais quelles années ! quelles œuvres ! quels périls ! quelles épreuves ! quel sacrifice ! Dans tout ce récit vif, animé, rapide, entraînant, notre vénérable compatriote m'apparaît à la fois comme un vrai Comtois et un vrai Missionnaire. Il n'oublie ni ses chères montagnes du Jura, ni ses vieux maîtres, ni ses condisciples, ni sa famille. Nous le trouvons soit dans ses voyages, soit dans ses courses apostoliques, avec les Guillemin, les Jeantet, les Gauthier, les Theurel, ces noms si chers aux missions et à la Comté. C'est Mgr Theurel qui nous fournit le récit de son martyre ; c'est lui qui vient l'apporter à sa famille et qui la console en l'entretenant de sa gloire. Mais, un an après ce voyage, le jeune évêque d'Acanthe meurt lui-même au Tonkin, et M. Néron vient à sa rencontre, du haut des collines éternelles, comme pour recevoir de sa bouche les nouvelles qu'il lui apporte et de ses catéchumènes et de ses compatriotes.

Après ce récit, comment ne pas espérer avec vous que les jours du triomphe sont enfin arrivés et que l'Eglise du Tonkin sera désormais prospère et florissante ! Le traité conclu à Saïgon, le 15 mars 1873, entre la France et le royaume d'Annam, garantit à nos missionnaires la pleine liberté de leur apostolat. Ce traité me semble comme signé par le sang de votre héros, presque inconnu au monde. Voilà le vrai sceau et la bonne signature. Merci, mon cher ami, de nous les avoir révélés. Vous avez fait un beau livre et une bonne action. L'évêque de Nimes, en sa qualité de franc-comtois qu'il n'oubliera jamais, s'estime heureux de connaître par votre ouvrage un martyr qui fait tant d'honneur à sa province.

Veuillez agréer, mon cher ami, l'expression de mes plus affectueux sentiments.

† LOUIS, év. de Nimes.

SÉMINAIRE

DES

MISSIONS-ÉTRANGÈRES

LETTRE DE M. LESSERTEUR

ancien missionnaire au Tonkin,
Directeur au séminaire des Missions-Étrangères.

29 juin 1877,
en la fête de saint Pierre.

MON BIEN-CHER MONSIEUR,

J'ai pris connaissance de la vie de M. Néron, que vous avez eu la bonté de me communiquer. Je l'ai lue avec beaucoup de plaisir et avec le plus vif intérêt. Les divisions de votre travail que vous avez pris la peine d'établir, pour la commodité de vos lecteurs, et que l'on ne rencontre pas d'ordinaire dans les ouvrages de ce genre, sont heureuses et reposent l'esprit.

A notre époque, où l'on parle souvent de l'abaissement des caractères, il importe plus que jamais de mettre en lumière les figures énergiques des héros chrétiens. Et quels sont ceux qui méritent plus justement ce titre, que ces hommes de foi et d'abnégation, qui, après s'être dévoués à annoncer aux idolâtres la bonne nouvelle, ont ensuite scellé le témoignage de la vérité par l'effusion de leur sang. Je vous félicite sincèrement d'avoir su bien faire ressortir le côté saillant du caractère de M. Néron, c'est-à-dire son énergie peu commune.

Je ne doute pas que la lecture de ces pages ne fasse germer, dans le cœur de plus d'un jeune homme vertueux, de nobles sentiments de zèle et de dévouement pour le salut des infidèles, et que votre livre ne contribue de la sorte beaucoup à procurer la plus grande gloire de Dieu.

Recevez, mon cher Monsieur, l'assurance de mon respectueux attachement en N.-S.

E.-C. LESSERTEUR.

PROTESTATION DE L'AUTEUR

En conséquence des décrets d'Urbain VIII, auxquels je
suis sincèrement et inviolablement soumis, je déclare que
si, dans ce livre, j'ai qualifié de *Martyr* celui dont j'ai écrit
la vie, ce n'a été que pour me conformer à l'usage reçu
parmi les fidèles, qui donnent volontiers ce titre aux pieux
missionnaires mis à mort pour la Foi. A l'Eglise Romaine
appartient seule de déclarer ceux qui sont martyrs. J'attends avec respect son jugement, auquel je me soumets de
cœur et d'esprit comme un enfant obéissant.

DÉDICACE

AU TRÈS-SAINT RÉDEMPTEUR.

———

SEIGNEUR JÉSUS,

Daignez avoir pour agréable l'offrande que je vous fais de cette fleur, cueillie au pied de votre Croix, et tout empourprée du sang de votre Passion.

Vous êtes le Roi des Martyrs ; c'est Vous qui allumez, dans le cœur des Apôtres, ce feu que Vous êtes venu apporter sur la terre, et votre charité en eux va jusqu'à leur faire donner leur vie pour Celui qu'ils aiment. Ils sont votre glorieuse image : leur amour, plus fort que la mort, nous remet devant les yeux la grande immolation du Calvaire ; et, par eux, nous nous sentons saintement provoqués à aimer davantage Celui qui s'est livré pour nous.

Votre Eglise chante de ses Martyrs, qu'ils exhalent devant vous comme l'odeur du baume le plus précieux.

Seigneur Jésus, que cette rose de la Passion, qui a germé sur notre terre, répande dans les âmes le parfum de votre eharité ; qu'elle soit pour les fidèles, pour les pieux Lévites, pour vos prêtres, comme un arôme de sainteté, d'incorruptibilité et de vie ; que son éclat sanglant nous remette sous les yeux toutes ces grandes et fortes vertus qui font du chrétien une hostie sainte devant Dieu. Je vous le demande par l'intercession de Celle en qui nous saluons la Reine des Martyrs, comme l'Auguste Vierge Immaculée, Mère de Dieu et des hommes.

AVANT-PROPOS

Notre but, en écrivant la vie de M. Néron, a été de montrer, dans le missionnaire martyr, une des œuvres les plus admirables de la grâce du Rédempteur.

La grâce est le principe de tout bien surnaturel dans l'homme. Encore qu'elle n'opère point sans nous et qu'elle doive, pour être efficace, obtenir cette libre coopération que la volonté de l'homme peut toujours lui refuser, toutefois, quand l'homme se détermine et fait le bien, c'est la grâce qui l'a prévenu, et elle opère avec lui.

Or, en Pierre-François Néron, la grâce a opéré ce qu'il y a de plus grand dans l'Eglise de

Dieu : l'apostolat et le martyre. Et, pour faire de cet homme, notre frère, un apôtre et un martyr, elle a suivi ce progrès que la sagesse infinie sait mettre dans ses œuvres; ce qui donne lieu d'étudier successivement dans M. Néron : la vocation, — la préparation, — la vie apostolique, — la consommation par le martyre.

De là quatre parties dans ce livre. Le lecteur, si nous ne sommes pas resté trop au-dessous de notre tâche, trouvera à admirer, en chacune d'elles, les richesses de la bonté et de la miséricorde de notre Dieu et Sauveur.

Nous indiquons presque toujours, dans les différentes parties du récit, à quelles sources nous avons puisé. Au reste, il ne faut pas perdre de vue que cette vie a été composée près des lieux où s'écoula l'enfance et la première jeunesse du missionnaire martyr. Nous avons interrogé ses parents, ses maîtres, ses amis. Les deux prêtres qui ont suivi le plus attentivement les progrès de Dieu dans cette âme, M. Clément, le curé du futur martyr et M. l'abbé Cornu, son directeur au petit séminaire de Nozeroy, ont même pris le soin de mettre par écrit leurs souvenirs, afin de nous les communiquer plus complets. Bien plus, nous avons eu entre les mains la plupart des lettres de M. Néron, lettres qui ouvrent un jour si admirable sur son intérieur. Il faut ajouter à tout cela nos souvenirs et nos impressions personnelles, puisque nous avons eu le bonheur de passer trois années, dans les maisons ecclésiastiques de ce diocèse, en compagnie de l'aspirant des missions, dont la réputation de sainteté était déjà grande parmi ses conséminaristes.

Tels sont nos titres à être cru du lecteur. La consolation que nous a fait éprouver l'étude de la vie de M. Néron et le profit que nous en avons tiré pour notre âme nous donnent lieu d'espérer que la lecture de ce livre sera utile, qu'elle édifiera et fortifiera.

Puisse-t-elle en particulier contribuer à accroître dans les âmes le zèle pour les missions et pour l'œuvre si admirable de la Propagation de la Foi. « *Levez les yeux*, disait le Sauveur à ses disciples, en leur montrant les régions infidèles de la Samarie, *et voyez ces campagnes : elles sont déjà blanches pour la moisson.* (S. Jean IV, 35) ». — Et ailleurs, quand il envoya les soixante-douze disciples : « *La moisson est abondante, mais les ouvriers peu nombreux. Priez donc le maître de la moisson qu'il envoie des ouvriers, pour recueillir sa moisson* (S. Luc X, 2). »

Au séminaire de Lons-le-Saunier, le 2 juillet 1877, en la fête de la Visitation.

LA VOCATION

VIE DE M. NÉRON

PREMIÈRE PARTIE

LA VOCATION

I

NAISSANCE ET PREMIÈRES ANNÉES DE M. NÉRON.

Le berceau de celui dont j'entreprends de retracer la vie, ne fut point glorieux selon le monde.
Dieu fit naître son serviteur au sein d'une famille
de cultivateurs honnêtes, mais peu aisés, gagnant
péniblement leur vie par le travail des champs.
Bornay, son pays, jadis mieux connu par le château fort qui couronnait la montagne derrière laquelle s'abrite le village, n'est plus aujourd'hui
qu'une petite commune de 300 habitants, située
au pied du premier plateau du Jura, à 9 kilomètres sud de Lons-le-Saulnier. C'est là que vint au
monde, sous un pauvre toit, le 21 septembre 1818,
un enfant appelé de Dieu à la plus haute de toutes
les gloires chrétiennes. Le premier de tous, il
devait illustrer notre jeune Eglise de St-Claude
par la généreuse effusion d'un sang offert à Jésus-
Christ.

Son père s'appelait Claude Néron, sa mère, Marie-Claudine Renaud. Il était le cinquième de leurs neuf enfants. Dès le lendemain de sa naissance, il reçut le saint baptême dans l'église paroissiale de Moiron, de laquelle dépendait alors Bornay. On lui donna les noms de Pierre-François. M. Monnard, nouvellement arrivé dans la paroisse en qualité de vicaire, lui administra ce sacrement. Ce fut aussi ce digne prêtre, devenu plus tard curé de Moiron, qui le prépara à la première communion. L'enfant avait douze ans lorsqu'il se vit admis à la table sainte.

Bornay, peu de temps après, cessait de dépendre de Moiron pour le spirituel. La vieille chapelle de saint Éloi, seul reste du *castrum* qui occupait anciennement le sommet de la montagne, tint provisoirement lieu d'église paroissiale, et les habitants de Bornay eurent leur curé. Nous trouvons à la tête de la paroisse, en 1833, un prêtre dont le nom reviendra souvent dans ce récit. M. Clément, pasteur vraiment selon le cœur de Dieu, joignait à un remarquable esprit de zèle et de piété une profonde humilité et une grande douceur. Dieu l'avait choisi pour être l'ange de son élu. Quand il arriva à Bornay, le jeune Néron avait à peu près quinze ans.

La première jeunesse du futur missionnaire s'était passée, comme celle des enfants de sa condition, moitié à garder les troupeaux, moitié à fréquenter l'école du village. A l'école il surpassait en intelligence les plus forts de sa classe. M. Clément, le nouveau curé de Bornay, aimait à visiter ce qu'il appelle « la petite assemblée savante. » Aux élèves de la première division, il donnait soit à composer une lettre sur quelque sujet familier, soit à rapporter une histoire ou une fable dont le bon prêtre faisait ressortir la morale. Pierre-François, qui fréquentait l'école en hiver, « ne s'acquittait pas mal de ce travail, au dire de son curé, et toujours mieux que les autres. »

Qu'était-il pour la piété ? La grâce mit-elle de bonne heure son sceau sur son élu? Aimait-il, petit berger, à se tenir à l'écart, pensif et recueilli, pour mieux goûter dans le silence, les communications de son Dieu ? S'était-il senti dès ses jeunes ans, attiré vers le sacerdoce : et faut-il, pendant que son troupeau paissait sur la montagne, en face de cette immense plaine qui s'étend des monts du Jura aux coteaux de la Bourgogne, se le représenter comme emporté au loin par la pensée vers des régions étrangères qui semblaient l'appeler ?

Rien de semblable dans les premières années de M. Néron ; rien jusqu'à dix-sept ans, qui le distinguât des jeunes gens de son âge, sinon ses allures décidées et son ardeur à l'ouvrage. C'était le plus vigoureux travailleur du pays, mais travailleur ami du bruit comme du grand air, et dont M. Clément disait, tout en cherchant à se l'attacher, qu'il pourrait bien quelque jour donner de l'embarras à son curé. « Nature ardente sous « une enveloppe en apparence froide, nous dit « un de ses compagnons devenu plus tard domi-

« nicain, Pierre-François était le boute-en-train
« des parties de plaisir à Bornay. Les divertis-
« sements les plus animés étaient les siens et il
« aimait entre tous les fêtes et les réjouissances
« du village. »

Cependant la grâce parlait haut à certaines
heures et des combats se livraient dans cette
âme naturellement généreuse. On se rappelle
dans sa famille l'avoir surpris, au sortir de ces
réunions bruyantes, pleurant sa jeunesse dissipée
et récitant, dans quelque coin, le chapelet de la
bienheureuse Vierge. C'était Dieu, pour parler le
langage de saint Augustin, qui « du fond le plus
« intérieur lui faisait ramener par la pensée toute
« sa misère devant les yeux de son cœur, et il
« s'y élevait un affreux orage chargé d'une pluie
« de larmes. Et, pour les répandre, il se levait
« et allait demander à la solitude la liberté des
« pleurs. Toutefois, il n'était pas sans entendre
« encore le murmure des vanités, jusqu'à ce que
« le Seigneur le pressât de nouveau au plus se-
« cret de son âme. Il n'arrivait pas, n'atteignait
« pas, ne tenait rien : hésitant à mourir à la va-
« nité, à vivre à la vie, il se laissait dominer plutôt
« par la dissipation, cette compagne de sa jeu-
« nesse, que par les sentiments nouveaux que
« Dieu mettait en lui (1). »

(1) *Confessions de saint Aug.*, trad. par M. L. Moreau :
Liv. VIII, chap. 11, 12.

II

CONVERSION PARFAITE.

Dans cette lutte intestine, la grâce à la fin l'emporta. Elle opéra dans Pierre-François Néron, vers l'âge de dix-sept ans, un changement merveilleux et qui en fit à la lettre un homme nouveau. Comment la voix de Dieu se fit-elle entendre aussi douce que puissante ?

On raconte qu'Antoine, entrant un jour dans l'Eglise pendant la lecture de l'Evangile, prit pour lui-même ces paroles : « *Va, vends ce que tu* « *possèdes, donne-le aux pauvres, et tu auras un* « *trésor dans le ciel ; puis, viens, suis-moi* (1) ; » elles l'avaient aussitôt converti à Dieu. Un soir d'hiver, pendant une de ces longues veillées qui réunissent la famille autour du foyer, le jeune Néron ouvrit comme par hasard le petit traité si connu sous le nom de *Pensez-y-bien*, et parcourut en silence les premières pages où tombèrent ses yeux. Que lui disaient-elles ?.... Nul ne le sait. Mais, comme Antoine, il sentit que ces paroles s'adressaient à lui-même, et le lendemain il était aux pieds d'un confesseur. « Un changement, comme je n'en ai jamais rencontré dans ma vie, dit le prêtre compagnon de sa jeunesse, avait été l'œuvre instantanée de la grâce. »

(1) S. Matth. XIX, 21.

La conversion fut aussi durable qu'elle avait
été soudaine. On vit dès-lors Pierre-François Néron s'approcher régulièrement des sacrements
tous les quinze jours, au plus tard tous les mois.
Son travail des champs, sanctifié par la prière,
était dès le matin offert et consacré à Dieu. Recueilli
et silencieux, au milieu de ses frères et sœurs, il
semblait étranger à ce qui se passait autour de
lui. A midi, quand les autres se reposaient, le
nouveau converti aimait à puiser dans quelque
forte et salutaire lecture, un aliment à ses saintes
pensées. Les pieux opuscules de l'abbé Baudrand
étaient, avec les *Annales de la Propagation de
la Foi*, et une histoire des Trappistes, ses livres
de prédilection.

Est-il besoin de dire qu'il ne restait plus rien
à M. Clément des craintes involontaires que lui
avait fait concevoir le jeune homme, naguère si
turbulent, aujourd'hui modèle de Bornay ? Il assistait aux offices de la paroisse avec tant de piété
et de recueillement, que sa tenue à l'église, s'il
fallait en croire le modeste curé, produisait plus
de fruits que les exhortations du pasteur. Pierre-
François, chaque dimanche, faisait régulièrement
une demi-heure d'oraison, la lecture spirituelle et
la visite au T.-S. Sacrement. Non-content de l'apostolat de l'exemple, il aimait à exercer son zèle
autour de lui, particulièrement sur ceux de son
âge, pour les amener au saint tribunal. On cite
aussi un homme aveugle de la paroisse, qu'il allait
prendre souvent pour le conduire et le ramener de
l'église. Sa piété d'ailleurs était simple et franche,

ennemie de l'ostentation comme du déguisement : aussi possédait-il l'estime et l'affection de tous, même des plus indifférents.

« Ce qui le caractérisait dès-lors, a témoigné le « P. Thomas, dominicain, c'était une énergie de « volonté qui avançait lentement mais résolûment « et ne reculait jamais. Ce mot, le plus rare qu'il y « ait au monde : Je veux, il savait le prononcer…. « La Providence lui avait donné pour premiers « guides les deux prêtres les mieux faits pour ré- « pondre aux desseins de Dieu sur lui : M. Bœuf, « alors curé de Vernantois, dont la parole en- « thousiaste, pleine d'énergie et de foi, lui révé- « lait la vocation du prêtre et de l'apôtre, et « trempait en barre de fer ce métal en fusion ; « M. Clément, qui venait, lui, par ses douces « vertus, en adoucir les angles naturellement « saillants. »

Tous ceux qui ont connu M. Néron depuis l'époque de sa pleine conversion à Dieu, ne l'ont point dépeint autrement. Une tenace énergie demeure le trait fondamental de cette âme, bien servie du reste par ses organes. M. Néron, en effet, était doué d'un tempérament robuste et possédait une de ces constitutions vigoureuses qui secondent puissamment la force de la volonté. A son air résolu quoique modeste, on reconnaissait une âme forte et virile. Il avait le regard naturellement animé, trahissant une grande activité intérieure. Son visage respirait la droiture et la simplicité.

III

MANIFESTATION DES DESSEINS DE DIEU.

« *L'Esprit souffle où il veut*, a dit Notre-Sei-
« gneur, *vous entendez sa voix, mais vous ne*
« *savez ni d'où il vient ni où il va* (1). » Pierre-
François Néron avait entendu la voix de l'Esprit ;
il savait que cet esprit venait de Dieu et qu'il allait à Dieu ; mais jusqu'où il devait conduire celui
à qui sa voix s'était fait entendre, le pieux jeune
homme, sans doute, ne le sut pas d'abord. Nous
ne pouvons indiquer ni le jour ni l'heure où commença à lui être révélé le dessein de Dieu ; combien de temps il porta caché en lui le *Secret du
Roi*, nous l'ignorons pareillement : jusqu'à l'année 1837, rien n'avait percé de la vocation du
jeune Néron.

Un dimanche de cette même année, M. le curé
et son pieux paroissien avaient prolongé encore
plus qu'à l'ordinaire leur prière à l'église. A la
sortie, le digne pasteur se voit aborder par Pierre-
François qui lui dit en soupirant : « Ah ! monsieur
le Curé, si c'était encore temps ! si je pouvais encore étudier ! »

Il avait près de dix-neuf ans. Pris à l'improviste par une telle ouverture, M. Clément n'omit

____

(1) S. Jean, III, 8.

rien pour combattre ce projet : il opposa l'âge, les faibles ressources de la famille, les longues années qu'il faudrait passer sur les bancs avant de parvenir au sacerdoce ; il ajouta même que peut-être son paroissien n'envisageait pas l'état ecclésiastique sous son vrai jour, qu'en tout cas, il n'y fallait pas chercher le bien-être. A toutes ces objections, le saint jeune homme répondait : « Je n'ai d'autre désir que de faire un peu de bien si Dieu m'en juge digne ? Essayons toujours !... »

C'était le soir : la nuit qui porte conseil ne fit que confirmer Pierre-François dans sa résolution, et il insistait dès le lendemain pour qu'on consultât les supérieurs.

M. Clément, accompagné de son aspirant, se rendit le mardi matin à Lons-le-Saulnier, auprès de M. Genevay, de vénérée et sainte mémoire, alors supérieur du Séminaire diocésain. La Providence, pour éprouver la vocation du futur missionnaire, permit que M. Genevay se montrât opposé à son projet. Il était rare, disait-il, qu'on tirât bon parti des écoliers de cet âge, et qu'ils rendissent dans la suite de grands services à l'Eglise. Ce jeune homme s'était exercé aux travaux des champs : pourquoi les quitter ? N'était-ce pas le cas d'appliquer ces paroles de l'apôtre : « *Que chacun demeure dans la vocation à laquelle il a été appelé* (1). » M. Clément transmit cette affligeante réponse à son paroissien, qui n'en fut nullement ébranlé. Admirant sa persistance, le

____

(1) I. Ep. aux Corinth., VII, 20.

bon curé promit de l'initier prochainement aux premiers éléments de la langue latine.

On se demande si M. Néron, dont la résolution apparaît divine à force de constance, avait dès-lors pleine conscience de sa vocation à l'apostolat. Oui, déjà à cette heure, Dieu montrant à son élu les régions lointaines, lui avait dit dans ce langage intime qui n'appartient qu'à lui : *Tu seras missionnaire.* Cette parole, à l'origine, avait pu passer inaperçue, presque imperceptible; mais la voix divine, grandissant chaque jour, ne se laissait plus méconnaître.

Où et comment eut lieu cette révélation ? C'est au contact d'une âme d'apôtre que s'allume ordinairement dans une autre âme le feu sacré de l'apostolat et le désir ardent du martyre. Jean-Théophane Vénard, petit berger de neuf ans, après avoir dévoré les pages où sont racontés la vie et le martyre du Vén. Cornay, enfant comme lui de l'illustre Eglise de Poitiers, s'écriait tout transporté : « Et moi aussi, je veux aller au Tonkin; moi aussi je veux être martyr! » Dieu qui l'appelait à la gloire de verser son sang pour Jésus-Christ, venait de mettre l'âme de l'enfant en contact avec celle d'un martyr : l'étincelle divine avait jailli; elle devait, au jour marqué par la Providence, allumer dans M. Vénard l'incendie qui en ferait un parfait holocauste à Dieu.

Il se passa quelque chose de semblable pour M. Néron. Nous tenons de deux de ses condisciples, à qui il en avait fait la confidence, que la lecture des *Annales de la Propagation de la Foi*

excita de bonne heure en lui, après sa conversion, le désir des missions. Si nous le voyons donc
demander avec une si pieuse instance à commencer ses études ecclésiastiques, c'est qu'il voulait
devenir missionnaire et qu'il n'aspirait à rien
moins qu'à la couronne du martyre. Sa prudence
et son humilité l'empêchèrent de faire connaître
avant le temps son généreux dessein. Mais quand
il disait modestement à son pieux curé : « Je n'ai
d'autre désir que de faire quelque bien, si Dieu
« m'en juge digne, » déjà la grâce l'avait appelé à
l'apostolat et au martyre.

Maintenant se trouve achevée la première partie de l'œuvre de Dieu dans la vocation de son élu.
Nous avons pu remarquer en Pierre-François
Néron trois grâces insignes de vocation, et chacune a été comme une manifestation à part de la
grande miséricorde de Dieu sur les âmes. La
première, entièrement gratuite, l'appelle par le
baptême à la vie divine en Jésus-Christ; la seconde, toute de miséricorde, l'arrache à une jeunesse dissipée pour le faire vivre de la vie parfaite
de son baptême; la troisième qui couronne magnifiquement ces dons, élève l'humble jeune homme jusqu'à la vocation au sacerdoce : et dans
cette vocation au sacerdoce point déjà, avec celle
de l'apostolat, la gloire future du martyre.
C'est un spectacle fréquent, mais pourtant sublime et divin, que cette action de la grâce dans
un cœur qui se laisse pénétrer de ses divines
influences. Voyez ce jeune homme, il est né sous

un pauvre toit ; les jours de son enfance, les années de sa première jeunesse ont été absorbés par des occupations vulgaires, comme le soin des troupeaux et la culture des champs ; hier encore, c'était un simple enfant de village, dont l'esprit à peine ouvert par les leçons élémentaires de l'école, se contentait d'un étroit horizon, sans rien voir au delà de son pays ; peut-être même la vie dissipée, l'esprit d'indépendance et les instincts grossiers n'auraient pas tardé à prévaloir. Mais voilà que son âme docile aux secrets mouvements de la grâce, tend à s'affranchir des sens ; monte vers la lumière et s'élève de plus en plus au dessus des mesquines préoccupations de la vie matérielle : elle agrandit ses vues et se dilate jusqu'à embrasser l'humanité et le monde, je veux dire, Jésus-Christ, les âmes, l'Eglise.

En se communiquant à son âme, la charité de Jésus-Christ lui a imprimé son propre mouvement, qui est de se donner ; il se donnera donc, et, en se donnant, il donnera ce qu'il a, Jésus-Christ, et il voudra le donner à tous, parce que Jésus-Christ s'est donné à tous, et qu'il est pour tous, la Voie, la Vérité et la Vie ; et, comme Jésus-Christ nous a apporté le salut dans son sang, la charité, en lui, ira jusque là : « Mon Dieu, s'écriera-t-il, vous avez donné votre sang pour nous ! voilà le mien, pour les âmes et pour vous. » Vous vous dites, plein d'émotion : c'est un héros ; et lui, il pleurera de ne rien faire pour Dieu.

Ces merveilles de la grâce ne cessent de se

réproduire au sein de l'Eglise. On les verra éclore partout, à la condition que les âmes ne soient point soustraites à l'action de la religion et qu'elles respirent pleinement l'air vivifiant de la foi.

LA PRÉPARATION

DEUXIÈME PARTIE

LA PRÉPARATION

I

L'ÉLÈVE DU PRESBYTÈRE.

Vers la Toussaint de 1837, Pierre-François Néron quittait les travaux des champs pour se faire l'élève de son curé. Il avait dix-neuf ans. Redevenir écolier à cet âge, quand rien surtout dans les occupations antérieures n'y a préparé, c'est une laborieuse entreprise et dont le succès demeure toujours incertain. La mémoire, faute d'avoir été cultivée, est ordinairement paresseuse et l'esprit peu ouvert se trouve moins apte à l'acquisition des sciences ecclésiastiques. Est-il bien sûr aussi que les habitudes contractées ne rendront pas difficile le séjour du presbytère, et qu'on trouvera supportables cette vie d'application, ces études continues et arides dans lesquelles on aura pour rivaux, souvent redoutables, des enfants de douze ans.

Rien de tout cela ne devait décourager le nouvel écolier. Ce n'était pas qu'il eût en partage une grande facilité : si l'intelligence se montra toujours, chez lui, solide et exacte, en revanche elle n'avait rien de vif ni de brillant. Mais l'ardent jeune homme se sentait au cœur l'amour de Dieu et des âmes : il s'était dit, dans la confiance que lui inspirait le secours divin, qu'il ne reculerait devant aucune difficulté pour mener à bien sa préparation au Sacerdoce, et c'est résolument qu'il se mit à l'œuvre.

On le voyait arriver tous les matins, dès les six heures, au presbytère de Bornay, pour y faire oraison avec son pieux curé. L'heure de la messe venue, il accompagnait le digne prêtre à la vieille chapelle du château, qui tenait toujours lieu d'église paroissiale ; et là, il assistait, immobile de piété et de recueillement, au sacrifice de nos autels. Il s'en allait ensuite, tout plein d'une sainte ardeur, à son travail d'écolier qu'il n'interrompait qu'à midi, pour le reprendre une heure après. On le retrouvait le soir devant le T.-S. Sacrement, où son âme rafraîchie aux sources vives de la grâce, ne se lassait point de se répandre en présence de son Dieu.

C'était déjà la vie d'un fervent séminariste que menait le jeune Néron. Son nouvel état lui procurait le moyen de mieux satisfaire à ses désirs de perfection et les exercices spirituels, loin de coûter des efforts à sa piété, ne lui apportaient pas moins de charmes qu'ils ne communiquaient à son âme de force pour le bien.

Il n'est pas rare, en Franche-Comté, de voir

le presbytère converti en école. Les prêtres des paroisses, suivant en cela les prescriptions des plus anciens conciles, se font un devoir de discerner, parmi les enfants appartenant à des familles chrétiennes, ceux en qui le caractère heureux, un esprit ouvert et une piété solide, leur paraissent des indices de vocation à l'état ecclésiastique (1). Volontiers, ils les initient eux-mêmes aux premiers éléments de la science, en attendant qu'ils puissent les présenter aux maisons ecclésiastiques du diocèse. Pierre-François eut donc des compagnons d'étude à Bornay, comme il compta des amis dans plusieurs jeunes latinistes des presbytères voisins. Ces élèves, compagnons ou amis du jeune Néron, sont demeurés, avec M. Clément, les témoins de la piété et des vertus cléricales qui brillaient déjà dans le futur apôtre.

On était surtout édifié de sa grande dévotion envers Notre-Seigneur dans l'Eucharistie. Il était bien cette fleur que la main de Dieu avait plantée, qui croissait tous les jours à l'ombre des autels et embaumait le sanctuaire des parfums de sa vertu. Les heures s'écoulaient vite pour le pieux écolier au pied des tabernacles : ses plus beaux jours étaient ceux où il avait le bonheur de communier. Son curé, sur sa demande, lui avait confié les fonctions de sacristain, qui lui permettaient de rester un plus long temps à l'église. Un

---

(1) Le concile de Vaison, tenu en 529, recommande aux prêtres « d'élever et d'instruire chez eux de jeunes lecteurs qui puissent leur succéder. »

jour il proposa au jeune Thomas, élève de latinité comme lui, de passer toute une nuit devant le T.-S. Sacrement, ce qui fut accepté : « *L'esprit est prompt mais la chair est faible* (1) ; » son condisciple eut vite succombé au sommeil. Pour lui, ses yeux comme son cœur veillèrent jusqu'au matin devant les saints autels.

Le zèle croissait dans cette âme en proportion de la piété. Déjà elle rendait à ceux qui en approchaient ce son du sacrifice auquel se reconnaît la grandeur chrétienne. La vie austère des Trappistes et l'apostolat dans les contrées lointaines étaient le sujet de prédilection des entretiens du futur apôtre.

Mais il est temps de revenir aux études de notre aspirant. En maître vraiment sage, M. Clément ne s'était pas préoccupé avant tout de la pensée de faire arriver promptement son élève. Il savait le malheur souvent irrémédiable de premières études auxquelles a manqué la méthode ou qui ont été faites avec trop de précipitation : aussi s'attacha-t-il à imprimer fortement dans l'esprit de Pierre-François les principes et les éléments de la langue latine, sans le dispenser en rien de cette série d'exercices consacrés par l'autorité d'un long et universel usage.

Plus d'une année s'était écoulé dans ces premiers exercices. L'épreuve se montrait trop favorable à l'élève de M. Clément, pour que ce digne prêtre différât plus longtemps de lui faire ouvrir

____

(1) S. Marc, xiv, 38.

les portes d'un petit séminaire. Il sut concilier à son paroissien l'intérêt de ses confrères et d'autres personnes charitables du voisinage, qui s'engagèrent à aider la vocation ecclésiastique du pieux jeune homme. Nous retrouvons ici les noms de M. Monnard, curé de Moiron et de M. Bœuf, curé de Vernantois. Tous deux avaient été à divers titres les pères de son âme, pour avoir engendré et formé Jésus-Christ en lui. L'affection qui en était résultée allait toujours se développant et lui, de son côté, leur avait voué une reconnaissance qui ne fit que croître avec les années.

Dieu, vers ce même temps, mit en rapport M. Néron avec un prêtre qui occupera une grande place dans cette première partie de la vie de préparation du missionnaire. M. l'abbé Cornu, professeur au Petit-Séminaire de Nozeroy, eut l'occasion de voir au presbytère de Bornay, pendant les vacances de 1838, l'élève de M. Clément. Ce que lui dit le curé joint à ce qu'il put observer lui-même le gagna tout à fait au saint jeune homme : il fut décidé que Pierre-François entrerait prochainement au Petit-Séminaire.

II

L'ÉLÈVE DU PETIT-SÉMINAIRE.

C'est le 14 février 1839, que M. Néron se présenta à l'école ecclésiastique de Nozeroy. Il y avait été précédé, vingt-quatre ans auparavant, par un humaniste du collége de Pontarlier, que Dieu destinait à cueillir glorieusement sur la terre d'Annam la palme du martyre. Mis à mort pour la Foi en Cochinchine, le 17 octobre 1833, le vénérable Gagelin était depuis six ans dans la gloire, quand s'ouvrit à l'écolier de Bornay cette même maison qui avait abrité une année de la jeunesse du missionnaire martyr. Avec l'ange du séminaire, il sourit à ce nouveau frère appelé à partager sa brillante couronne.

Pierre-François Néron, le lendemain dé son arrivée, s'asseyait modestement sur les bancs de la cinquième, en compagnie d'élèves dont l'âge faisait mieux ressortir encore ses vingt et un ans.

Pour ceux qui jugent de tout par l'extérieur, il eût été difficile de pressentir sous les dehors tout ordinaires de l'écolier de Bornay le futur missionnaire apostolique et le martyr. Mais en maître expérimenté, M. Cornu écrivait dès le 21 février à M. Clément : « Je pense avec vous, que la Provi-
« dence a des vues particulières sur ce jeune
« homme. Bénissons-la et la remercions d'avoir
« voulu nous choisir pour ses instruments. Il irait
« vraiment trop loin, ce cher enfant, si on le lais-
« sait faire…. Demandez pour moi, cher ami, de-
« mandez instamment au bon Dieu les lumières,
« la prudence, la force qui me seront nécessaires
« dans la direction d'une âme bien plus parfaite
« que la mienne. »

Les élèves, de leur côté, ne tardèrent pas à découvrir tout ce qu'il y avait de piété dans leur ouveau condisciple. Une majorité exceptionnelle

de suffrages le désignait, dès la première année,
pour le prix de bonne conduite ; et ce témoignage
ne lui a jamais manqué pendant le temps de son
séjour dans la maison.

M. Néron passa cinq années à Nozeroy. Les
souvenirs de cette époque de sa vie sont encore
vivants parmi ses maîtres et ses plus anciens condisciples. Nous allons les produire tels que M. l'abbé Cornu a bien voulu les recueillir pour le lecteur. Mais il nous faut auparavant écouter la révélation que cette âme a faite d'elle-même dans
les lettres, heureusement conservées, écrites à
M. Clément.

Ces lettres sont touchantes. C'est dans toutes
une admirable droiture et smplicité d'esprit.
Pierre-François s'y peint bon, affectueux, et d'une
modestie telle que rien n'y trahit jamais l'amour-
propre ni la moindre recherche de soi.

M. Clément y est appelé par son ancien élève :
« Mon cher Père, — Mon bon Père. — Après
« Jésus et Marie et mes saints Patrons, lui dit-
« il dans la première lettre, vous êtes mon sau-
« veur. J'ai cherché deux ou trois fois à ne pas
« employer cette expression, et je n'ai pu m'en
« empêcher. »

A celui qui fut son premier maître il rend fa-
milièrement compte de ses travaux de classe, des
places qu'il obtient concurremment avec des enfants de douze ans. L'étude de la grammaire grec-
que n'était point sans difficulté au début : « Je
« commence à suivre, dit-il déjà dans sa seconde
« lettre ; je fais à peu près la moitié de ma beso-

« gne, quand on nous donne du grec. » Il appré-
cie par-dessus tout les conseils et les avis qui lui
sont adressés, comme le montrent ces paroles à
son curé : « J'ai été bien aise de trouver dans
« votre lettre quelques conseils, et je vous prie
« de m'en donner toutes les fois que vous m'é-
« crirez.... J'ai fait voir à M. Cornu la lettre que
« vous m'avez envoyée : il en a profité pour me
« donner des avis dont je tâcherai de profiter. »

M. Néron n'était pas de ces âmes à qui pèse la
reconnaissance. Il ne sait comment témoigner sa
gratitude à M. Clément, non plus qu'aux autres
prêtres ses bienfaiteurs ; leur nom revient dans
toutes ses lettres et c'est toujours avec un retour
sur son indignité. « Je souhaite, dit-il, une bonne
et heureuse année à tous ces messieurs qui dai-
gnent s'occuper de moi, de moi qui ne mérite
pas qu'on me regarde (1). » Il n'oublie personne
de ceux qui lui sont unis par les liens de famille
ou qu'il a particulièrement connus. Pierre-François aime Bornay et demeure attaché aux gens de
son village, comme aux jours où il vivait au milieu d'eux et partageait leurs travaux.

L'affection de l'ancien élève de M. Clément fut
cruellement éprouvée à la fin de l'année 1839.
Son bon curé, celui qu'il appelait son sauveur, le
père de son âme, il se le vit enlever. Mgr l'évêque
de Saint-Claude appela le curé de Bornay à la
cure de Vescles. Quel coup pour l'âme si sensible
de Pierre-François !

____

(1) Lettre du 29 décembre 1839 à M. Clément.

« J'ai appris, écrit-il à M. Clément, que vous quittiez la paroisse de Bornay. Cette nouvelle est bien dure pour moi. Hélas! que vais-je devenir? Où irai-je pendant les vacances? Que deviendront les gens de Bornay? Si je pouvais au moins vous embrasser avant votre départ! Mais j'en suis indigne. Non, mon cher père, je ne mérite point de jouir de cette consolation qui serait si douce à mon cœur. Oh! bon père, ne m'oubliez pas dans votre sainte messe, quoique je ne sois plus votre paroissien. Dieu me retire cette faveur, sans doute pour la donner à d'autres qui en feront un meilleur usage que moi. Encore une fois, que ne puis-je vous voir avant votre départ! Mais il faut que je me soumette à la volonté de Dieu. Puisque Dieu le veut, je le veux aussi : je n'ai pas d'autre volonté que la sienne. Je pourrais bien dire que je suis détaché de tout. »

C'est la lettre d'un élève de quatrième. Quelle âme simple et belle! Comme se trahit bien la pieuse et touchante tendresse de ce bon Pierre-François! Mais déjà quel détachement dans un débutant!

M. Néron perdait son curé ; il conserva dans M. Clément un confident et un père. La Providence, grâce sans doute aux prières du saint jeune homme, rendit au bout de cinq ans le digne prêtre à son ancienne paroisse. Bornay avait souffert beaucoup pendant cette absence. Pierre-François tant que dura l'éloignement de son ancien curé, passait une partie des vacances à Vescles. Son âme n'en saignait pas moins quand il se reportait à ces beaux jours du presbytère de Bornay. Dans ses lettres c'est toujours la même piété affectueuse pour M. Clément : mais parfois il a le cœur gros et ne peut se contenir.

« Il m'est bien doux et agréable, écrit-il au
« 30 décembre 1842, de vous renouveler au
« commencement de l'année l'expression de tout
« mon attachement. J'ai un plaisir indicible, je
« vous le dis comme je le sens, à m'acquitter de
« ce que m'impose la reconnaissance. Si le bon
« Dieu exauce mes vœux, vous jouirez d'une santé
« parfaite ; vos jours s'écouleront dans le calme
« et la tranquillité et vos paroissiens ne vous
« contristeront pas en rendant votre zèle inu-
« tile. Je voudrais bien par d'autres souhaits
« encore vous dire tout ce que j'éprouve à ce
« moment. Mais cela m'est impossible ; j'ai le
« cœur gros et mon âme est dans la peine.......
« Que je serais heureux, si je pouvais vous sou-
« haiter la bonne année, comme je le faisais au-
« trefois à Bornay ! Quel beau premier jour de
« l'an je passerais !.... Hélas ! désirs superflus !
« ce bonheur m'est refusé.... A m'entendre on
« pourrait croire que j'exagère. Mais, mon cher
« père (vous me permettrez bien ce doux nom),
« non, je ne dis que ce que j'éprouve, et, quand
« même je voudrais ne pas exprimer ces senti-
« ments, je ne le pourrais pas, tant vos bienfaits
« continuent d'être présents à ma mémoire et
« tant le souvenir de vos vertus agit fortement
« sur moi. Je ne vous oublie pas dans les prières
« que je fais, et c'est avec bonheur que dans ces

« moments je pense à vous. De votre côté, j'en
« suis sûr, vous ne cessez point de me recom-
« mander au saint sacrifice.

« Avant de finir, je dois vous dire encore que
« j'ai regretté beaucoup de ne pouvoir retourner
« à Vescles avant la rentrée. Voilà une lettre
« bien longue pour une lettre de bonne année ;
« je l'avouerai sans peine. Mais il serait injuste
« de me l'imputer à faute. Je me crois innocent,
« n'ayant pu être moins long. En écrivant à toute
« autre personne, je saurai me restreindre pour
« me conformer aux règles (1) : avec vous, j'au-
« rais toujours à dire. »

En envoyant cette lettre à M. Clément, M. l'abbé
Cornu mettait en *post-scriptum* : « Qu'ajouterai-
« je à la délicieuse lettre que vous venez de lire
« et que j'ai lue le premier, non sans un vif at-
« tendrissement? Cet excellent jeune homme va
« toujours à merveille pour la piété : et, si vous
« y joignez ses progrès dans les études qui, sans
« être aussi brillants, sont du moins satisfaisants,
« nous pouvons bien lui appliquer ces paroles de
« l'Apôtre : *Est autem quœstus magnus pietas
« cum sufficentia* (2), en rapportant toutefois ce
« dernier mot aux choses de l'intelligence. »

Le lecteur, qui a pu lire déjà dans l'âme du
pieux jeune homme, partagera sans nul doute le
jugement du sage et zélé directeur. Mais c'est

______

(1) M. Néron faisait cette année-là sa réthorique.
(2) « C'est un grand gain que la piété, avec le suffisant. » II. Tim. VI, 6.

dans les souvenirs recueillis par M. l'abbé Cornu qu'il apprendra à connaître les vertus qui brillèrent dans M. Néron dès le temps de son séjour au petit séminaire. Nous les donnons ici tels qu'ils sont tombés de la plume, disons mieux, du cœur de ce digne prêtre.

III

VERTUS DU PIEUX ÉLÈVE.

« Il n'y a rien d'uniforme, dit très-bien M. l'abbé Cornu, comme une vie d'écolier ; les mêmes actions imposées à tous reviennent jour par jour, et la forme plus ou moins parfaite qu'y met chacun est précisément ce qui échappe le plus aux regards de l'homme. » Toutefois, ce qu'il y avait de si achevé dans l'âme de l'écolier de Bornay ne pouvait manquer de se faire jour par toute la suite de sa conduite.

Au témoignage de son directeur, l'énergie et la force de volonté étaient chez M. Néron la qualité principale, le trait dominant. Elle se traduisait d'abord par une remarquable

TENACITÉ DE TRAVAIL : « Pour savoir, s'était il dit, il faut apprendre, il faut étudier ; j'étudierai donc : je le veux. Et ce vouloir ne faisait que s'affermir par l'exercice même du travail. Son organisation physique lui permettait d'ailleurs une occupation d'esprit continue. La conception chez lui ne semblait ni prompte ni facile mais il était si recueilli, si attentif : son regard intérieur restait si fortement attaché à son objet, qu'il finissait par l'atteindre, l'étreindre et le comprendre. Je ne crois pas qu'un seul de ceux qui ont eu à le suivre ou à le surveiller, pendant le temps des études et des classes, ait pu surprendre de sa part un signe d'inattention, une seule parole inutile. Que son travail obtînt ou n'obtînt pas le succès . qu'il pouvait s'en promettre, il était également content. Il n'en continuait pas moins de travailler, parce qu'il ne cessait jamais de le vouloir ; et il le voulait parce que Dieu le voulait. Il espérait fermement que, quoiqu'il arrivât, la volonté de Dieu s'accomplirait en lui. Je ne l'ai jamais vu inquiet de son avenir. »

Douceur et patience : « La douceur et la patience dont faisait preuve le saint jeune homme ne dénotaient pas chez lui une moins grande force de volonté. Il ne faut pas oublier que, sous une enveloppe en apparence froide, M. Néron cachait un naturel ardent en même temps qu'une âme généreuse et forte ; mais sa parfaite correspondance à la grâce de sa conversion l'avait fait arriver en peu de temps à une douceur inaltérable, à une patience invincible. Quel milieu plus favorable à l'exercice de ces deux vertus que la société d'écoliers turbulents ? Et à quel degré ne faut-il pas les posséder pour qu'elles ne se démentent jamais !..... Et pourtant sa douceur et sa patience ne se démentirent jamais pendant les cinq ans qu'il passa parmi nous. Ses condisciples aiment à en rendre témoignage. Un jour, en promenade, plusieurs élèves qui avaient cru deviner ses aspirations, voulurent essayer s'il serait propre au martyre. Ils se jettent sur lui, le poussent, le bousculent : on le voit d'abord résister et se défendre ; ce n'était pas un mannequin : mais forcé de céder au nombre, il est entraîné et jeté dans un buisson dont les épines lui font un rude accueil, plus rude sans doute que ne l'aurait voulu cette jeunesse irréfléchie et turbulente. Il se relève déchiré, ensanglanté, mais sans proférer une plainte, et regarde ses bourreaux en souriant !!.... »

CHARITÉ : Elle était chez lui à l'égal de la patience. « La disposition à obliger se rencontre en bien des cœurs d'homme : chez M. Pierre-Fr. Néron, elle avait vraiment ses racines dans la charité et savait aller jusqu'au don de soi, au sacrifice. Comme toutes ses autres vertus, elle demeurait cachée : rien n'en révélait l'existence, tant qu'il n'y avait pas lieu pour elle à se produire. Mais s'offrait-il une occasion ? Elle se manifestait aussitôt, avec tant de spontanéité et une telle plénitude qu'on eût dit un besoin de cette généreuse nature. »

PIÉTÉ : Dans un milieu où les exercices religieux sont en honneur, la piété de l'élève ecclésiastique laissait loin derrière elle celle de ses condisciples. « Je l'ai suivi pendant cinq ans sous ce rapport, continue son sage directeur, et d'aussi près que possible : eh bien ! je le déclare, je n'ai jamais rien pu trouver dans le détail des manifestations de sa piété, qui ne fût pour moi un sujet d'admiration et d'envie. On pouvait dire de lui, en appliquant les paroles du saint Concile de Trente : *Nil nisi grave, moderatum ac religione plenum præ se ferebat* (1). Je le voyais tous les quinze jours se présenter dans ma chambre pour sa confession : il y entrait religieusement comme dans un oratoire, s'avançant d'un pas lent et grave, les yeux baissés et souvent le visage en feu..... il venait s'agenouiller à mes pieds et épanchait dans mon cœur les secrets de son âme....... Nombre de fois, en déposant sur sa langue la sainte hostie, j'ai vu jaillir instantanément de ses yeux des ruisseaux de larmes qui coulaient sur ses joues brûlantes..... Quand je l'observais pendant les offices publics, dans ses actes de dévotion particulière, ce qui me frappait le plus, c'était l'immobilité absolue de son attitude, qui semblait accuser la complète absorption de son être en Dieu. Au commencement des vacances de l'année scolaire 1844-45, un peu avant son entrée au Grand-Séminaire, il passa huit jours avec moi au Petit-Séminaire de Nozeroy. Nous faisions en commun les exercices religieux de la journée, la prière vocale, l'oraison, la visite au T.-S. Sacrement, la lecture spirituelle. Il servait ma messe et y communiait quand il avait la permission de le faire. Combien de fois, durant cette précieuse huitaine, il m'a

____

(1) « Il ne laissait voir en lui rien que de grave, de réglé, et de parfaitement religieux. »

suffi d'un regard jeté sur mon fervent disciple, pour rallumer en moi le feu sacré que je sentais s'affaiblir ! »

Humilité. M. l'abbé Cornu s'exprime ainsi sur l'humilité de son pénitent : « A propos de chacune des vertus que j'ai vu pratiquer à ce saint jeune homme, je me sens porté à dire : personne à ma connaissance n'a poussé plus loin l'exercice de cette vertu. C'est ce que j'éprouve encore quand je pense à son humilité. Jamais on ne l'entendait parler de lui ni en bien ni en mal, tant il avait bien dans le cœur et savait mettre admirablement en pratique cette maxime de l'auteur du livre de l'Imitation : *Ama nesciri et pro nihilo reputari* (1). Quoi qu'il fît, il se regardait comme un serviteur inutile, et ne paraissait jamais plus content que lorsque les hommes semblaient l'oublier. Les insuccès, une petite humiliation, les railleries et les plaisanteries, toutes choses qui ne sont pas rares dans la vie d'écolier, lui paraissaient une bonne fortune, tant il les recevait avec paix et égalité, je dirais presque avec joie et reconnaissance. »

Ce portrait est déjà celui d'un saint : et cependant tous les condisciples de Pierre-François Néron l'auront reconnu à ces traits.

Ainsi que toutes les âmes spécialement prévenues de la miséricorde divine, le saint jeune homme devait beaucoup à la Mère de Dieu, à

(1) « Aimez à vous voir inconnu et à n'être réputé pour rien. »

celle que la grâce de son divin Fils a faite la coopératrice du salut des hommes. Aussi était-il, entre tous, un enfant dévot de Marie. Si haut qu'on remonte dans la vie du futur missionnaire, on est sûr d'y trouver la dévotion à la Reine des vierges. Le lecteur n'a pas oublié qu'aux jours les plus dissipés de son adolescence, dans les moments où la grâce parlait haut à son cœur, il aimait à se retirer à l'écart, répandant son âme avec son rosaire dans le sein de sa Mère du ciel. A Nozeroy, il était fidèle à visiter N.-D. de Mièges dont la chapelle, assise au pied des hauteurs que couronne la ville, est si fréquentée des religieuses populations de nos montagnes. On le rendait heureux en l'appelant pour accompagner le prêtre au sanctuaire vénéré et servir à l'autel. Que de fois, du haut de la terrasse où s'ébattaient joyeusement ses condisciples, son regard est allé chercher la chapelle de la Vierge, à travers le gracieux massif d'arbres qui l'enveloppent comme d'une ceinture.

Nous verrons la dévotion à Marie obtenir à l'aspirant des missions, dans un sanctuaire célèbre, la grâce qui devait être pour lui le couronnement de toutes les grâces.

IV

LE FUTUR APÔTRE ET LE FUTUR MARTYR.

Le tableau qu'on vient de lire des vertus et de

l'intérieur du pieux élève serait incomplet, si nous n'étudiions point particulièrement en lui le futur apôtre et le futur martyr.

Ce qui fait premièrement l'apôtre, c'est le zèle. Nous avons vu comment le zèle s'était fait jour dans l'âme du jeune Néron, dès le lendemain de sa conversion. A peine eut-il porté Jésus-Christ dans son cœur, qu'il sentit le besoin de le communiquer aux autres; sa première vocation à l'état ecclésiastique n'eut pas d'autre stimulant que le désir de l'apostolat et du martyre. Elève du presbytère, il parlait déjà des missions en âme généreuse qui comprend la beauté austère du sacrifice. Les *Annales de la Propagation de la Foi,* dont il faisait sa lecture favorite, l'avaient particulièrement ému au récit de la captivité et du supplice de M. Gagelin qui ouvrait, en 1833, la glorieuse série des missionnaires français mis à mort pour la foi, dans l'empire d'Annam. Maintenant il se préparait à l'œuvre de Dieu, dans cette même maison qui avait reçu le missionnaire martyr. Sans doute, l'âme de Pierre-François Néron aura plus d'une fois rencontré en Dieu celle du vénérable Fr.-Isidore Gagelin : Dieu aura montré au martyr, dans cet obscur jeune homme, son frère dans la gloire; et l'humble écolier, réchauffé par des ardeurs inconnues, sera sorti de sa contemplation avec des vues plus claires sur ce que Dieu demandait de lui. Il faudrait, pour ne pas le comprendre, avoir oublié ces influences d'un monde supérieur, qui pénètrent sans cesse le nôtre.

Pendant les deux dernières années de son séjour à Nozeroy, le futur missionnaire se trouva
en contact avec une âme qui allait à la sienne.
M. l'abbé Chevalier, dévoré déjà de ce feu de
l'apostolat qui devait le consumer si vite sur les
côtes de Guinée, avait été envoyé au Petit-Séminaire pour y professer la troisième. M. Néron ne
fut pas son élève ; mais il y eut entre ces deux
âmes, appelées l'une et l'autre au même don généreux de soi, des relations qui se continuèrent.

Du reste, l'humble écolier s'étudiait, au milieu
de ses condisciples, à tenir caché le secret de
Dieu. Ceux-là mêmes qui avaient le bonheur de
l'approcher de près et de vivre dans son intimité,
ne parvenaient pas à le lui surprendre. Tout au
plus découvraient-ils quelques-unes des saintes
industries, par lesquelles il s'exerçait à supporter
les souffrances des martyrs.

Le Père de Charlevoix, dans son histoire du
Japon, raconte comment de jeunes néophytes,
pour s'essayer aux tourments qui les attendaient,
avaient le courage de prendre sur leurs mains des
charbons ardents, qu'ils laissaient leur consumer
lentement les chairs. Un ami de M. Néron tomba
sur lui à l'improviste, un jour qu'il se livrait à
quelque chose de semblable. « Que faites-vous ?
« malheureux, lui dit-il. » — « Je voulais voir,
« répondit tranquillement notre futur martyr, si
« j'aurais la force d'endurer quelque petit tour-
« ment pour Jésus-Christ. »

Mais ce qui montre davantage l'esprit de zèle
qui l'animait, c'est qu'un souffle généreux pous-

sait presque tous ses amis vers la Trappe ou aux Missions. La mort en a moissonné deux en Afrique, dans les missions de la Congrégation du Saint-Esprit et du Cœur Imm. de Marie ; deux sont allés s'ensevelir vivants à Aiguebelle (1) ; les autres s'occupent avec zèle au ministère ordinaire des âmes, s'ils n'ont déjà succombé pleins de labeurs. Pierre-François Néron rayonnait au milieu d'eux tous, comme un foyer de brûlante charité.

Il avait compris de bonne heure les paroles de l'Apôtre : « *Si quis autem suorum, et maxi-* « *me domesticorum curam non habet, fidem* « *negavit et est infideli deterior* (2). » Ses parents ne se rappellent pas sans émotion les entretiens spirituels que leur faisait, pendant les vacances, le saint jeune homme. Chaque dimanche il prenait l'*Evangile médité* et y puisait pour eux le sujet de quelque exhortation. Dieu, dans sa famille, lui avait donné à former à la vie spirituelle deux sœurs, qui furent l'objet particulier de ses soins. Il leur enseigna des voies plus parfaites avec un amour dont fut grandement récompensé son cœur d'apôtre. Le divin Maître, sans qu'elles aient eu à quitter la maison paternelle, les a appelées à le suivre. A l'exemple de leur frère, elles ont écouté la parole de Jésus : et

(1) Célèbre abbaye des Cisterciens de la stricte observance, ou Trappistes, dans le diocèse de Valence.

(2) « Si quelqu'un n'a pas soin des siens, et surtout de « ceux de sa maison, il a renié la foi et il est pire qu'un « infidèle. » I Ep. Tim. V, 8.

M. Néron, quand sa pensée le reportait parmi les siens, au foyer de l'humble maison, avait la consolation d'y trouver des âmes qui le sanctifiaient par la présence de Jésus, leur divin époux.

V

LES ANNÉES DE PHILOSOPHIE.

Après quatre années d'études à Nozeroy, M. Néron dut quitter ses premiers maîtres, pour aller faire sa philosophie au Petit-Séminaire de N.-D. de Vaux. Il y arrivait en 1843. Elève moi-même de cette maison, qui a été le berceau de ma vocation ecclésiastique et où se sont écoulées huit années de ma première jeunesse, je me sens ému au moment de rentrer sous les vieux cloîtres du prieuré Bénédictin. Ils me rappellent, avec les plus grandes grâces de Dieu, l'affection de ces dignes prêtres, nos guides et nos pères plus encore que nos maîtres. C'est en particulier un besoin pour moi de rendre à la douce et pieuse mémoire de M. l'abbé Pichon , naguère enlevé à l'enseignement et au diocèse, des hommages qui sont dans le cœur de tous ses anciens et nombreux élèves (1).

(1) M. l'abbé Pichon, professeur distingué de sciences, mort le 23 mai 1875, à l'âge de 71 ans, après une belle et sainte carrière sacerdotale, renfermée tout entière dans le Petit-Séminaire de Vaux. Ce spectacle d'une existence de prêtre si parfaitement une, vouée aux modestes et labo-

Je m'asseyais, à cette même rentrée de 1843, sur les bancs de la philosophie; ce qui me valut de devenir le compagnon du futur martyr. Sa réputation de sainteté l'avait précédé parmi ses nouveaux condisciples; ils purent bientôt se convaincre qu'elle était méritée. Aussi sa piété reçut-elle, à la fin de l'année, ce même hommage unanime et spontané dont elle avait été l'objet à Nozeroy.

En philosophie, les qualités si solides de l'esprit de M. Néron se firent remarquer. Jusquelà, son développement avait été lent : il n'avait pas eu, encore que ses progrès fussent soutenus, des succès bien brillants dans ses classes. Après deux années du travail le plus consciencieux, l'écolier de M. Clément entrait en quatrième. « Espérons, écrivait M. Cornu, qu'il s'y soutien-« dra : sans doute il aura bien à faire pour de-« venir fort; mais il a tant de volonté, tant de

rieuses fonctions de l'enseignement dans les séminaires, n'est point, grâces à Dieu, chose rare parmi le clergé du diocèse de Saint-Claude. Pour ne louer ici que les morts, nous mentionnerons parmi les premiers supérieurs et directeurs du Grand-Séminaire, M. Genevay, de vénérée mémoire et son digne successeur, M. Bailly : MM. Fraignier et Roland auxquels la mort a réuni si tôt M. l'abbé Pône, digne de leur être associé en tout ; pour le Petit-Séminaire de Vaux, MM. Mornay et Saint-Oyand, supérieurs : M. Caillat, si longtemps professeur de rhétorique ; pour Nozeroy, M. Balland, supérieur, dont ne se sépare point M. l'abbé Bogillot, qui a usé dans l'enseignement et les fonctions de zèle, une vie si active. Puissent ces belles traditions se maintenir parmi nous !

« courage et d'application ! » — « Pierre-Fran-
« çois, mandait l'année suivante son pieux di-
« recteur , va toujours de même : c'est-à-dire
« très-bien comme chrétien, bien comme éco-
« lier. » Il était en rhétorique, lorsque M. l'abbé
Cornu disait encore à M. Clément, au sujet de
son cher François : « Ses succès dans les études,
s'ils ne sont pas brillants, sont du moins satisfaisants. »

M. Néron, en effet, privé de culture intellec-
tuelle jusqu'à l'âge de dix-neuf ans, ne pouvait
briller dans ses humanités. Mais, à Vaux, il prit
place parmi les élèves forts, pour la philosophie
et les sciences. Ses condisciples, comme ses maîtres, purent constater ce qu'avait produit chez
lui la tenacité d'application, la persévérance dans
le travail.

Quant aux dispositions de l'âme du saint jeune
homme, elles accusaient de plus en plus sa vocation à l'apostolat. Ses conversations intimes, en
philosophie, roulaient presque toujours sur l'état
religieux ou sur les missions. Lorsqu'il parlait
des missions surtout, son langage s'animait : il
avait le don de faire passer son âme dans celle
des autres. Mais il fallait être étroitement lié avec
lui, pour qu'il laissât voir les ardeurs dont il
brûlait. Dans le commerce ordinaire, c'était un
condisciple en tout semblable à nous, d'une humeur gaie, et qui montrait dans toutes choses
une admirable simplicité.

Il aurait pu, au sortir de Vaux, se diriger avec
la permission de l'autorité diocésaine, vers un

noviciat des Missions. Le travail de Dieu était assez avancé dans cette âme, pour qu'une telle démarche n'eût rien d'imprudent. Mais le sage élève ne croyait pas qu'on pût apporter trop de soin à l'étude d'une vocation qui n'est pas moins sainte que grande. Désireux donc de connaître plus sûrement la volonté de Dieu sur lui, il voulut, avant de faire un premier pas vers les Missions, passer au moins quelque temps au Grand-Séminaire, à Lons-le-Saunier.

VI.

ENTRÉE AU GRAND-SÉMINAIRE.

En octobre 1845, M. Néron entrait avec nous au Séminaire, son cours de philosophie achevé. Là, je l'étudiai de plus près qu'à Vaux : et son souvenir, après trente ans écoulés, me demeure présent comme s'il venait de nous quitter.

C'était bien, chez lui, cette vie forte et régulière dont l'égalité ne se dément jamais, et qui s'écoule sans bruit dans le sein de Dieu. Son attitude, pendant la visite au Saint-Sacrement, me frappait extraordinairement. Je le vois encore agenouillé au bas de l'ancienne chapelle du séminaire, entre les deux piliers de droite qui supportaient la tribune : il était là, immobile, la face tournée vers le tabernacle, et le visage comme enflammé par des ardeurs inconnues. Je ne puis mieux rendre ce que j'ai éprouvé maintes fois à sa vue

qu'en redisant avec M. l'abbé Cornu : « L'immo-
« bilité absolue de son attitude semblait accuser
« la complète absorption de tout son être en
« Dieu ; » ou bien encore, avec un de ses condisciples qui l'a le mieux connu : « On aurait dit
« qu'il voyait le bon Dieu. »

Une circonstance de la vie du séminariste mérite d'être particulièrement notée : elle a trait à
son humilité. C'était à un examen trimestriel de
théologie. Il lui échappa, dans un exposé d'ailleurs exact, une expression triviale que releva un
peu vivement celui qui présidait. Tout autre que
M. Néron en eût été troublé ; pour lui, il ne
laissa voir sur sa figure qu'une certaine complaisance dans l'humiliation reçue et continua son
exposition, comme si rien n'en fût venu inter-
rompre le cours.

La théologie allait bien à son grave esprit, en
même temps qu'elle mettait son âme, plus immédiatement que toute autre étude, en communication avec le Verbe, le Maître unique des intel-
ligences. Il devait conserver, jusque dans les
Missions, un précieux souvenir des neuf mois
qu'il passa en théologie au Séminaire de Lons-
le-Saunier. L'enseignement y était alors person-
nifié dans un homme éminent, enlevé trop tôt au
diocèse et doué, à un rare degré, des qualités
qui font le professeur. Tous ceux qui ont eu le
bonheur d'être formés aux sciences ecclésiastiques par M. Fraignier, comprennent ce qu'ils
doivent à un maître dont la méthode, la conception nette et claire, le talent d'exposition et aussi

l'admirable modestie d'esprit, contribuaient tant à jeter, dans les jeunes séminaristes, les solides fondements d'une bonne éducation théologique.

Au séminaire de Lons-le-Saunier, plus encore qu'à Nozeroy et à Vaux, l'humble jeune homme tenait cachés les dons de Dieu. Nous avions parmi nous un futur missionnaire du Tonkin, un apôtre, un martyr : il ne faisait point sensation. Combien de vocations, spontanément écloses aux premières ardeurs du Séminaire, s'annoncent plus brillantes ! Aussi bien, elles manquent souvent de racine, et la fleur se dessèche pour tomber bientôt.

VII

M. NÉRON POSTULE POUR LA SOCIÉTÉ DES MISSIONS ÉTRANGÈRES.

Au séminaire, M. Néron s'était mis sous la conduite de M. Bailly, notre vénéré et regretté supérieur. Nous n'avons point à rappeler cette sage et forte direction à laquelle tant de prêtres, dans le diocèse, sont redevables d'avoir été éclairés et affermis dans leurs voies. Le digne supérieur eut bientôt reconnu la vocation généreuse de son saint pénitent et les grands dons qu'il avait reçus de Dieu. Restait à faire choix d'une congrégation, où les desseins de Dieu sur son élu pussent recevoir leur entier accomplissement.

Le courant était parmi nous, en 1846, aux

Missions de la Congrégation du Saint Cœur de Marie. Un prêtre de sainte mémoire, aujourd'hui déclaré vénérable, le P. Libermann, venait de fonder cette société, en vue principalement des noirs de nos colonies et des côtes d'Afrique. Plus d'un motif aurait pu faire pencher de ce côté le choix de M. Néron. On trouvait abondamment à satisfaire, dans les Missions du Saint Cœur de Marie, cette soif de privations et de sacrifices dont se sent consumée toute âme d'apôtre. Sept missionnaires, en moins de deux ans, avaient succombé dans le Vicariat des Deux Guinées, martyrs de leur dévouement. De plus, c'était là que l'Esprit poussait M. l'abbé Chevalier, qui entra, cette année-là même, dans la société du vénérable P. Libermann. Il ne paraît pas toutefois que M. Néron ait jamais songé à ces missions. Prédestiné à la gloire de verser son sang pour Jésus-Christ, le futur athlète avait besoin d'une terre de persécutions et de luttes, où la Foi pût remporter sa grande victoire : et, de nos jours, il n'y a guère que la Haute-Asie à procurer au missionnaire la palme, objet de ses ambitions.

Trois congrégations, en France, envoient des missionnaires dans la Haute-Asie : la Compagnie de Jésus, la Congrégation des Prêtres de la Mission ou Lazaristes, et celle des Missions-Etrangères. Dans chacune d'elles, le diocèse de Saint-Claude comptait des hommes apostoliques, sur lesquels le pieux aspirant n'avait qu'à jeter les yeux pour s'exciter aux saints combats.

C'était, sous la bannière de saint Ignace, le

R. P. Louis Garnier, supérieur, de la mission du Maduré, aux Indes, parti des premiers, en 1837, pour reprendre sur cette terre consacrée par l'Apostolat de saint François-Xavier, les travaux des anciens Pères de la Compagnie ; le R. P. Canoz, arrivé au Maduré deux ans après le P. Garnier, et que ses hautes qualités devaient désigner dès 1847, au choix du Saint-Siége, pour vicaire apostolique de cette belle mission ; le R. P. Clavelin, qui commençait en 1846 son ministère apostolique, dans la province du Kiang-Nan, en Chine.

Nous avions, parmi les enfants de saint Vincent de Paul, Mgr Rameaux, mort à Macao en 1845, à peine âgé de quarante ans, et dont M. Torette, son supérieur, disait à son entrée en mission que c'était « un missionnaire plein de zèle, appelé à faire un bien infini pour la gloire de Dieu et le salut des âmes ; » M. Gabet, l'intrépide compagnon de M. Huc, avec lequel il pénétrait, par le désert de Tartarie, jusqu'au cœur du Thibet, au moment où se décidait la vocation de notre futur martyr ; M. Faivre, d'abord missionnaire dans la province de Nankin, d'où il fut rappelé à Macao pour prendre la direction générale des missions de sa Congrégation en Chine : âme ardente et chevaleresque, dont le Séminaire de Lons-le-Saunier, où M. Faivre avait été directeur avant d'entrer chez les Lazaristes, conservait encore le vivant souvenir.

Le diocèse enfin comptait dans la Société des Missions-Etrangères, NN. SS. Gauthier et Jeantet, tous deux missionnaires au Tonkin, honorés l'un et l'autre de l'épiscopat qui donne droit, dans les Missions, à la part principale de fatigues et de labeurs, quand il ne désigne pas spécialement à la persécution et au martyre.

De ces trois Congrégations, ni les Lazaristes, ni la Société des Missions-Etrangères, ne pouvaient le disputer, dans le passé, à l'illustre Compagnie de Jésus, pour l'étendue et la rapidité des conquêtes apostoliques, l'état florissant de ses chrétientés, aussi bien que le nombre des missionnaires appelés à sceller de leur sang la prédication de l'Evangile. Ce n'était point sa faute si, dans ces derniers temps, la gloire du martyre lui avait manqué, contrainte qu'elle avait été, par le fait de sa suppression, d'abandonner le théâtre de ses anciens travaux, et en particulier cette terre de la Haute-Asie, qui boit depuis deux siècles le sang de ses apôtres. Quoi qu'il en soit, elle n'était point, en 1846, aux postes avancés et périlleux des Missions.

La Congrégation de Saint-Lazare avait eu récemment en Chine, dans le Vén. Jean-Gabriel Perboyre, un pieux et saint martyr ; mais depuis cette palme si glorieusement conquise, aucune autre ne devait se présenter à cueillir, aux humbles fils de saint Vincent de Paul.

Heureuse, entre toutes, la Congrégation des Missions-Etrangères ! Elle a pour lot, au XIXe siècle, les terres où gronde l'orage et sévit la persécution. A peine si, dans le vaste champ confié à ses soins, on eût pu trouver, en 1846, deux ou trois Vicariats qui jouissent de la paix. Partout, le glaive demeurait suspendu sur la tête de ses évêques et de ses prêtres. Aussi, la Congrégation revendique-t-elle pour siens presque tous les missionnaires qui ont eu la gloire, à notre époque, de donner leur sang pour Jésus-Christ.

C'est vers cette Congrégation, qui fait de l'apostolat chez les infidèles son œuvre unique, que M. Néron, éclairé par son sage directeur, se crut appelé. Dès la fin de mai 1846, il écrivait à M. Langlois, supérieur du Séminaire de la Congrégation à Paris, pour demander à être admis au nombre des aspirants. Une réponse du 10 juin 1846, l'autorisa à se présenter. Ses premiers vœux allaient recevoir leur accomplissement.

VIII.

JOIES DE L'ADMISSION.

Quels furent les sentiments du généreux séminariste, désormais tout à la joie de se voir aspirant des Missions-Etrangères? On en jugera par cette lettre, heureusement conservée, qu'il écrivait, dès le 18 juin, à l'un de ses amis. Son âme s'y révèlera mieux que nous n'aurions pu la faire connaître.

Le jeune homme à qui s'adresse cette lettre cherchait, plein d'anxiété, sa voie; poursuivi depuis quelque temps par la pensée d'aller se renfermer à la Trappe, il se voyait enchaîné d'autre part à une position qui le retenait en pleine agitation du monde. Son généreux ami vient à son secours ; il lui ouvre son âme pour encourager et fortifier la sienne. Nous devons à cette circonstance heureuse d'avoir pu pénétrer dans l'intérieur du fervent séminariste. Confessons-le ici : avant d'avoir lu les lettres de M. Néron, nous ne le connaissions qu'à demi : jamais, en particulier, nous n'eussions soupçonné tout ce que cette âme forte recouvrait de tendresse.

« Que te dire, mon bien cher ami, par où commencer ? je n'en sais rien : tant les idées se présentent en foule, tant elles se pressent sous ma plume ! Mais afin de ne m'embarrasser en rien, je remets le tout entre les mains de la bonne Vierge aux pieds de laquelle je vais te tracer ces quelques lignes.

« C'en est fait, mon cher ami, tout est consommé. J'ai reçu, il y a huit jours, une seconde lettre de M. Langlois, supérieur des Missions-Etrangères, dans laquelle il m'engage à partir dès la fin de l'année scolaire. Je n'aurai donc pas le bonheur de te revoir, toi qui m'es si cher. Mais nous nous retrouverons dans la céleste patrie, dans le sein du Dieu trois fois saint, dans le sein de ce Dieu trois fois, ou plutôt mille fois, ou mieux encore simplement aimable, de ce Dieu qui veut bien s'abaisser jusqu'à aimer une poussière aussi vile que moi, et pour l'amour duquel (pardonne-moi et supplie-le de me pardonner cette audace), je voudrais donner mille vies pour les immoler dans les sacrifices les plus pénibles à la nature. Je te retrouverai dans ce séjour de félicité où l'on ne connaît plus les pleurs, où l'on est enivré d'un torrent d'ineffables délices, où les souffrances, les peines les plus cuisantes sont changées en des couronnes sans prix ; où l'on jouit de la vue intuitive du bon Jésus qui a versé tout son sang pour nous, et qui nous nourrit tous les jours de sa chair délicieuse. Il n'en faut pas moins que je sois privé du bonheur de te voir ! Et cette privation me devient plus grande, quand je pense que tu étais l'autre jour à quelques pas seulement de moi. »

Ce n'était pas qu'il manquât de force pour sacrifier à Dieu l'entrevue d'un ami sincère : « Ce Dieu de bonté qui n'a pas dédaigné de jeter les yeux sur moi pour une si belle vocation, malgré la boue dont je suis couvert, *suscitans a terra inopem et de stercore erigens pauperem* (1), m'a aussi fait la grâce de souffrir volontiers pour lui toutes les privations. Par son infinie miséricorde, je suis content comme si je t'avais vu ; et je ne désire pas même te voir (Dieu sait pourtant combien tu m'es cher), avant la mort. Je n'ambitionne qu'une chose, c'est que Dieu, toutes les fois qu'il jettera les regards sur ma misère, oublie sa justice pour ne se souvenir que de sa miséricorde ; c'est qu'il me fasse la grâce d'avancer dans la vertu, sans m'arrêter jamais, de souffrir beaucoup pour sa gloire ; c'est qu'il ne permette

____

(1) « *Qui élève le pauvre de la poussière et prend sur son « fumier l'indigent.* » Ps. cxii, 7.

pas que mes infidélités privent les pauvres idolâtres des bienfaits qu'il a résolu de leur accorder
par mon ministère.

« Toutefois, mes vœux ne se bornent pas à moi,
et je songe aussi à ceux qui veulent bien m'appeler du nom d'ami, spécialement à toi. Je me
vois heureux : je te souhaite heureux. Bientôt je
me dirigerai sur Paris, pour aller de là dans des
contrées lointaines. Je désire te voir d'abord
souffrir beaucoup dans le monde, pour l'amour
de notre bon Jésus, en te souhaitant, cela va
sans dire, la patience nécessaire pour que tes
souffrances soient agréables à Dieu. Je demande
à Marie que ce monde te devienne un supplice ;
qu'il t'apparaisse comme une terre aride et sèche ; qu'assis sur les bords du fleuve de Babylone,
tu t'écries avec les Juifs captifs : *Quomodo can-*
tabimus canticum Domini in terra aliena ! Si
oblitus fuero tui, Jerusalem, oblivioni detur dex-
tera mea (1); et qu'enfin tu sois conduit dans ta
patrie de passage, dans ta chère Aiguebelle, où
tu n'aies plus d'autre pensée que de t'immoler
tous les jours au Seigneur. Pourrais-je te sou-
haiter quelque chose de meilleur ? Est-il chose
qui soit plus capable de faire battre ton pauvre cœur, ce cœur tout brûlant qui veut se
consumer d'amour pour Jésus ? Mes souhaits, tu
le vois, n'ont rien de commun avec ceux qu'on

(1) « *Comment chanter un cantique du Seigneur, sur la*
« *terre étrangère ! si je t'oublie, ô Jérusalem, puisse ma*
« *droite être oubliée !* ps. cxxxvi. 4. »

s'adresse dans le monde. Je demanderai cependant pour toi, des prospérités temporelles, tout juste ce qui te permettra de te soustraire aux embarras qui te retiennent dans le siècle.

« Ce Dieu qui ne consulte que son amour, dans la conduite admirable qu'il tient envers sa créature, vient de te conduire dans la cité de N..., pour bien te montrer ce que c'est que le monde, pour t'en faire connaître tout à la fois les charmes et le vide, la pompe et le néant. Mais en bon père, qui veut te préserver des traits empoisonnés de ce monde, il te place dans une famille religieuse entre toutes, afin que l'expérience que tu acquerras ne coûte rien à ta piété et à ta vertu. Tu pourras mieux juger de la grâce qu'il te fera, en te conduisant un jour dans la retraite. »

Revenant, à la fin de sa lettre, sur ce fonds de misère qui est en lui : « Tu as pu voir, en lisant ce qui précède, les qualifications que je me suis données, et tu vas sans doute m'accuser d'un excès d'humilité, dire que j'exagère. Mais ce que j'ai dit, crois-le bien, est au-dessous de la vérité. J'ajouterai même que les expressions dont je me suis servi sont loin de rendre ma misère, telle que je la vois. Tu dois prier beaucoup pour moi, afin que je ne mette aucun obstacle aux grâces de Dieu. De mon côté, je ne t'oublierai pas : je songerai que ta position présente beaucoup de dangers, tellement, que tu succomberais, si Dieu, dont la bonté paternelle t'a conduit jusqu'ici, ne te soutenait à tous les instants de sa main bienveillante. Je dirai aussi à Marie que tu es un de ses enfants, et qu'Elle ne te laisse pas éloigné trop longtemps de cette chère solitude après laquelle tu soupires. J'attends de toi une ample réponse. Veux-tu bien t'unir de prière avec moi et me donner part à toutes tes bonnes actions? Nous conviendrions à cette fin de la récitation journalière de la strophe : *Monstra te esse Matrem*. Tu me diras si tu veux bien me faire cette charité. Adieu, mon bien cher ami, adieu. Nous nous retrouverons au ciel ; mais n'espérons pas nous revoir sur cette terre. »

C'est déjà, dans cette lettre du séminariste, le langage de l'apôtre et du saint. On sent comme une flamme qui s'échappe de cette âme tout embrasée pour Dieu. Quels accents de charité ! quelle soif de privations et de sacrifices ! Mais surtout quelle étonnante humilité : l'humilité comme les saints seuls la comprennent et savent l'exprimer ! Ce regard que jette sur lui l'humble séminariste et qui le fait trembler, c'est le regard lumineux et purifié du chrétien qui voit son néant à découvert ; il mesure d'un trait la profondeur de sa misère, et la vue de sa misère lui arrache des cris qui ne nous étonnent tant, que parce que nous ne connaissons ni Dieu ni l'homme.

IX.

ADIEUX AU PAYS.

On a vu, dans la lettre précédente, les premiers

adieux de l'aspirant missionnaire. Nous eûmes les seconds : en sortant du Séminaire, M. Néron nous distribua à chacun une modeste image, aujourd'hui d'un grand prix, à laquelle il attacha un dernier souvenir.

Les vacances le ramenèrent parmi les siens. Il y eut grande joie dans la maison de Claude Néron. On y revoyait, sous l'habit ecclésiastique, celui qui était la consolation et l'espoir de la famille, ce fils, ce frère dont on était justement fier, et pour lequel on s'imposait, toujours avec un nouveau cœur, des sacrifices qu'encourageait la pensée commune du bonheur de tous. Le jour où il monterait au saint autel paraissait moins éloigné à sa pieuse mère : en attendant, elle l'aurait sous les yeux pendant trois mois : les labeurs de la journée seraient plus vite oubliés, quand on le retrouverait, le soir, au foyer de la pauvre maison.

M. Clément, de son côté, devait se sentir récompensé. Le pieux séminariste répandrait autour de lui, dans la paroisse, la bonne odeur de Jésus-Christ : sa présence charmerait la solitude du prêtre : avec lui, les souvenirs du Séminaire seraient ravivés ; il apporterait la fête au presbytère non moins que dans la famille.

Cependant le bon curé n'osait s'abandonner à ces doux rêves. M. Néron, dès son entrée au grand Séminaire, lui avait laissé entrevoir son projet de se dévouer aux Missions étrangères ; il ne fut donc point trop surpris quand ce cher enfant, à son arrivée en vacances, lui annonça son prochain départ pour Paris. Aussi bien, ses espérances, comme celles de la famille, étaient agrandies et non détruites. Si Dieu demandait le sacrifice de tout le bonheur humain qui peut s'attacher à une vocation sacerdotale, en échange, à ce modeste écolier de Bornay, que sa grâce avait élevé si haut, il ne préparait rien moins que le champ glorieux de l'apostolat : c'était, dans la milice ecclésiastique, la place des héros qu'il lui assignait.

La vive foi du prêtre eut bientôt révélé à M. Clément cet avenir de grandeur ; mais il fallait faire accepter à la famille ce sacrifice que Dieu lui demandait : « Ne vous inquiétez point trop à l'avance, avait dit le pieux aspirant à son curé, le bon Dieu saura bien arranger les choses, et tout se fera sans difficulté. »

Cette confiance ne devait pas être trompée. Sans doute, la première ouverture que fit M. Clément à Claude Néron de la détermination de son fils, porta un rude coup au pauvre père ; mais il était chrétien, et M. Clément l'eut vite amené à se soumettre : « Je trouvai, ajoute M. Clément, les « mêmes dispositions dans la mère, le frère et « les sœurs : Dieu nous épargna les tempêtes « que je craignais, et son sacrifice, généreuse- « ment accepté de tous, n'a apporté que des bé- « nédictions à sa famille. »

Avant de quitter le diocèse, M. Néron voulut revoir ce petit Séminaire de Nozeroy où il avait passé les plus belles années de sa jeunesse. Il y célébra, avec ses anciens maîtres, la fête de saint

Vincent de Paul, patron de la communauté. « Le
« matin même de ce jour, dit M. l'abbé Cornu,
« nous descendîmes ensemble à la chapelle de
« N.-D. de Miéges, qu'il avait toujours eue en
« grande vénération ; j'offris pour lui le saint sa-
« crifice de la messe, à laquelle il communia. Il
« devait nous quitter le lendemain matin. Quand
« l'heure de s'éloigner fut arrivée, il se mit à ge-
« noux devant moi. Je lui posai les deux mains sur
« la tête et lui dis : Mon bien cher enfant, nous ne
« nous reverrons pas en ce monde ; mais nous
« nous retrouverons en Dieu. Dieu ! les âmes !
« le ciel ! !... Je le relevai et l'embrassai. J'étais
« ému, mais calme ; je ne pleurais pas : ses joues,
« à lui, étaient baignées de larmes. Il se retira :
« je le suivis des yeux un instant, et depuis lors...
« nous ne nous sommes pas revus. »

Quelque jours après, se faisait la dernière séparation, à Bornay. On comprend ce qu'elle dut
coûter à une âme affectueuse et tendre comme
était celle de M. Néron. « Au moment de partir,
rapporte M. Clément, j'allai le prendre au milieu
de ses parents auquel il dit sans détour un dernier adieu : il y eut des larmes dans sa famille ;
mes yeux se mouillèrent aussi. Pour lui, quoique
profondément ému, il sut se montrer fort et résolu. »

M. Néron, en s'éloignant avec le digne prêtre,
passa au pied de la vieille chapelle du château,
qu'il ne devait plus revoir. Neuf ans s'étaient
écoulés depuis le soir où, au sortir de cette même
chapelle, il avait dit à son curé : « Ah ! si c'était

encore temps ! Si je pouvais encore étudier ! Je ne désirerais que faire un peu de bien ! »

Dieu avait entendu le cri de l'âme du pieux jeune homme : il était exaucé.

X.

LA CONGRÉGATION DES MISSIONS ÉTRANGÈRES.

Le lecteur, pendant que M. Néron dirige ses pas vers Paris, demande à être renseigné sur la Congrégation des Missions-Etrangères, dont le séminaire va s'ouvrir au futur martyr.

La Congrégation des Missions-Etrangères appartient à la France. Son établissement fait partie du mouvement religieux qui signala, dans notre pays, la première moitié du XVIIe siècle. Ce n'était pas assez pour la France d'avoir donné à l'Eglise les de Bérulle, les de Condren, les Olier et les Vincent de Paul. De ce clergé, renouvelé par l'esprit de sainte réforme du Concile de Trente, devait sortir une société d'hommes apostoliques, appelés à servir éminemment les desseins du Saint-Siége, dans l'organisation et le gouvernement des missions de la Haute-Asie.

L'Orient avait vu se former, depuis l'apostolat de saint François-Xavier, de nouvelles chrétientés qui en étaient comme le rayonnement et continuaient d'accuser la fécondité inépuisable de l'Epouse du Christ. Ces chrétientés, toutefois, réclamaient, avec une organisation hiérarchique

plus complète, la création d'un clergé indigène,
seul propre à assurer et à perpétuer dans une
nation les fruits de la prédication évangélique.
Il fallait donc au Saint-Siége une congrégation
d'hommes apostoliques, mais purement ecclésiastique, qui n'admît d'autres liens religieux
entre ses membres que ceux de la hiérarchie,
afin de mieux s'adapter au gouvernement ordinaire des églises et de se consacrer plus exclusivement à la formation d'un clergé indigène.
La France l'a donnée à l'Eglise dans la Société
ou Congrégation des Missions-Etrangères.

Œuvre éminemment apostolique, elle est éclose
au souffle d'une grande âme d'apôtre, le P. Alexandre de Rhodes, de la Compagnie de Jésus (1).
Cet illustre missionnaire avait, un des premiers,
annoncé l'Evangile au Tonkin et fondé dans ce
royaume, au prix d'immenses travaux, de florissantes chrétientés. Chassé par la persécution de
sa mission et obligé de se réfugier à Macao, il
s'était rendu de là à Rome, pour y solliciter du
pape l'envoi d'évêques et la création de prêtres
indigènes dans les chrétientés de la Haute-Asie.

Après l'heureux succès de sa mission à Rome,

____

(1) Le P. de Rhodes, né à Avignon, en 1591, entra à
vingt ans à Rome dans la Compagnie de Jésus, avec le
dessein de se consacrer entièrement aux missions chez les
infidèles. Homme puissant en œuvres et en paroles, il joignait aux vertus apostoliques des connaissances étendues.
Nous avons de lui, en outre de ses relations de missions,
l'*Histoire du Tonkin* dont il a publié deux éditions, l'une
latine, l'autre italienne.

l'homme de Dieu, quand il avait fallu trouver des sujets capables de remplir les vues du Saint-Siége, s'était naturellement tourné vers la France « comme étant, dit-il, le plus pieux royaume du « monde. » C'était l'époque où la France, mettant au service du Canada, sa nouvelle conquête, ce qu'elle avait de plus saint dans son clergé, de plus distingué dans sa noblesse et de plus pieusement dévoué parmi les grandes femmes du XVIIᵉ siècle, y fondait cette mission appelée à devenir en peu d'années la belle et florissante Eglise que nous admirons aujourd'hui.

En ce temps de renouvellement ecclésiastique, les pieuses sociétés de prêtres naissaient comme spontanément sur le sol de notre pays. C'est ainsi qu'une congrégation d'anciens élèves du collége de Clermont, à Paris, était devenue sous la conduite du P. Bagot, jésuite aussi distingué par la portée de son esprit que par l'éminence de ses vertus, une petite communauté ecclésiastique toute remplie de l'esprit apostolique. Elle comptait, lors de l'arrivée du P. de Rhodes en France, douze membres. Nous citerons parmi eux M. de Montmorency-Laval, longtemps connu sous le nom d'abbé de Montigny ; l'abbé François Pallu, chanoine de St-Martin de Tours, fils d'un conseiller au présidial de cette même ville ; Vincent de Meurs, breton, docteur de Navarre ; Ignace Cotolendi, d'Aix ; Pique, docteur de Sorbonne. « Or, nous dit M. Boudon, un des plus « saints ecclésiastiques du temps, ces jeunes gens « ont été comme une source qui est devenue un

« grand fleuve, par le nombre des évêques et des
« vicaires apostoliques que l'on a choisis parmi
« eux pour l'Orient et pour l'Occident, qui ont
« été envoyés dans les deux extrémités du monde;
« et c'est de ce nombre, et des premiers, que l'on
« a pris des évêques pour Siam, la Chine et le
« Canada. C'est ce qui a donné l'origine au sémi-
« naire des Missions-Etrangères, établi à Paris,
« qui répand partout la bonne odeur de Jésus-
« Christ (1). »

Les éléments d'une institution telle que la
souhaitait le P. de Rhodes, se trouvaient en effet
réunis dans la petite communauté du P. Bagot.
La parole du missionnaire mis en rapport avec
les pieux congrégaistes, tomba sur des âmes merveilleusement préparées. Ces jeunes ecclésiastiques, touchés de l'état de tant de pauvres peuples,
transportés surtout de ce désir du martyre, si
fort chez les âmes dont la foi est vive et généreuse,
conçurent pour la première fois le projet de tout
quitter pour travailler eux aussi à l'œuvre des
missions..... Quelque spontanée que fût leur résolution, elle parut au P. de Rhodes inspirée par
la grâce divine. Il en désigna donc trois à Mgr
Bagni, alors nonce du Saint-Siége en France,
pour être envoyés en qualité de vicaires apostoliques dans les missions de la Haute-Asie. C'étaient
les abbés de Montmorency, Pallu et Pique, docteur de Sorbonne.

(1) Vie nouvelle de Henri-Marie Boudon, archidiacre
d'Evreux. In-8°, Besançon, 1837, p. 41, 53.

Mais l'institution des Vicaires apostoliques rencontra de la part de la Couronne de Portugal, des obstacles qu'il n'est point de notre dessein de rapporter ici. A la fin, toutes les difficultés ayant été levées, grâces surtout à l'activité déployée par la duchesse d'Aiguillon et au zèle avec lequel les abbés Pallu et de Meurs, venus à Rome, plaidèrent devant le pape la cause des missions, Alexandre VII approuva, le 8 juin 1658, le nouveau choix fait par la sacrée Congrégation de la Propagande de MM. Pallu, de la Mothe-Lambert (1) et Cotolendi, pour vicaires apostoliques : le premier, du Tonkin ; M. de la Mothe-Lambert, de la Cochinchine, et l'abbé Cotolendi, de Nankin. Le Saint-Siége se réservait en outre de confier à chacun des trois prélats l'administration de cinq provinces de Chine, de manière à concentrer dans les mains des nouveaux vicaires apostoliques le gouvernement su-

(1) M. de la Mothe-Lambert était un ancien conseiller à la cour des aides de Rouen, adonné dans le monde à toutes les œuvres de piété et de miséricorde. Il avait quitté sa charge où il s'était acquis une très-grande réputation d'habileté et d'intégrité dans les affaires, pour embrasser l'état ecclésiastique, et était venu à Rome avec la pensée de se consacrer aux missions. M. de Cotolendi, que nous avons déjà cité parmi les jeunes Congréganistes du P. Bagot, occupait une cure à Aix, en Provence, quand il fut choisi pour troisième vicaire apostolique. — Quant à MM. de Montmorency-Laval et Pique, désignés d'abord avec M. Pallu, le premier avait été créé vicaire apostolique du Canada, et M. Pique était devenu curé de Saint-Josse à Paris.

périeur de toutes les missions de la Haute-Asie.

Mis à la tête des vicaires apostoliques, avec le titre d'évêque d'Héliopolis, M. Pallu « reçeut le « rochet à Rome de la main du pape, qui l'ex-« horta par des paroles puissantes à soutenir le « poids des difficultèz qui accompagnaient son « entreprise, adjoutant qu'il remettait entre ses « mains le salut des peuples dont il lui donnait la « conduite. Il fut sacré dans Saint-Pierre de Ro-« me, par le cardinal Antoine Barberini, préfet « de la Propagande. La cérémonie de son sacre « fut belle et magnifique et se fit aux frais de la « Congrégation, par ordre de Sa Sainteté. » MM. de la Mothe-Lambert et Cotolendi furent sacrés à Paris, le premier avec le titre de l'évêché de Bé-rythe, et le second avec celui de Métellopolis.

Ce fut principalement entre les mains de l'é-vêque d'Héliopolis, que le Saint-Siége remit la conduite de la grande affaire des vicaires aposto-liques ; aussi est-il regardé à juste titre comme le fondateur et le père de la Congrégation.

Pendant que le Saint-Siége instituait les vi-caires apostoliques, Dieu préparait les ouvriers qu'il devait associer à leurs travaux. Les vocations ne manquaient point au sein du clergé de France. A la voix du P. de Rhodes, tout ce que Paris ren-fermait de prêtres généreux aurait voulu s'élan-cer, sur les traces de l'apôtre, à la conquête des peuples. Mgr d'Héliopolis réunit dans la retraite, à la Couarde, maison de campagne de Mme de Mi-ramon, à dix lieues de Paris, les premiers mis-sionnaires qui lui arrivèrent. Il les employa ensuite, pour achever d'éprouver leur vocation, à donner des missions autour de la ville.

Restait pour les nouveaux évêques à se transporter dans leurs lointaines missions. Il leur fallut se résoudre au long et périlleux voyage par la Méditerranée, la Perse et l'Inde. Les vicaires apostoliques s'embarquèrent successivement chacun avec sa bande de missionnaires. Parti le dernier, après avoir assuré l'exécution de toutes les grandes mesures prises pour le bien des missions, Mgr d'Héliopolis rejoignait à Siam, le 27 janvier 1664, Mgr de la Mothe-Lambert qui avait ouvert la voie. Pour Mgr de Métellopolis, Dieu l'avait appelé à lui, avant qu'il eût pu toucher à la terre des missions. Ce saint et zélé prélat était mort de la fièvre à Masulipatam, le 16 août 1662, âgé seulement de trente-trois ans.

En quittant la France, les vicaires apostoliques y avaient laissé des ecclésiastiques entièrement dévoués à l'œuvre, qui s'occupaient de susciter et d'entretenir les vocations parmi le clergé. De là à la création d'un séminaire où les aspirants se prépareraient, sous la conduite de sages et pieux directeurs, à la vie apostolique, il n'y avait qu'un pas. Il fut aisément franchi.

C'était, en France, l'époque des fondations de séminaires. D. Bernard de sainte Thérèse, évêque de Babylone, revenu à Paris pour les besoins de sa mission, s'occupait d'y fonder un de ces établissements, pour procurer à son Eglise les sujets qui lui manquaient. Des personnes pieuses et d'un rang élevé dans le monde lui avaient donné à cette

fin quelques maisons et un assez vaste terrain situé rue du Bac. Après y avoir élevé à la hâte le séminaire, dans l'état où on le voit encore présentement, il le donna à la nouvelle Congrégation, à
la condition d'y recevoir des ecclésiastiques pour
les missions françaises de l'Orient et en particulier pour celles de Perse. Aux libéralités de l'é-
vêque de Babylone, vinrent s'ajouter les fonds destinés à cette œuvre par les vicaires apostoliques.
Louis XIV, de son côté, voulant témoigner de l'intérêt qu'il portait aux missions françaises, dota
le nouveau séminaire d'une rente de seize mille
livres ; la fondation se trouvait dès-lors assurée.
Elle fut autorisée par lettres patentes du roi, en
date du 27 juillet 1663. Mgr Péréfixe, le nouvel
archevêque de Paris, avait mis à la reconnaître
le plus bienveillant empressement : et le cardinal
Chigi, alors légat *a latere* en France, vint ajouter
à toutes les autres l'approbation plus haute du
Saint-Siége.

Le 27 octobre 1673, les directeurs prirent
possession de la nouvelle maison. Elle eut pour
premier supérieur l'abbé Gazil : Vincent de Meurs
en fut le second. Bossuet, que se disputaient déjà
les chaires de la capitale et qui prêtait sa voix à
toutes les œuvres du temps, prêcha devant les
membres de la communauté assemblés pour la
première fois depuis la fondation.

Par l'établissement du séminaire, la Société
des Missions-Etrangères avait un centre, un fondement qui en soutiendrait les diverses parties.
Aussi s'appellera-t-elle le Séminaire, comme la

Congrégation des Missions-Etrangères. L'établissement est du petit nombre de ceux que la Révolution n'a pas détruits. C'est à cette même maison de la rue du Bac, élevée par les soins de D. Bernard de sainte Thérèse, que va frapper encore de nos jours l'aspirant des missions. La rue adjacente a continué de s'appeler, du titre de l'évêque fondateur, *rue de Babylone*. L'ouragan révolutionnaire dispersa un instant la Société, à laquelle Louis XVI, par lettres patentes, en date du mois de mai 1775, avait donné une nouvelle approbation légale. Elle fut rétablie civilement, une première fois, par décret de l'empereur Napoléon Ier, en mars 1805, et, une seconde fois, dix ans plus tard, par ordonnance du roi Louis XVIII.

La Congrégation des Missions-Etrangères, comme a déjà pu le voir le lecteur, n'est pas un ordre religieux, mais une société de prêtres séculiers, reliés entre eux non-seulement par un règlement général approuvé du Saint-Siége et par la communauté de but, mais encore par le Séminaire des Missions-Etrangères de Paris, centre et fondement de la Société.

Elle compte, en missions : des évêques, vicaires apostoliques, auxquels des territoires sont assignés par le Saint-Siége ; sous les évêques, et relevant uniquement de leur juridiction, des prêtres, leurs coopérateurs, qui travaillent en commun, avec l'aide du clergé indigène, à conserver et à accroître les chrétientés. Un Séminaire reçoit, à Paris, les aspirants. Les directeurs du Séminaire sont des missionnaires, ayant passé plusieurs années dans les missions ou les établissements communs de la Société dans l'extrême Orient (1) : ils sont députés par les vicariats des diverses missions, qu'ils représentent. Le supérieur se prend parmi les directeurs. Rééligible dans les premiers temps, tous les trois ans, il est présentement nommé à vie.

Les directeurs du Séminaire, présidés par le supérieur, composent le conseil de la Congrégation. Au conseil appartient l'administration extérieure de la Société. C'est lui qui admet les sujets et qui, le temps du séminaire ou de la probation achevé, les répartit entre les diverses missions, selon les besoins des vicariats. Les nouveaux missionnaires, quoique reçus et envoyés par le Séminaire, ne sont définitivement agrégés à la Société que trois ans après leur départ. A l'expiration de ces trois années d'épreuve, s'ils ont mérité l'approbation des vicaires apostoliques, leurs supérieurs respectifs, ils sont définitivement reçus membres de la Société et font la promesse solennelle de se dévouer, tout entiers et jusqu'à la mort, au service des missions.

Telle est l'organisation de la Société ou Congrégation des Missions-Etrangères, dont nous devions rappeler les origines et la fin. L'histoire de

(1) Ces établissements sont aujourd'hui les trois procures de Hong-Kong, Chang-Haï, Syngapour, auxquelles il faut joindre le séminaire général de Pulo-Pinang, pour le clergé indigène.

ses travaux, depuis ses commencements jusqu'à nos jours, est là pour attester qu'elle a répondu à ce que le Saint-Siége attendait d'elle, et qu'elle est demeurée fidèle à l'esprit de ses saints fondateurs. Aujourd'hui, comme au temps de Boudon, le Séminaire des Missions-Etrangères répand encore partout la bonne odeur de Jésus-Christ. Si les évêques d'Héliopolis et de Bérythe ont su placer haut dans l'esprit des peuples les premiers vicaires apostoliques de la Congrégation, celle-ci peut montrer, à toutes les époques, dans les nombreux évêques qu'elle a fournis aux missions, des héritiers de leur zèle et de leur esprit. Bien plus, Dieu lui a prodigué, à notre âge, la première de toutes les gloires, celle du sang versé pour Jésus-Christ : et l'Eglise, en ces derniers temps, a toujours ajouté aux provinces de son immense domaine, en même temps que la grâce multipliait pour elle les ouvriers évangéliques.

Les premiers vicaires apostoliques, nous l'avons dit, s'étaient vu assigner pour vicariats : le Tonkin, la Cochinchine et Nankin. De plus le Saint-Siége avait confié à Mgr Pallu l'administration supérieure de toutes les missions de la Haute-Asie. Cette haute juridiction, après la mort de l'évêque d'Héliopolis, passa à Mgr Laneau, vicaire apostolique de Siam. Mais depuis, la Congrégation, entrant sous ce rapport dans une phase nouvelle, se renferma dans ses propres vicariats qu'elle desservit à elle seule, avec le secours du clergé indigène. Les Jésuites continuèrent seuls, jusqu'à la suppression de la Compagnie, à tra-

vailler sous les vicaires apostoliques dans le Tonkin et la Cochinchine, leurs anciennes missions.

En outre de ses missions de l'extrême Orient,
le séminaire de Paris, dans les commencements,
envoyait des sujets dans la Perse et au Canada.
Mais la mission de Perse était trop isolée du centre général d'action, pour être facilement admi-
nistrée ; aussi cessa-t-elle bientôt d'être dirigée
par la Congrégation. Quant à l'Eglise du Canada
ou Nouvelle-France, elle ne devait pas avoir besoin longtemps de la coopération de la Société des
Missions-Etrangères. La Haute-Asie devint donc
le théâtre exclusif des travaux de la Congrégation.
On la trouve, pendant le cours du XVIIIe siècle :
dans le Tonkin, qu'elle se partagea avec les Dominicains Espagnols de la province de Manille ; en
Cochinchine ; à Siam ; dans les provinces du Yun-
Nan, du Kouy-Tcheou et du Su-Tchuen, en Chine ;
et, à dater de 1773, quand la suppression de la
Compagnie de Jésus eut privé un si grand nombre de missions de leurs meilleurs ouvriers, au
Maduré et à Pondichéry. Tous ces territoires ne
formaient pas plus de cinq vicariats.

Mais, à dater de l'établissement de la *Propagation de la Foi*, qui a ouvert une nouvelle ère
pour les missions, de nouvelles provinces, quelquefois d'immenses régions et des royaumes entiers, ont été donnés à évangéliser à la Congrégation, tandis qu'on multipliait les vicariats dans
les anciennes chrétientés. Les missions confiées
par le Saint-Siége à la Société comprennent donc
aujourd'hui vingt-cinq vicariats, à la tête des-

quels sont autant d'évêques souvent assistés d'un coadjuteur. Ce sont, en partant de l'extrême Orient:

JAPON :
Le Japon sept.,
Le Japon mér.
—
La Corée.
—

CHINE :
La Mandchourie,
Le Kouang-Tong,
Le Yun-Nan,
Le Kouy-Tcheou,
Le Su-Tchuen or.,
Le Su-Tchuen mér.,
Le Su-Tchuen occ.
—
Le Thibet.
—

ANNAM :
Le Tonkin occ.,
Le Tonkin mér.,
La Cochinchine or.,
La Cochinchine occ.,
La Cochinchine sept.
—

INDO-CHINE :
Le Camboge,
Siam,
La Malaisie,
La Birmanie occ.,
La Birmanie sept.,

INDES OR. :
Pondichéry.
Le Maïssour,
Le Coïmbatour.

Tel est le champ immense ouvert aux missionnaires de la Congrégation. Si loin que les emporte ce zèle qui fait de l'apôtre un conquérant, jamais ils ne s'entendent dire, comme autrefois Alexandre, le fils de Philippe : « Va, mon fils, « étends plus loin tes conquêtes, mon royaume « est trop petit pour te contenir. »

Le nombre des missionnaires s'est accru, en proportion de l'agrandissement des provinces. Il ne s'était pas élevé, jusqu'au commencement de ce siècle, au-delà de deux cent soixante. Mais la Société, depuis 1820 seulement, a envoyé plus de 950 prêtres dans les missions de l'extrême

Orient. Cinq cents travaillent en ce moment à la prédication de l'Evangile, avec le conconrs du clergé indigène des missions.

Ce clergé, dans les anciens vicariats, est relativement nombreux, au Tonkin occidental en particulier, où les missionnaires ne sont guère, comparés aux prêtres indigènes, que dans la proportion d'un à sept. La Congrégation, se conformant en cela aux intentions du Saint-Siége, a fait de la création d'un clergé indigène son œuvre propre. A peine les premiers vicaires apostoliques étaient-ils installés à Siam, qu'ils y fondaient un séminaire général pour les missions. Transporté aujourd'hui à Pulo-Pinang, sur les côtes de la Malaisie, ce séminaire comprend en moyenne 130 élèves que lui envoient les différents colléges des vicariats. On a pu voir, aux époques de recrudescence des persécutions, et lors de la crise causée par la pénurie des ouvriers apostoliques, pendant les années qui suivirent la Révolution, de quelle utilité était le clergé indigène pour les missions. Si ces chrétientés ont pu, sans trop souffrir, attendre des temps meilleurs ; si les Eglises du Tonkin et de la Cochinchine, en particulier, se sont toujours relevées si vite au lendemain des plus terribles persécutions, elles le doivent à leur clergé indigène. Dans les vicariats où les chrétientés sont le plus fortement constituées, c'est sur le clergé indigène que repose le ministère ordinaire des paroisses : les missionnaires sont plus spécialement chargés de l'administration de districts embrassant plusieurs paroisses.

Mais encore que le nombre des ouvriers de la Congrégation, joint à celui des prêtres indigènes, ait augmenté dans des proportions si consolantes, il reste bien au-dessous des besoins. Il suffit de considérer, pour le comprendre, que dans les seules missions confiées à la Société des Missions-Etrangères, la population païennne dépasse le chiffre de deux cents millions d'âmes. « Malgré « cette pénurie d'ouvriers apostoliques, lisons-« nous dans un docmment officiel (1), la Société « a la consolation d'enregistrer chaque année, « en moyenne, 10,000 baptêmes de païens adul-« tes, plus de 100,000 baptêmes d'enfants infi-« dèles *in periculo mortis*, et de donner en « même temps les secours religieux à environ « 650,000 chrétiens indigènes disséminés, au « milieu des idolâtres, dans les différentes mis-« sions. Quels résultats ne serait-il pas permis « d'espérer, avec un nombre plus considérable « de missionnaires ! »

Si le sang des martyrs, pour appliquer la belle parole de Tertullien, est une semence de chrétiens, et que la vertu des pères soit féconde, la Congrégation est en droit de compter sur cette multiplication croissante du nombre des missionnaires. Jamais, en effet, les confesseurs de la foi et les martyrs ne lui ont manqué, non plus que les hommes apostoliques. Fénelon, dans son beau sermon sur l'Epiphanie, ne fait que rendre l'im-

(1) Quelques renseignements sur le séminaire des Missions-Étrangères, rue du Bac, n° 128, à Paris.

pression profonde qu'avaient laissée après eux les premiers évêques et missionnaires de la Congrégation, quand il nous montre dans l'infatigable évêque d'Héliopolis, que revit trois fois Paris : « cet homme simple et magnanime qui revenait « tranquillement de faire le tour entier du globe « terrestre,..... cette vieillesse prématurée et si « touchante, ce corps vénérable, courbé non sous « le poids des années, mais sous celui de ses « pénitences et de ses travaux ;..... son cœur « plus grand que le monde, qui était encore « dans ces contrées éloignées....., pendant qu'il « passait au milieu d'eux tous, qui ne pouvaient « se rassasier de le voir, de l'entendre, de le « bénir, de goûter l'onction et de sentir la bonne « odeur de Jésus-Christ qui était en lui. » Les premiers missionnaires de la Congrégation furent en effet des hommes d'oraison, vraiment apostoliques, et qui joignaient une profonde humilité à toutes leurs autres vertus. Non contents des travaux de l'apostolat, ils châtiaient et crucifiaient leur chair, avec saint Paul, bien dignes en tout d'être les pères d'une nombreuse génération d'apôtres.

Or six ans ne s'étaient pas écoulés depuis la mort de Mgr d'Héliopolis, que s'ouvrait déjà pour la Congrégation l'ère des confesseurs et des martyrs. Mgr Laneau, après avoir joui de toute la bienveillance du roi de Siam, se vit, par suite d'une révolution de palais, jeté avec ses missionnaires dans des prisons infectes. On les employait le jour aux travaux publics, comme les esclaves ; le soir, une lourde cangue et des chaînes les attendaient dans leurs cachots. Antoine de Monestier et Pierre Geffrard périrent dans ces prisons, saintes victimes offertes, les premières, sur l'autel où tant d'autres devaient à leur suite être immolées. Sept ans plus tard mouraient, au Pégou, les deux premiers martyrs de la Congrégation, Jean Genoud et Jean Joret, condamnés juridiquement à être cousus dans un sac et précipités dans le grand fleuve : tandis que, vers le même temps succombaient, dans les prisons de la Cochinchine, deux autres confesseurs, Toussaint Ferret et Pierre Langlois. La voie était tracée. Nous trouvons vers la fin du dix-huitième siècle, dans la mission du Su-Tchuen, en Chine, un groupe admirable de saints missionnaires et de glorieux confesseurs, dont plusieurs (1) sont passés des horreurs de leur prison au séjour de l'éternelle félicité. Mais ce n'était là que le prélude des gloires de l'époque suivante.

Gabriel-Taurin Dufresse, évêque de Tabraca, décapité au Su-Tchuen le 14 septembre 1815, ouvre, au XIXᵉ siècle, la glorieuse liste sur laquelle sont déjà inscrits les noms prédestinés de vingt-quatre missionnaires, évêques ou prêtres, qui ont lavé leur robe dans le sang de l'Agneau.

(1) Etienne Devaut et Jean-Baptiste Delpon, morts le même jour et presque en même temps dans les prisons de Pékin, ensevelis dans la même tombe (1785) ; Paul Souviron, arrêté dans l'intérieur de la Chine, huit jours seulement après son départ de Macao, mort dans les prisons de Canton (1797).

La mission de Corée, à elle seule, en compte douze, dont trois évêques (1) ; le Tonkin, six (2) ; la Cochinchine, trois (3), et la Chine également trois (4). Le Saint-Siége a déclaré VÉNÉRABLES ceux dont la mort est antérieure à l'année 1857. A leurs noms viennent s'ajouter les noms de quatre autres confesseurs, qui ont succombé dans les prisons (5). Quinze missionnaires, sans avoir été juridiquement condamnés, ont été assassinés ou massacrés par les infidèles (6). Formé à l'école

(1) Mgr Laurent-Marie-Joseph IMBERT, évêque de Capse, décapité le 21 septembre 1839, avec deux de ses missionnaires, MM. Maubant et Chastan ; Mgr Siméon-François BERNEUX, évêque de Capse, décapité le 8 mars 1866, en compagnie de MM. de Bretennières, Beaulieu, Dorie : Trois jours après, Mgr Marie-Nicolas-Antoine DAVELUY, coadjuteur, décapité avec MM. Petit-Nicolas et Pourthié. Deux autres missionnaires, MM. Aumaître et Huin, subirent le 30 mars le même supplice.

(2) Mgr Pierre DUMOULIN-BORIE, évêque élu d'Acanthe (1838) ; MM. Cornay (1837) ; Schœffler (1851) ; Bonnard (1852) ; Néron (1860) ; Vénard (1861).

(3) MM. Gagelin (1833) ; Marchand (1835) ; Jaccard (1838).

(4) MM. Chapdelaine (1856) et Néel (1862), qui prennent rang après Mgr Taurin Dufresse.

(5) Le Vén. Delamotte (1840), Mgr Et.-Théodore CUENOT (1861) et M. Duclos (1846), tous les trois missionnaires en Cochinchine ; M. Vachal, mort au Yun-Nan (1852).

(6) MM. Antoine Dupuy et Jacques Querville, massacrés par les Arabes en 1760, quand ils se dirigeaient vers Socotora ; M. Rabeau, jeté à la mer en 1811 ; M. de la Brunière (Mandchourie), assassiné chez les Kilimis en 1846 ; M. Krick (1854), MM. Boury (1854) et Durand (1865), assassinés au Thibet ; MM. Biet (1854), Mabileau (1865),

de ces illustres confesseurs, le clergé indigène,
lui aussi, a noblement payé au Christ cette dette
du sang qui semble peser sur toute chrétienté à
son origine ; et l'on sait combien se pressent
nombreux, parmi les simples fidèles, les noms de
ceux qui ont été reçus dans la blanche armée
des martyrs.

La Congrégation des Missions-Etrangères, soit
donc qu'on l'étudie dans son passé, soit qu'on
examine son présent, offre à l'aspirant des missions tout ce qui peut satisfaire la noble ambition du zèle, provoquer à une sainte émulation
et exciter le désir généreux du martyre. Aussi
M. Néron, maintenant arrivé au séminaire de la
rue du Bac, ne sait comment remercier Dieu et
nous invite à nous unir à lui, pour louer et bénir
Celui dont il a éprouvé la grande bonté.

XI.

ARRIVÉE AU SÉMINAIRE DES MISSIONS-ÉTRANGÈRES.

« Cette fois, mon cher et tendre ami, c'est de
Paris, du séminaire des Missions-Etrangères,
d'une maison où reposent les glorieux restes de
tant de généreux athlètes qui ont noblement com-

Muller (1866), Rigaud (1869), Hue (1873), Baptifaut
(1874), massacrés en Chine ; et MM. Barreau (1867),
Abonnel (1872), dans le Camboge et la Basse-Cochinchine.

battu pour la Foi et sont décorés de la palme du martyre : c'est, dis-je, de cette enceinte bien chère à mon cœur, que je te trace ces lignes. Un *Te Deum*, te crierai-je : mille et mille actions de grâces ! Que tes accents se mêlent aux miens ; qu'ils s'unissent à ceux de toute 'créature, pour bénir Dieu ! »

Ainsi M. Néron exprimait son bonheur d'avoir enfin touché au port de sa vocation. La lettre où son âme se répand en si vives actions de [grâces pour son Dieu, a été écrite le 8 septembre, en la Nativité de Celle qui a apporté la joie au monde. Il était à Paris depuis les derniers jours d'août.

L'arrivée d'un nouvel aspirant est une fête pour le séminaire de la rue du Bac. C'est une si grande joie quand on brûle du feu de l'apostolat, de le voir communiqué à d'autres ! Notre pieux séminariste se vit donc accueilli comme on peut l'être par des frères. On le présenta dès le soir de son arrivée, à chacun de Messieurs les Directeurs. Il les trouva tous bienveillants. Seul, un vieillard octogénaire, vétéran des missions, se montra d'une franchise un peu rude. Apprenant que le nouveau venu, qui n'était plus jeune, n'avait encore reçu aucun ordre (1) : « Vous avez bien « quarante ans, lui dit-il : je n'aime pas les re-« tardataires ; et, s'il ne tenait qu'à moi, vous se-

---

(1) La coutume, dans le diocèse de St-Claude comme dans l'ancien diocèse de Besançon, est de ne conférer la tonsure et les Ordres mineurs que la seconde année de séminaire.

« riez renvoyé sur-le-champ. » (1) Cette sortie ne déplut point à l'humble aspirant, qui n'en embrassait pas moins de bon cœur, dès le lendemain, la vie du séminaire.

En France, la règle des séminaires varie peu de maison à maison. Ce sont partout, avec les mêmes études, les mêmes exercices : un ordre uniforme y préside à la distribution de la journée. M. Néron devait donc retrouver à Paris sa vie de séminaire de Lons-le-Saunier. La gaieté franche des récréations lui plaît. Il est charmé en particulier de la charité des séminaristes. Leur ferveur à la chapelle et la dévotion avec laquelle ils s'approchent presque tous les jours de la sainte table l'édifient beaucoup.

C'est dans ce cénacle que, sous la protection de Marie, reine des Apôtres, et dans la sainte communauté de ses frères, il attendra, persévérant dans la prière, d'avoir été revêtu de la force d'en haut (2), avant d'aller porter Jésus-Christ aux nations. Entrons avec lui dans ce cénacle. Nous y passerons deux ans dans la cellule du pieux aspirant. Ne craignons pas que l'horizon en soit

____

(1) Ce vieillard n'était autre que M. l'abbé Dubois, parti dès 1792 pour la mission de l'Inde. Il avait été rappelé à Paris, comme directeur, en 1823, et il vécut jusqu'à l'année 1848. M. Dubois, prêtre aussi savant que zélé, compte parmi les missionnaires les plus distingués de la Congrégation. On a de lui un ouvrage justement apprécié par la science : MŒURS, INSTITUTIONS ET CÉRÉMONIES DES PEUPLES DE L'INDE.

(2) ACTES DES APÔTRES, ch. I, 14.

étroit. C'est l'horizon d'une âme qui, à mesure qu'elle s'épure et se sanctifie, monte toujours vers la lumière : avec elle on s'élève jusqu'à ces sommets divins, d'où le monde apparaît tout à la fois si petit et si grand : si petit, comparé à Dieu ; si grand par les âmes qui l'habitent et qu'il faut à tout prix sauver.

XII.

L'AME DU PIEUX ASPIRANT.

La vie de M. Néron, pendant ses deux années de préparation du séminaire des Missions-Etrangères, nous serait complètement inconnue, si la Providence ne nous avait conservé ses lettres à M. N***, cet ami pour lequel nous l'avons vu si pieusement dévoué. Il nous reste aussi quelques-unes de celles qu'il adressa à sa famille et à M. Clément.

Avec les premières, nous remontons jusqu'aux jours qui suivirent son arrivée au séminaire. Il s'y voit entouré de la charité de ses nouveaux frères. Cependant ses pieux amis du Jura, en qui il était habitué de verser le trop-plein de son âme, lui font d'abord défaut : la nature n'est pas sans ressentir un certain isolement. Mais il en profite pour s'unir plus étroitement à Dieu, et pour avancer toujours dans la voie du détachement. « Je voudrais bien, dit-il à M. N***, avoir ici un ami tel que toi, avec lequel je puisse m'entretenir un peu : mais je me trouve privé de cette consolation, et il me semble même que j'aurais de la peine à reformer de nouveaux liens. Je ne m'attache d'une manière sensible, ni à la maison, ni à mes conséminaristes. Ce n'est pas que je sois indifférent à leur égard, car je les aime tous en Jésus-Christ : mais je n'éprouve pas ces sentiments affectueux que j'avais et que je conserverai toujours pour mes amis du Jura. Au reste, j'en remercie beaucoup Jésus et sa sainte Mère. Ils sont mes amis ; c'est avec eux que j'aime à m'entretenir, c'est à eux que je fais part de mes petits secrets, à eux que j'ouvre mon cœur : leur conversation est si douce ! Tu vois que si cet état persévère, je n'aurai pas perdu au change. Remercie donc Notre-Seigneur des grâces que j'ai déjà reçues, et aide-moi à obtenir toutes celles qui pourront contribuer à la gloire de Jésus. Garde-toi de penser que ces entretiens avec Jésus et Marie soient continuels, il s'en faut beaucoup. Je veux que tu te rappelles bien ce que je suis : la plus triste des créatures, le plus ingrat des hommes. Tu voudras donc bien avoir la charité de prier beaucoup pour moi, afin que je ne me damne pas, surtout par le mépris des grâces, et en mettant des entraves au bien que Dieu s'est proposé d'opérer par mon ministère (1). »

Ce grand fond de tendresse nous fait mieux comprendre le prix de son sacrifice, quand il a

(1) Lettre du 8 septembre 1846 à M. N...

tout quitté pour Jésus-Christ. « J'ai quitté mon père et ma mère, dit-il dans la même lettre, j'ai quitté mes amis, j'ai renoncé à la chair et au sang pour m'attacher à Jésus-Christ. Oh ! quelle faveur ! le cœur de l'homme ne pourra jamais la comprendre ! Quelle ineffable consolation de pouvoir dire : *Deus meus et omnia*. Ne va pas croire pour autant que je sois ici hors des insultes de l'ennemi. Non, mon cher ami, il n'en est rien. Partout il faut avoir les armes à la main, et bien se garder de les quitter un seul instant. Il m'est au moins aussi difficile de passer saintement ma journée ici, qu'au séminaire de Lons-le-Saunier. Ma pensée parfois se reporte vers le Jura. Je me demande pourquoi j'ai abandonné mon pays. C'est uniquement pour servir Jésus. Pourquoi donc tant de lâcheté dans son service, pourquoi si peu d'ardeur pour ta sanctification ? Si cette négligence et cette tiédeur allaient te séparer pour toujours de ceux que tu as laissés sur cette terre d'infortune ! Je me sens alors le cœur serré : et, si je ne me jetais tout de suite dans les bras miséricordieux de mon divin Maître, en lui protestant que je lui appartiens entièrement, et que je lui abandonne tout, que je veux tout lui donner, jusqu'à la plus petite respiration, le séjour de Paris me serait insupportable. Mais, comme je ne veux que la gloire du bon Dieu, et que je donnerais jusqu'à la dernière goutte de mon sang pour lui procurer un hommage d'une seule de ses créatures, je trouve tout excellent. »

Peu de paroles nous ont touché comme celles-là. Ce retour vers les siens, cette terreur subite, à la pensée qu'il pourrait en être séparé à tout jamais, s'il venait à ne pas répondre aux grâces de son Dieu, le ressort que lui donne cette pensée pour se dévouer toujours davantage, voilà, si nous ne nous trompons, autant de marques d'une âme généreuse, d'une âme à la fois tendre et forte, mais par-dessus tout humble, et humble comme il s'en rencontre peu.

Vient ensuite ce retour profond sur sa misère. « Pour ce que je vaux en moi-même, veux-tu que je te le dise franchement ? Hé bien ! si le bon Dieu venait me dire de me juger et de prononcer moi-même ma sentence, je serais forcé d'avouer que ma place est au plus profond de l'enfer. Seule la miséricorde infinie de Dieu peut me sauver. Et voilà celui qu'on appellera peut-être un jour un missionnaire ! Néanmoins ma confiance en la miséricorde divine est entière. Je crois fermement que, par un effet de cette miséricorde que l'homme ne peut comprendre, Dieu m'accordera infailliblement tout ce que je lui demanderai : je n'en excepte rien, si Dieu le juge convenable pour sa plus grande gloire et mon salut. »

Nous avons touché au secret de la force des Saints. D'un côté, le mépris d'eux-mêmes et le sentiment de leur propre misère qui inclinent la toute-puissance vers leur faiblesse ; de l'autre, cette confiance absolue dans le secours divin, confiance qui permet à l'homme de tout oser et ne lui fait rien trouver d'impossible.

6

Quelle piété tendre, et toujours humble, dans cet autre endroit de la même lettre !

« La première nouvelle du bonheur incompréhensible de ton ami t'a arraché des larmes : tes yeux ont pleuré en pensant que, toi aussi peut-être, Dieu t'avait destiné à être un messager de la bonne nouvelle. Je ne puis voir là qu'une douleur bien légitime, et de tout cœur je compatis à tes maux. Mais avec moi détache tes regards de ce qui serait pour toi un douloureux spectacle, afin de les reposer sur le signe du salut, sur la croix de Celui qui a eu l'immense amour de se mettre à notre place et de prendre sur lui nos iniquités. Considère par le regard du cœur ces plaies toutes saignantes, ces chairs déchirées, ce corps sacré qui depuis les pieds à la tête ne présente plus une partie de saine. Voilà mon ouvrage, peux-tu dire ; comme, de mon côté, je puis assurer que ce sont mes péchés, si grands et si énormes, qui ont ainsi attaché mon Sauveur à la Croix.

« Mais ces blessures ne sont que des fournaises de charité, d'où s'échappent plus intenses les divines flammes qui viennent brûler nos cœurs. Nous n'en devenons que plus étroitement unis au Dieu qui est notre miséricorde. Ainsi, par la bonté divine, ces péchés qui devaient nous séparer pour toujours de Dieu, ne servent qu'à nous y rattacher par un nouveau titre. Ecrions-nous donc, après avoir donné un juste cours à nos larmes, *o felix culpa !* heureuse faute, qui nous a valu un amour si inconcevable de notre

Dieu ! Et, tout en gémissant sur nos iniquités, adorons et bénissons l'aimable providence de Celui qui sait tirer le plus grand bien de notre mal même. Console-toi donc, et sois persuadé que Dieu, quand le temps en sera venu, saura, si c'est pour ton plus grand bien, te conduire où tu es déjà en désir. Et alors tu pourras reposer en paix au sein de ta chère Aiguebelle. »

Dans une autre lettre, écrite le 24 mars 1847, M. Néron fait preuve d'une charité et d'une tendresse d'âme, qui montrent jusqu'à quelle puissance d'aimer sait élever le détachement. « Qu'une âme est heureuse, mon ami, lorsqu'il lui est donné de renoncer à tout ce qu'elle a de plus cher au monde pour l'amour de Celui qui a versé jusqu'à la dernière goutte de son sang pour nous ! Oui, la vie la plus désirable est celle qui offre le plus de sacrifices, et en même temps les plus grands sacrifices à faire. C'est pourquoi je suis loin de prier le bon Dieu de te délivrer de ces maux, par lesquels il a plu à sa grande miséricorde de t'éprouver. Mes vœux seraient plutôt pour qu'il les aggravât, en y ajoutant la grâce d'en faire un saint usage.

« Mon bonheur a été grand, quand j'ai appris que l'abbé All.... était parti pour la trappe d'Aiguebelle. Il y sera si bien ! Qu'heureux est son sort ! Comme son cœur doit être à l'aise ! Avec quelle facilité il avancera dans les voies de la perfection ! Hélas, me dis-je, tout réussit parfaitement aux autres ; mon seul ami se voit toujours séparé de l'objet de ses désirs. Sera-t-il donc réduit, pendant ce long et pénible exil, à gémir solitaire, comme la plaintive tourterelle; à demander aux filles de Jérusalem si elles n'ont point vu son bien-aimé; à défaillir et à se consumer de langueur, comme le flambeau dont plus rien ne nourrit la flamme. Oh! mon ami, que ta position est douloureuse : mais combien aussi elle est méritoire! Continue de soupirer; sois Rachel qui ne veut point recevoir de consolation. Le temps de l'exil, quand on examine bien, est court : et les soupirs de l'âme aimante sont autant de traits enflammés qui vont percer le cœur brûlant de Jésus, pour en faire découler des consolations infiniment au-dessus de ce qu'on saurait imaginer. Pour moi, je te demeure uni : tes tribulations sont les miennes ; je soupire, quand tu soupires ; je gémis, quand tu gémis : et mon cœur bondit, quand je vois luire pour toi un rayon d'espérance et de bonheur. »

C'est une faveur insigne que d'avoir été aimé de la sorte par un apôtre et par un futur martyr : et volontiers nous porterions envie à celui qui a été honoré de telles communications, à cet ami auquel s'intéressa tant M. Néron. Ce repos et cette paix qu'il croyait ne pouvoir trouver qu'à la Trappe, la Providence les lui avait préparés dans l'état ecclésiastique. Aujourd'hui prêtre et s'employant à la sanctification des âmes, s'il a pu vaincre la timidité et les hésitations qui le tenaient éloigné du séminaire, c'est grâce, dit-il, aux prières comme aux lettres affectueuses de son saint ami.

De la correspondance de M. Néron avec sa famille, pendant son séjour au séminaire de la rue du Bac, une seule lettre nous a été conservée. Elle a suivi de près les fêtes de Pâques de 1847. En ces moments où il était tout entier aux joies de la Résurrection, alors qu'il venait de manger la Pâque et qu'il vivait de la vie nouvelle et ressuscitée en J.-C., il s'était demandé si, parmi les siens, dans ceux de sa maison, tous avaient participé au même bonheur. La seule pensée que quelques-uns pourraient ne pas avoir satisfait au devoir pascal, lui avait été, au milieu d'une telle joie, plus amère que le fiel. Dans son angoisse, il s'était jeté aux pieds de Marie, la conjurant d'avoir pitié de tous. Mais quelle avait été sa consolation en apprenant qu'eux aussi, pendant ces saintes fêtes de Pâques, étaient dans la paix du Christ, qu'ils avaient eu leur part des joies de la Résurrection !

« Cette nouvelle, leur dit-il, m'a été mille fois plus agréable que celle qui m'aurait annoncé le plus grand bonheur temporel, soit pour vous, soit pour moi. J'en remercie le bon Dieu de tout cœur, en le conjurant d'achever son œuvre ; ce que j'attends de son infinie miséricorde. Oui, mes chers parents, instruit par mon heureuse expérience, je ne saurais dorénavant me laisser aller à la crainte, au sujet de votre persévérance. Le démon et les passions, il est vrai, conspireront contre vous. Et puis n'y a-t-il pas les soucis et les préoccupations de la vie, les peines, les misères et les tribulations inséparables de votre condition, qui ne forment que trop d'obstacles et peuvent vous devenir tout autant de piéges et de dangers ? Oui ; mais je sais en même temps que le bon Dieu ne permettra pas que vous soyez tentés au-dessus de vos forces. Il saura vous ménager les grâces pour vaincre : et je me flatte que, considérant la brièveté de cette vie, les peines cuisantes qui sont mêlées aux fausses joies du monde, les chagrins qu'il faut dévorer pour offenser un Dieu qui nous a tant aimés, la couronne promise à ceux qui auront vaincu, le bonheur incompréhensible de l'autre vie, vous saurez faire de nobles et généreux efforts, pour avancer dans la voie où vous vous êtes engagés.

« Oui, mes chers parents, il faut souffrir. Dans votre condition, en particulier, vous avez beaucoup à endurer. Travail dur et pénible, du matin au soir, fatigues et inquiétudes, pleurs au berceau, pleurs à la fleur de l'âge, pleurs sur le bord de la tombe, sacrifices continuels qui s'imposent à la nature : voilà votre partage pendant cette misérable vie, tandis que les heureux du siècle, je dis heureux selon le monde, nagent dans les délices. Mais que cet état de choses ne vous afflige point trop. Les joies du monde sont mêlées d'amertumes et de peines, dont vous n'avez pas la triste expérience ; et, d'autre part, cette vie de misères est courte. Plusieurs d'entre vous sont déjà au milieu de leur carrière ; d'autres sur le point de toucher au terme : et le moment n'est pas éloigné où ils iront recevoir la couronne immortelle réservée à leur patience. Encore un peu de courage; la vie la plus longue n'est qu'un instant, comparée à l'éternité. Vous serez bientôt en possession d'un bonheur qui surpasse infiniment tout ce que vous pouvez vous imaginer: et ce bonheur, personne ne pourra vous l'enlever, pas plus que vous ne pourrez le perdre ; et cela est aussi vrai, qu'il est vrai que je trace ces lignes. Un saint avait donc bien raison de dire : la terre est pour moi comme du fumier, lorsque je pense au Ciel.

« Pour que vous puissiez plus facilement persévérer, je vous engage et vous conjure de toutes mes forces, le visage prosterné à vos pieds, de ne pas laisser passer le beau mois de Marie, sans faire chaque jour une prière spéciale à la Sainte Vierge, et sans vous confesser et communier une fois pendant ce mois, afin de vous mettre entièrement sous la protection de la Mère de Dieu. Je tiens à vous le dire : la meilleure nouvelle que vous puissiez m'annoncer dans votre prochaine lettre, ce sera que vous avez accédé à ma prière, en vous approchant encore des sacrements avant la fin de ce beau mois. Si j'apprends le contraire, j'en aurai beaucoup de peine, je vous l'assure : comme aussi, si votre lettre se tait à ce sujet, j'en conclurai que vous n'avez pas craint de me contrister, en ne suivant pas mes conseils. Vous vous serez tu, dirai-je, pour que le coup me soit moins sensible, mais inutilement. Et il suffira, sachez-le bien, qu'un seul manque à cet appel du cœur, pour que je sois dans la tristesse.

« Voilà un bien long sermon, me direz-vous peut-être. Non, mes chers parents, n'y voyez pas un sermon, mais bien une causerie de famille, un épanchement intime. Ce n'est pas trop de nous entretenir ainsi, une ou deux fois par an. Hé bien ! dans cet entretien que Dieu nous accorde, pouvais-je vous dire autre chose que ce que je vous ai dit ? En partant, ne nous sommes-nous point promis de nous revoir ? Ne nous sommes-nous pas donné rendez-vous au Ciel, puisque peut-être nous ne nous reverrons pas sur la terre. Cela étant, de quoi serait-il question entre nous, sinon de notre réunion future ? Si je vous aime sincèrement, ne dois-je pas désirer de tout mon cœur de la voir se réaliser, cette réunion ? Et si je la désire, puis-je m'empêcher de vous indiquer le chemin le plus sûr et le moins pénible pour y arriver ? Non, je ne pouvais vous tenir un autre langage, vous en demeurerez d'accord avec moi. »

L'apôtre se montre tout entier dans ces paroles. Comme ce langage de la Foi est serré, vif et pressant ! On y sent une âme pleine de Dieu et qui brûle de le communiquer à ceux qu'elle aime.

Après la famille, c'est M. Clément qui continue d'occuper la première place dans les affections, comme dans les souvenirs du pieux aspirant. Ses lettres à ce digne prêtre, quoique toujours si respectueuses dans la forme, sont pleines d'abandon. Elles témoignent de la confiance entière qu'avait M. Néron pour son *cher père*.

Il défère en tout aux conseils du sage curé et s'en rapporte exclusivement à lui, pour ce qui regarde la conduite des siens.

Avons-nous besoin de le dire, dans les lettres de l'aspirant du séminaire des Missions-Etrangères, pas plus que dans celles de l'élève de cinquième, personne n'est oublié. On voit croître en particulier sa reconnaissance, pour ceux qui ont aidé à son éducation ecclésiastique et pour ses anciens maîtres. Il se sent toujours plus obligé vis-à-vis eux, à mesure que la vie d'intérieur du séminaire lui révèle davantage la grandeur du don de Dieu, dans sa vocation pour les missions.

XIII.

PIÉTÉ ET ÉTUDES.

Les journées de l'aspirant, au séminaire des Missions-Etrangères, se partagent entre l'oraison et l'étude.

Qu'était M. Néron pour l'oraison ? Si nous devions l'en croire, l'homme intérieur, chez lui, n'était guère en progrès. « Mes méditations et mes autres exercices de piété, écrit-il à M. Clément (1), se font plus ou moins bien, selon les circonstances. Il me semble que, si j'étais plus uni à Dieu et que je perdisse moins le souvenir

(1) Lettre qui a précédé les Fêtes de Pâques de 1847.

de sa présence, les choses en iraient mieux. J'ai toujours à me reprocher de n'être pas assez intérieur. Aussi ai-je grand besoin de vos prières. J'espère que vous m'en continuerez le secours, et que j'aurai une petite part dans vos bonnes œuvres. » Nous lui avions déjà entendu dire, dans une lettre précédemment citée : « Qu'il lui était au moins aussi difficile de passer saintement sa journée au séminaire des Missions, qu'à celui de Lons-le-Saunier. »

C'est que la grande partie de sa journée était remplie par le travail de la Théologie. Obligé, pendant les deux années de son séjour à Paris, de parcourir presque en entier le cercle des études d'un séminariste, il avait à se mettre en garde contre cette application trop continue à l'étude, qui absorbe les forces vives de l'âme et ne laisse à l'esprit que peu de liberté, pour vaquer aux choses de Dieu. Mais la conscience qu'il a de ces difficultés et l'impression qu'elles font sur lui, nous disent assez qu'il savait échapper au péril. On a vu quel était l'élan habituel de son cœur vers Dieu, et avec quelle facilité il parlait le langage du détachement et de la charité pure. Seulement l'humble séminariste ne se flatte point. Lorsque rien n'exige qu'il répande dans les autres les ardeurs de sa charité, il n'accuse, comme à M. Clément, que les côtés humains et imparfaits de sa nature.

Le programme des études, au séminaire des Missions-Étrangères, n'est point le même pour tous. Il varie, selon les conditions dans lesquelles se présentent les aspirants. Ceux qui arrivent au Séminaire, déjà engagés dans les Ordres sacrés, et après avoir terminé leur théologie, n'ont plus à recevoir qu'un enseignement complémentaire, en vue de ce qu'offre de spécial le ministère des Missions. Dans les premiers temps du séminaire, c'était le grand nombre des aspirants, qui se présentaient déjà prêtres ou diacres. On les dirigeait, au bout de quelques mois de probation, sur les missions pour lesquelles ils avaient reçu leur destination. Aujourd'hui, beaucoup de jeunes gens dont la vocation a reçu un commencement d'épreuve, sont admis au séminaire aussitôt leur philosophie achevée. Les Directeurs ont établi pour eux des cours réguliers de Dogme et de Morale, comme cela se pratique dans les autres séminaires en France. Il y a en outre sur l'Ecriture sainte, le Droit-Canon et la Théologie mystique, des conférences auxquelles assistent tous les aspirants sans distinction.

M. Néron, quand il arriva à Paris, n'avait fait qu'une année de théologie. Il suivit régulièrement le cours de Dogme. Mais les traités de Morale qu'il n'avait point encore vus ne concordant pas avec ceux qui étaient donnés par le professeur, il dut les étudier seul.

Les cahiers de M. Fraignier lui furent du plus grand secours ; avec la méthode de son premier maître, le studieux et zélé séminariste avança rapidement. A la fin de 1847, il avait achevé la préparation de tous ses traités de théologie. Sa santé, aussi forte que dans le Jura, lui permettait une application sans cesse renouvelée et dont il ne se fatiguait point. « Je travaille à ma théologie le plus que je peux, » marquait-il à M. Clément. On comprend ce que valait dans sa bouche une telle déclaration.

XIV.

VUE D'INTÉRIEUR SUR LE SÉMINAIRE DE LA RUE DU BAC.

Les moments de la journée que l'aspirant des missions ne consacre pas à l'oraison ou à l'étude, il les passe dans la société de frères appelés, comme lui, aux nobles et divins labeurs de l'apostolat. C'est un beau spectacle que celui de cette généreuse jeunesse, rassemblée là de tous les points de la France. Ces ecclésiastiques que vous voyez se promener gaiement, pleins d'animation et d'entrain, dans les vastes jardins contigus à la rue de Babylone, ils iront bientôt prendre leur place aux avant-postes des missions, après avoir mis plus de six mille lieues entre la patrie et eux. En attendant, il se fait de l'un à l'autre un échange de sentiments, comme il convient entre grands cœurs.

A certains jours vous surprendriez un air de fête sur les visages : les groupes sont plus animés ; on sent circuler partout une nouvelle vie. C'est un bulletin de la grande armée qui vient

d'arriver. Les Himalayas sont franchis et la croix
a été plantée au fond de quelque vallée du Thibet; de nouveaux missionnaires ont réussi à s'introduire sur des parages inaccessibles et cruels ;
ici la moisson blanchit et appelle de nombreux
ouvriers : là il faut aller remplacer, sur ce champ
de bataille, des combattants glorieusement tombés et qui laissent privée de ses pasteurs une
église de martyrs.

Sans sortir de la maison, vous rencontrez des
hommes qui sont revenus de longs voyages et d'expéditions lointaines. Blanchis dans les travaux de
l'apostolat, ils ont tout vu du côté de Dieu et des
hommes. Faites-leur dérouler leur propre histoire ; elle sera le tableau vivant des luttes que
doit soutenir l'apôtre, comme des labeurs qu'il
lui faudra entreprendre. Le corps de ce missionnaire, vieilli avant l'âge, conserve encore les traces des coups de rotins qui ont sillonné sa chair ;
il sait comment on porte la cangue et peut vous
dire ce qui attend le confesseur au fond des cachots de la Chine, ou dans la cage réservée aux
grands criminels de l'empire d'Annam.

Ce tableau d'intérieur du séminaire des Missions n'est point de notre imagination. Nous
n'avons eu, pour le tracer, qu'à suivre les données indicatives fournies par les lettres de M. Néron. Au moment où il faisait, dans ce cénacle, sa
préparation de la vie apostolique, Dieu seul connaissait les noms de ceux des aspirants qui étaient
prédestinés au martyre. Trois nous ont été révélés jusqu'ici dans la gloire de leur supplice :

Augustin Schœffler, Louis Bonnard, Pierre-François Néron. Ces âmes se connurent; il y eut même, au séminaire, entre M. Bonnard et M. Néron, des relations intimes dont nous retrouverons quelque chose dans la suite de cette vie.

Les lettres du futur missionnaire parlent d'un autre compagnon, avec lequel il s'excitait à tout souffrir pour Jésus-Christ et les âmes. C'était un Basque dont la trempe d'âme allait merveilleusement à la sienne. « Il a un si grand zèle du salut « des âmes, écrivait M. Néron, qu'il me dit un « jour : que quand un ange lui offrirait *hic et* « *nunc* de mourir et d'aller en paradis, il ne vou- « drait pas accepter (1). » De généreuses conventions avaient lieu entre les deux aspirants, comme nous l'apprend une lettre de M. Néron, du 12 janvier 1847. M. N..., son ami, lui avait demandé comment il se trouvait du froid.

« Nous n'avons pas de feu dans nos chambres, « répond l'aspirant, mais on en fait dans les « salles de théologie et va se chauffer qui veut. « Chaque aspirant du reste a un manteau, avec « lequel il peut se garantir du froid. Pour ce qui « me regarde, je n'ai pas beaucoup souffert. Le « froid ne m'a pas encore empêché de travailler,

(1) Ce Basque n'était autre que M. Dourisbour, devenu depuis l'apôtre des Sauvages Ba-hnars. Le missionnaire a consigné ses souvenirs dans un livre où l'intérêt le dispute partout au charme et à la simplicité du récit. Les Sauvages Ba-hnars, c'est le titre de l'ouvrage, nous montrent à l'œuvre cette âme d'apôtre, telle qu'elle vient de se peindre dans le trait cité.

« bien que je ne sois pas allé dans les salles chauf-
« fées et que je n'aie pas porté de manteau. Nous
« avons pris le parti, un séminariste et moi, de
« tout recevoir comme venant de la main du
« bon Dieu et nous nous en trouvons bien. Au
« reste, si le froid devenait par trop intense,
« nous n'irions pas contre nos conventions en
« usant de feu. »

M. Néron a bien soin d'ajouter à son ami,
qu'ils ne sont pas les seuls à s'imposer ces privations ; et comme son humilité redoutait que
ces confidences ne tournassent à sa louange :
« Le tout est rapporté à un ami, dit-il en finis-
« sant, afin qu'il remercie le bon Dieu avec moi
« des grâces qu'il m'a faites et aussi qu'il lui de-
« mande pardon, pour moi, des nombreux et si
« grands péchés que j'ai commis : car, mon cher
« ami, j'ai bien offensé le bon Dieu. Tu peux
« juger, par ces détails, jusqu'où va mon affec-
« tion pour toi. »

Dans d'autres lettres, le cœur du futur missionnaire se dilate, en voyant que le Séminaire
sera bientôt trop étroit pour contenir tous les
aspirants qui se présentent. Dix-huit, en moins
de sept mois, sont venus se joindre à eux. Aussi
la Société, en 1847, a-t-elle pu envoyer à ses missions un renfort de vingt-cinq ouvriers apostoliques.

Il ne se réjouit pas moins des bénédictions ac-
cordées à d'autres congrégations. M. Chevalier,
qui fait son noviciat dans la société du Saint-
Cœur de Marie, lui a communiqué, sur l'état de

de leurs missions, des détails consolants qu'il s'empresse de porter à la connaissance de M. Clément.

Appelé un jour au parloir du séminaire, notre aspirant voit tomber dans ses bras un de ses meilleurs amis du Jura. C'était un pieux et saint jeune homme, vaillant de cœur et à l'âme généreuse. M. Néron eut bien voulu en faire son compagnon. Mais Louis Ramboz va rejoindre M. Chevalier au noviciat du Saint-Cœur de Marie, et ne veut qu'embrasser en passant son pieux ami. Celui-ci n'en presse pas moins sur son cœur son cher Ramboz : « Il m'eût été bien doux, marque-t-il, de le voir rester ici ; mais il ne m'a pas été moins agréable de le sacrifier au bon plaisir de Dieu. »

Les nouvelles reçues des différents vicariats sont bien faites pour intéresser et émouvoir les aspirants des Missions-Etrangères. Dans l'empire d'Annam, les chrétiens respirent plus à l'aise, malgré quelques vexations et persécutions locales. Mgr Retord, que les idolâtres, dans leur admiration, appellent le *Roi des Chrétiens*, a pu terminer une tournée pastorale, pendant laquelle plus de 1,300 adultes ont été solennellement baptisés des mains du prélat. Au Su-Tchuen, les travaux des missionnaires sont récompensés par plus de mille conversions annuelles. On y a baptisé, dans l'espace d'une seule année, jusqu'à 57,447 enfants païens, en danger de mort, dont 38,633 sont déjà devant le trône de Dieu, occupés à intercéder pour ces contrées infidèles. Les païens n'attendent que la mise à exécution du traité de M. de Lagrenée et la révocation des édits de persécution, pour embrasser en masse la religion chrétienne.

C'est la Corée surtout, arrosée du sang de ses martyrs, qui excite cette généreuse jeunesse. Au mois de juillet 1847, le séminaire était tout plein de la glorieuse passion d'André Kim, en qui venaient d'être consacrées à Dieu les généreuses prémices du clergé coréen. Qui donc, parmi les lecteurs des Annales de cette époque, n'a point connu et aimé le diacre coréen, André Kim? Noble jeune homme issu d'une famille de martyrs, que M. Maubant envoyait dès l'âge de quinze ans, comme élève, à Macao, et dont la Providence devait se servir, pour introduire en Corée le vicaire apostolique et les missionnaires, destinés à remplir les vides faits par le martyre ! On le voit, à trois reprises, traverser d'immenses déserts, caché le jour dans des montagnes couvertes de neige, voyageant la nuit à l'aventure, sans cesse exposé à toutes sortes de périls et bravant d'immenses fatigues, pour se trouver, sur les confins du Leao-Tong, au rendez-vous des courriers chrétiens, et préparer l'introduction par terre des missionnaires. A la fin il pénètre seul en Corée, va jusqu'au cœur de la capitale et là, avec une vingtaine de laboureurs chrétiens, improvisés matelots, monte une mauvaise barque, la conduit, à travers mille périls, à Chang-haï, prend à bord de son *Raphael* Mgr Ferréol qui l'a ordonné prêtre, et l'introduit fur-

7

tivement, avec M. Daveluy, en Corée, après une traversée encore plus orageuse que la première. Envoyé de nouveau par son évêque sur les côtes chinoises, à l'effet d'y établir un lieu de communication pour les courriers, il regagnait, après avoir terminé sa mission, sa résidence, quand il fut découvert, saisi et jugé, puis décapité à Seoul, le 16 septembre 1846, à peine âgé de 25 ans. Les juges, touchés de sa jeunesse, ne purent s'empêcher de s'écrier avec les spectateurs : « Pauvre jeune homme ! il est dans les « travaux depuis son enfance ! » Heureux André Kim, s'écrient à leur tour les aspirants ! qui a mérité si jeune de voir couronné par le martyre toute une vie de nobles et saints travaux !

Le séminaire, visité souvent par des évêques de la Congrégation que les affaires de leurs missions ramènent en Europe, s'est réjoui de posséder ces derniers temps Mgr Verroles, vicaire apostolique de la Mandchourie. Avant de regagner son vicariat, le Prélat a accepté la mission d'aller semer et raviver dans les différents diocèses de France, le zèle pour la *Propagation de la Foi* (1). Il a laissé après lui, dans toutes les villes qu'il a visitées, la bonne odeur de Jésus-Christ, et la

(1) Mgr Verrolles, parti en 1830 et sacré dès 1839, est aujourd'hui le plus ancien évêque de la Congrégation. Sa tournée apostolique, dans laquelle il visita tous les diocèses de France, aida beaucoup au développement de l'association de la *Propagation de la Foi.* Quelques années auparavant, un prélat de sainte mémoire, Mgr Flaget, premier évêque de Bardstown, dans le Kentucky, avait parcouru l'Europe, dans l'intérêt de la même œuvre.

vénération des fidèles de tous rangs vient le chercher au séminaire, où il se prépare à retourner dans sa lointaine mission.

Vers la même époque, rentrait au séminaire, pour y prendre place parmi les directeurs, un des plus vaillants confesseurs de la Foi des derniers temps. Flagellation cruelle du rotin, long et pénible emprisonnement dans une étroite cage, horreurs de la prison annamite, aucune des souffrances qui précèdent le martyre n'a manqué à M. Charrier : et il a tout supporté avec une gaîté et une intrépidité dont font foi les lettres du missionnaire à Mgr Retord, son illustre vicaire apostolique et compatriote. Il attendait impatiemment, en compagnie de quatre autres missionnaires, l'exécution de la sentence capitale qui devait lui procurer la couronne du martyre, quand, le 12 mars 1843, l'énergique intervention de M. Lévêque, commandant de la frégate française l'*Héroïne*, tira les confesseurs de prison, pour les ramener en France. Mais on les avait vus bientôt rapporter sur la terre d'Annam une tête proscrite. Le choix que l'on fit de M. Charrier, pour représenter les missions annamites au séminaire de Paris, put seul lui faire abandonner le Tonkin, où il avait tant souffert pour Jésus-Christ. Désormais fixé au milieu des aspirants, il leur remettra sans cesse sous les yeux ces paroles de l'Apôtre, imprimées en sa chair : « *Stigmata Domini Jesu in corpore meo porto* (1). »

(1) « *Je porte sur mon corps les stigmates du Seigneur Jésus.* » GAL, VI, 17.

XV.

LA SALLE DES MARTYRS.

Nous avons vu M. Néron, dans la lettre où il rend compte de son arrivée au séminaire des Missions-Etrangères, se féliciter principalement de pouvoir habiter une maison « où reposent les glorieux restes de tant de généreux athlètes, qui ont noblement combattu pour la Foi et sont décorés de la palme du martyre. » Voilà, en particulier, ce qui rend cette « enceinte bien chère à son cœur. »

Le séminaire de la rue du Bac possède, en effet, sa salle des martyrs. Il est donné à l'aspirant d'aller s'agenouiller, chaque jour, devant ces restes vénérés, d'où s'exhale le parfum de tant de sacrifices et d'héroïques vertus. Si les nobles chevaliers avaient autrefois leurs salles des ancêtres, où les portraits appendus rappelaient les hauts faits des preux de la race, le futur athlète du Christ trouve ici, entourés des trophées de leurs victoires, les restes mêmes des héros en qui la Congrégation compte ses plus glorieux membres. Il est temps d'y introduire le lecteur (1), et de s'arrêter avec lui devant

(1) Voir LA SALLE DES MARTYRS, description intéressante des précieux restes des Martyrs et de tous les objets qui y sont conservés, suivie de notices sur la vie et la mort des Confesseurs. — PARIS, DOUNIOL, in-12.

ceux des confesseurs, qui ont dû enflammer le plus le zèle apostolique de M. Néron et exciter sa sainte ardeur du martyre.

En entrant dans cette émouvante salle, on trouve disposées à gauche, sur des gradins, des châsses de formes diverses, renfermant les ossements de missionnaires ou chrétiens indigènes mis à mort pour la Foi. La deuxième du gradin supérieur nous intéresse tout d'abord; c'est celle du Vén. Fr. Isidore Gagelin. Ses ossements, pieusement recueillis par Mgr Cuenot (1), vicaire apostolique de la Cochinchine orientale, arrivaient à Paris en 1847, un an avant le départ de M. Néron pour les Missions. Il fut donc donné à notre aspirant de baiser avec amour le chef vénéré du martyr; et M. Gagelin, en revenant parmi ses frères, discerna entre tous cet enfant du Jura, dont l'âme, déjà pénétrée par la sienne, devait se ressentir encore du voisinage de son saint corps.

A côté du Vén. Fr. Isidore Gagelin, dans cette châsse qui occupe la place d'honneur du gradin supérieur, sont conservés les restes de Mgr Pierre Dumoulin-Borie, élu évêque d'Acanthe, martyrisé au Tonkin occidental, le 24 novembre 1838. Mgr Borie avait eu besoin, dans sa première jeunesse, d'être désabusé des folies du monde. Mais, depuis le moment où il s'était laissé

(1) Mgr Cuenot, mort dans les prisons de Cochinchine le 14 novembre 1861, était originaire lui-même de Franche-Comté. Il appartenait, comme MM. Gagelin et Marchand, au diocèse de Besançon.

toucher par la grâce, le généreux adolescent avait nourri dans son cœur le désir de racheter ses péchés par l'effusion de tout son sang pour Jésus-Christ. Dieu l'exauça magnifiquement, en lui accordant les honneurs d'une longue captivité et d'un affreux supplice. Voici la cangue qu'il a portée : cette lourde cangue qu'il n'eût pas voulu échanger contre la plus belle couronne du monde. Ce crucifix lui a appartenu, et l'on dit qu'il fut teint de son sang. L'entaille qu'on remarque sur la mâchoire inférieure du martyr, a été faite par le sabre du bourreau, qui n'abattit qu'au septième coup ce chef vénérable. M. Néron, en priant devant ces ossements, repassait dans son âme les grâces miséricordieuses dont il avait été l'objet ; le désir d'expier, lui aussi, ses fautes par le martyre, trouvait à s'enflammer dans ce saint voisinage ; plus d'une fois il se prit à désirer, comme portion de son héritage, cette terre d'Annam qui lui apparaissait, entre toutes, baignée du sang des Confesseurs du Christ.

Et à la suite du Vén. Pierre Dumoulin-Borie, quel noble et illustre athlète que M. Jaccard ! C'est lui qui, dans un de ses interrogatoires, au mandarin qui lui demandait s'il avait prêché la religion : « Oui, répondit-il, je l'ai prêchée, je la prêche et, tant que j'aurai la tête sur les épaules, je ne cesserai de la prêcher. » Aucune captivité, parmi celles des confesseurs du XIXe siècle, ne peut se comparer à celle-là. Le Vén. Jaccard a épuisé et bu jusqu'à la lie le calice de son Maître. Dans une seule flagellation, qui ne dura pas moins de trois heures, on usa jusqu'à douze rotins à faire ruisseler le sang de sa chair en lambeaux. Le mandarin, tout en lui laissant sa cangue, l'avait fait charger de chaînes. C'est en cet état qu'il demeura, de longs mois, enfermé dans des cachots infects, d'où on ne le sortit que pour le conduire à la mort.

Mais, vers la fin de sa captivité, Dieu prenant pitié de l'isolement du missionnaire, lui avait envoyé pour partager ses fers, un jeune élève de la mission, Thomas Thîen, qui se trouva digne de remporter avec lui la palme du martyre. Voilà ses restes à côté de ceux de M. Jaccard. Belle et touchante figure que celle de Thomas Thîen ! « Oh ! mon père, s'écriait-il, dans ses saints épanchements avec le missionnaire ! on nous laisse vivre bien longtemps ! oh! pourquoi nous priver ainsi de voir notre Dieu, de souffrir pour lui et de nous unir à lui pour toujours! » Il arriva, le jour si désiré : ensemble ils marchèrent d'un pas ferme vers le lieu du supplice, M. Jaccard tout fier de son jeune compagnon, sur lequel il abaissait des regards pleins de satifaction et de tendresse. On rapporte que, près d'arriver à l'auberge où l'on a coutume de donner à boire et à manger aux criminels, le jeune Thomas se retournant vers M. Jaccard : « Père, lui dit-il en souriant, prendrez-vous quelque nourriture ? — Non, mon enfant, répartit le missionnaire ; — Ni moi non plus, ajouta Thomas ; au Ciel donc, mon père ! »

Au Ciel ! au martyre ! C'est la sainte provocation de tous ces confesseurs du Christ aux aspirants des missions. M. Néron, sans doute, sortait de la salle des Martyrs, du moins il avait devant les yeux quelqu'un des grands spectacles qu'il y avait médités, lorsque dans une lettre du 12 janvier 1847, après avoir noblement encouragé son pieux ami N..., à lutter sans trève contre ses ennemis, les yeux fixés sur le Chef qui nous regarde et sur la victoire qui est proche : « Je te le demande, ajoutait-il, à toi qui as l'âme noble, qui sens couler dans tes veines un sang généreux, que doit éprouver un homme aux prises avec la souffrance, quand il vient à se dire que son Dieu le voit et que, dans quelques instants, il va jouir de sa gloire ? C'est bien le cas de dire : « *Peto, nate, ut aspicias ad Cœlum* (1). »

Mais nous allons voir se produire plus explicitement ce désir du martyre, qui marque la plus haute impulsion d'une âme vers Dieu. Il sera même assez parfait, pour valoir au généreux aspirant l'assurance particulière d'être exaucé.

XVI.

N.-D. DES VICTOIRES ET LA COURONNE DU MARTYRE.

Chacun sait comment à Paris, au sein de ce vaste tourbillon qui emporte tant d'âmes légères,

(1) « Regarde, ô mon fils, le Ciel. » 2, Mac. VII, 28.

et jusque dans·le quartier des affaires et du plaisir, il a plu à la Reine du Ciel de se choisir un sanctuaire, verte oasis où les chrétiens trouvent à se rafraîchir aux sources vives de la Grâce. L'église de N.-D. des Victoires est chère aux aspirants du séminaire des Missions : ils aiment à s'agenouiller devant l'autel de Marie, pour recommander au Cœur immaculé de la Mère de Dieu le salut des nations, et faire dériver sur leur œuvre quelque chose de ce vaste courant de prières qu'on appelle l'Archiconfrérie. Pour eux, ils demandent la force qui donne la victoire et obtient la couronne.

Le lecteur a pu voir la dévotion toute spéciale de M. Néron pour la très-sainte Vierge. C'est aux pieds de « sa bonne Mère du Ciel », qu'il a écrit ces lettres si touchantes à M: N..., son ami de cœur. « Encore une lettre, mon cher ami, lui disait-il le 8 septembre 1846, faite sous l'aile de Marie. Un futur missionnaire pourrait-il en agir autrement ? Deux âmes qui s'aiment dans le Seigneur pourraient-elles entretenir des relations intimes, sans mettre la bonne Mère de la partie ? Oh non ! n'est-ce pas ? » C'est à Marie qu'il demande, pour cette âme qu'il voudrait établir plus fortement en Dieu, « que le monde lui devienne un supplice et lui apparaisse comme une terre aride et sèche. » C'est encore la récitation quotidienne de la strophe *Monstra te esse matrem* (1), de l'hymne de la

____

(1) « *Montrez que vous êtes notre Mère.* »

Vierge, qu'il lui propose, comme moyen de s'unir ensemble dans la prière.

Dans toutes ses lettres, ce sont les mêmes sentiments. Marie est la ressource suprême du pieux aspirant, son refuge le plus assuré, son unique consolation. Quand la vue de sa misère produit en lui ces salutaires épouvantements qui sont propres aux saints, et qu'il tremble à la pensée que son infidélité pourrait le séparer à jamais de ceux qu'il aime, son premier mouvement est de se jeter dans les bras de la Mère des hommes. Il ne trouve rien de plus efficace pour assurer, après les Pâques, la persévérance des siens, que de les placer sous l'égide de Marie ; et nous avons vu comme sa tendresse les presse, pour obtenir d'eux qu'ils s'approchent encore des sacrements, pendant le beau mois consacré à la Reine des Vierges.

M. Néron était donc dévot entre tous à N.-D. des Victoires. Les jours de sortie, il passait de longues heures dans le sanctuaire de la Mère de Dieu, occupé à lui dire son amour pour son divin Fils et à l'intéresser à ses généreux desseins. Aussi N.-D. des Victoires revient plus d'une fois dans les lettres de l'aspirant.

La première qu'il ait écrite de Paris fait déjà mention d'une visite à cette église. M. Néron a eu le bonheur d'y entendre à l'autel de la Vierge, deux messes, dont l'une a été célébrée par M. Desgenettes lui-même. « Là, dit-il, j'ai prié pour moi et j'ai eu l'audace de demander la couronne du martyre, si c'était pour la plus grande gloire de Dieu. » Voilà bien formulé le saint désir du martyre, comme le premier des vœux du nouvel aspirant.

Le 31 décembre 1846, jour de sortie générale, il n'a pour ainsi dire pas quitté la chapelle de l'Archiconfrérie. Marie a été chargée de ses vœux pour tous les siens. Qu'aura-t-il demandé pour lui, sinon cette couronne du martyre qu'il avait déjà « l'audace » de solliciter dès sa première visite ?

Il a continué de la demander et avec instance ; aussi mérita-t-il un jour de recevoir l'assurance extraordinaire que sa prière avait été exaucée. M. Néron sortait de N.-D. des Victoires, en compagnie de MM. Bonnard et Duchesne, que la piété avait amenés, comme lui, au sanctuaire vénéré. Les trois aspirants rencontrèrent un prêtre qui leur prédit nettement, que MM. Néron et Bonnard seraient martyrs et que M. Duchesne, au lieu de partir pour les missions, s'en irait mourir dans son diocèse. M. Néron a raconté lui-même, six ans avant sa mort, cette prédiction à M. Theurel, son confrère, depuis vicaire apostolique du Tonkin Occidental (1). « La prédiction, dit Mgr « Theurel, est aujourd'hui complètement vérifiée. « M. Duchesne attaqué, je crois, d'une maladie de « poitrine, n'a pu partir pour les missions ; il est « revenu dans sa Bretagne et y est mort dans le

____

(1) Voir la relation du martyre de M. Néron, par Mgr Theurel. *Annales de la Propagation de la Foi*, tome xxxiii, nº 198, Septembre 1861.

« Seigneur. M. Bonnard, arrivé à la procure de
« Hong-Kong, sans destination spéciale, puis en-
« voyé au Tonkin, a cueilli la palme le 1er mai
« 1852. M. Néron, enfin, arrivé au champ d'hon-
« neur avant son ami, l'a suivi dans son triomphe
« et partage aujourd'hui sa couronne (1). »

C'est ainsi que, dans la prédestination du généreux aspirant, la couronne du martyre se rattache à N.-D. des Victoires.

XVII.

ORDINATION DE M. NÉRON.

A son arrivée à Paris, M. Néron, nous l'avons
dit, n'avait encore reçu aucun ordre ; il n'était
même pas clerc. C'est au séminaire des Missions
qu'il fut admis dans la milice ecclésiastique et
monta successivement les degrés qui conduisent
à la prêtrise. Il était bien de cette génération qui
cherche le Seigneur et dépouille avec empresse-

(1) On a cru voir, met en note Mgr Theurel, une allusion à cette prophétie, dans le passage suivant d'une lettre
que M.'Bonnard écrivait, einq mois avant sa mort, au pieux
directeur de son enfance : — « Depuis que j'ai commencé
à penser aux missions, j'ai toujours affectionné le Tonkin
et envié ce poste plus que tout autre. C'était là, en effet, le
champ que Dieu me destinait, terre un peu épineuse peut-
être, mais bel et riche héritage que je ne saurais trop apprécier, *d'autant plus qu'il me semble apercevoir au loin une ma-*
gnifique palme, toute resplendissante et toute vermeille, la
palme du martyre.

ment, pour l'amour de lui, tout ce qui reste encore de l'extérieur du siècle. Aussi, avec la tonsure qui met du for de l'Eglise et ouvre la porte des Ordres, reçut-il une première et abondante effusion de l'esprit du sacerdoce.

Les Ordres mineurs lui furent conférés à l'ordination des Quatre-Temps de la Pentecôte de 1847. Le pieux clerc que nous avons vu remplir, avec tant de bonheur, les fonctions de sacristain dans la vieille et modeste chapelle de Bornay, méritait bien de se voir confier, comme *portier*, dans la sainte Eglise, le soin des choses saintes et la garde de la maison de Dieu. En lui donnant place ensuite parmi les *lecteurs*, l'Eglise lui conférait le pouvoir de lire solennellement, dans l'assemblée des fidèles, cette parole de Dieu qu'il devait prêcher un jour aux nations. *Exorciste*, il acquérait un saint empire sur le prince du monde, qui exerce encore tant de puissance dans les contrées infidèles. Il pouvait enfin, en qualité d'*acolyte*, monter déjà à l'autel de Dieu, pour présenter le vin et l'eau, destinés à devenir l'Eucharistie du sang du Christ.

Mais c'est le *sous-diaconat,* le premier des Ordres sacrés, qui consacre irrévocablement au service de celui dont l'Eglise nous dit « que le servir, c'est régner (1). » M. Néron reçut cet ordre aux Quatre-Temps de l'Avent de 1847. Nous n'avons pas besoin de dire avec quelle généro-

____

(1) « *Deo, cui servire regnare est.* » PONTIFIC, in ordinat. subd.

sité il consomma son sacrifice. Sa vie pénitente et austère l'avait suffisamment préparé à cette immolation de tous les instants, qui est le propre de la perfection du sous-diacre.

Bientôt le pontife, couvrant de sa main droite la tête du pieux aspirant, lui conféra l'ordre lévitique dans sa plénitude. Par le *diaconat*, qui donne le pouvoir de prêcher et de baptiser comme ministre de l'évêque ou du prêtre, Dieu consacrait déjà le futur missionnaire, pour porter l'Evangile aux nations. Quand l'évêque des premiers âges s'avançait pacifiquement à la conquête des peuples, il marchait ordinairement accompagné de son diacre. Le diaconat était aussi le sacrement des forts. Les plus insignes représentants de l'ordre lévitique, les Etienne, les Laurent et les Vincent, brillent entre tous les athlètes du Christ, et l'Eglise compte dans le premier des diacres, saint Etienne, le premier comme le plus illustre de ses martyrs.

Ce même sacrement qui les sacra forts, et qui leur communiqua l'esprit par lequel ils ont vaincu, le diacre le reçoit encore aujord'hui. Il revêtit particulièrement notre aspirant de la vertu d'en haut, et l'arma contre Satan et le monde, en vue des saints combats.

Il ne restait plus, pour M. Néron, qu'à se voir élever à cette dignité sublime du prêtre, qui devait être la dernière onction du sacerdoce de J.-C. en lui. C'est le 17 juin 1848, que l'imposition des mains lui fut faite par Mgr Affre, de glorieuse et sainte mémoire. L'archevêque de

Paris était à la veille de mourir sur les barricades, en donnant sa vie pour son troupeau. Les mains de l'ordinand furent consacrées et sanctifiées par l'onction sainte et la bénédiction du pontife, et il reçut le pouvoir de faire à Dieu l'oblation pure, dont Malachie avait prédit qu'elle serait offerte en tous lieux et que, « du lever du soleil à son coucher, elle glorifierait son nom parmi les Gentils (1). »

Le lendemain de l'ordination, on eût pu voir le nouveau prêtre célébrer avec une sainte ferveur sa première messe, à quelque autel retiré de l'église des Missions-Etrangères. Avec quel soin religieux il s'y prépara ; combien son cœur se dilata, quand il offrit à Dieu, pour son salut et pour le salut du monde entier, la victime qu'il allait immoler à l'autel ; quelles douces larmes coulèrent des yeux du sacrificateur lorsque, tout ému, il put adorer entre ses mains Celui qui se présentait devant son Père, marqué des signes de sa mort, et dans l'acte le plus ineffable de sa charité pour nous ; quel éclat sortait de son visage, alors qu'il contemplait de si près son Sauveur, qu'il lui parlait bouche à bouche, que ses doigts consacrés touchaient la chair pure et immaculée du Fils de Dieu ; avec quel généreux élan il demanda au Père, par l'adorable victime, l'avènement de son règne et la sanctification de son nom ; avec quelle douce piété, penché sur l'Agneau de Dieu, il implora la miséricorde et la

______

(1) MALACH. chap. I, 11.

paix du Sauveur ; de quel feu enfin le ministre de
J.-C. se sentit consumé, au moment où il communia à la victime sainte et où le sang de la Ré-
demption ruissela dans ses veines : nous n'essaie-
rons pas de le dire, comme aussi aucune communication intime ne nous en a livré le secret.

Une fois prêtre, M. Néron vécut toujours plus
caché en Dieu. On sent à ses dernières lettres,
qu'il est désormais tout à Celui que le sacerdoce
mêlait si intimement à sa vie entière. Aucun endroit n'y trahit l'enthousiasme : l'élan, dans ce
qu'il a de plus naturel, semble même comprimé :
on peut dire qu'il n'y a plus rien d'humain dans
l'émotion et les sentiments du nouveau prêtre.
Dieu, qui donne le ton à cette âme, en règle tous
les mouvements et lui communique jusqu'à la sérénité de la force divine.

XVIII.

DESTINATION POUR LE TONKIN ET CÉRÉMONIE
DES ADIEUX.

M. Néron, ordonné prêtre, pouvait porter
Jésus-Christ aux contrées infidèles : c'était au
conseil du séminaire à lui donner sa destination.

Depuis que la grâce de Dieu l'avait appelé à
l'apostolat, il avait souhaité d'être envoyé au Japon. Outre que le sang de tant de héros chrétiens y crie miséricorde et excite puissamment
l'apôtre à se tourner vers cette nation, il lui

semblait aussi que là le martyre se présenterait plus sûrement et plus vite. Mais les voies de Dieu sont toujours imparfaitement connues de l'homme. Ses supérieurs, de fait, en faisant choix pour lui de la mission du Tonkin, lui ouvrirent la voie glorieuse qu'il n'eût pas rencontrée au Japon.

Dans deux lettres, en date du 30 juillet 1848, il annonçait à sa famille et à M. Clément, son prochain départ, en compagnie de cinq de ses confrères, pour les mers de Chine. Nous n'avons plus la lettre écrite à ses parents. Après avoir rappelé à M. Clément ce qu'exigeait de lui la carrière de l'apostolat : « Je tâcherai, ajoutait-il, fort de la grâce divine, de m'aider des considérations de la foi, pour faire sans peine, quoique avec douleur, le sacrifice que Dieu demande de moi. J'irai avec d'autant plus de confiance que je me repose sur vos prières, sur celles de mes parents et amis, comme de la paroisse toute entière. En priant pour que Dieu fasse de moi un missionnaire selon son cœur, vous aiderez l'œuvre des missions, et chacun, dans la paroisse, aura ainsi sa part dans ma vocation. Je me recommande donc instamment, ainsi que ma mission, à vos prières et à celles de mes compatriotes. Dites aussi à M. le curé de Moiron, et à tous ces messieurs qui se sont intéressés à moi, qu'au milieu de ses travaux apostoliques, le missionnaire, qu'ils ont en quelque sorte formé, ne cessera de penser à eux. »

Quelques jours après cette lettre avait lieu, dans la chapelle du séminaire des Missions-Etrangères, la touchante cérémonie des adieux. C'était le soir. Les six missionnaires étaient agenouillés sur les marches de l'autel. Derrière eux se groupaient, à la suite de la communauté, leurs amis, pour quelques-uns leurs parents, accourus de loin à ce dernier rendez-vous, puis les fidèles qui avaient pu trouver place dans l'enceinte trop étroite de la chapelle.

On récita la prière du soir, qui fut suivie de la lecture du sujet de méditation. La lecture terminée, tous les assistants s'assirent. Un des directeurs du séminaire adressa aux missionnaires partants, au nom de la communauté, une parole d'exhortation et d'adieu, qui fut accueillie par le silence et l'émotion de tous. A la fin, les aspirants, suivis bientôt de toute l'assistance, vinrent tour à tour se prosterner aux pieds des heureux messagers du salut, pour les baiser. Pendant ce temps, le chœur chantait : (1) « *Qu'ils sont beaux* « *les pieds de ceux qui évangélisent la paix, de* « *ceux qui vont porter au loin la bonne nou-* « *velle!* (2) »

Baisons-les avec amour, les pieds de ces anges

____

(1) On a composé, depuis, un cantique pour la circonstance, connu sous le nom de *Chant du départ*, et qui se chante aussi dans l'église des Missions, lorsque les missionnaires vont partir. Ce cantique, sublime élan de foi et d'amour, est sorti de l'âme d'un aspirant, M. l'abbé Dallet. Nous en citerons le refrain :

Partez! amis ; adieu pour cette vie,
Portez au loin le nom de notre Dieu.
Nous nous retrouverons un jour dans la patrie.
Adieu, frères, adieu !

(2) Rom. X, 15.

de paix : imprimons particulièrement nos lèvres émues sur ceux de notre frère, à nous. Les voilà chaussés, selon la recommandation de l'Apôtre, en préparation de l'Evangile de paix : « *Calceati pedes in præparationem Evangélii pacis* (1). »

Le missionnaire, maintenant, peut entrer dans la carrière et fournir sa course, les yeux fixés sur la couronne à laquelle Dieu l'a prédestiné.

Nous avons étudié, dans ses trois phases, la vie de préparation de M. Néron à la noble et sublime vocation de l'Apostolat. C'est tour à tour l'élève de M. Clément, le pieux séminariste, l'aspirant des missions qui a passé sous les yeux du lecteur ; et partout, sous l'humble toit du presbytère, comme dans les maisons ecclésiastiques du diocèse et au séminaire des missions, on a vu germer et croître, dans cette âme, les précieuses semences de l'apostolat que Dieu y avait jetées.

Il est peu de préparations, nous osons le dire, qui se montrent aussi complètes. L'humilité, en M. Néron, est bien la base sur laquelle s'élève l'édifice de sa perfection : et, sur ce fondement, la construction peut atteindre toute sa hauteur, sans avoir à craindre d'être ébranlée, tant les assises ont été profondément jetées. Avec l'humilité, c'est l'abnégation et le renoncement, c'est la soif de Dieu et des âmes qui se traduit par le désir toujours plus ardent du martyre. La vie de

(2) Ephes, VI, 15.

l'aspirant est véritablement marquée au coin de la perfection. Elle offre cette suite et ce progrès, cette unité de forme et de développement, qui sont le propre de la sainteté et la rendent parfaitement reconnaissable à tous.

LA VIE APOSTOLIQUE

TROISIÈME PARTIE

LA VIE APOSTOLIQUE

I.

DÉPART PAR LA VOIE D'ANGLETERRE.

Le 9 août 1848, après la touchante cérémonie des adieux à la chapelle du séminaire de la rue du Bac, M. Néron prenait la route de Dieppe, en compagnie des cinq prêtres qui allaient grossir avec lui le nombre des ouvriers de la Congrégation, dans les missions de l'Extrême-Orient. C'étaient MM. Charbonnier, du diocèse de Digne ; Guillemin, de l'archidiocèse de Besançon ; Tapie, du diocèse de Tarbes ; Franclet, de l'archidiocèse de Reims, et Mihières, de celui d'Aix. M. Charbonnier, appelé à devenir plus tard vicaire apostolique de la Cochinchine orientale, partait, comme M. Néron, pour le Tonkin Occidental. M. Guillemin, aujourd'hui évêque de Cybistra et préfet apostolique du Kouang-Tong, était envoyé, avec M. Tapie, au Su-Tchuen. Des deux autres missionnaires, M. Mihières avait pour destination le

Kouei-Tcheou et M. Franclet, la Mandchourie. Tous devaient, en prenant la voie d'Angleterre, se transporter par mer de Londres à Hong-Kong, où se trouve la procure des Missions-Etrangères. On les dirigerait de là sur leurs vicariats respectifs.

A Dieppe, les missionnaires eurent la consolation, avant de s'embarquer, de célébrer la sainte messe. Une aventure arrivée à M. Néron, au moment de monter sur le vaisseau, faillit retarder le départ. N'ayant pu produire son passeport, il fut arrêté par la douane et se vit refuser obstinément l'entrée du bâtiment. On eut recours au sous-préfet, qui consentit heureusement à délivrer une permission, et l'accident n'eut pas d'autres suites.

Bientôt les côtes de France commencèrent à disparaître. « Nous gardions, dit M. l'abbé Guil-
« lemin (1), un profond silence. Tournés vers la
« patrie pour la saluer une dernière fois, nous
« pensions à nos proches, à nos amis, à ceux que
« nous laissions sur cette terre qui déjà fuyait
« loin de nous. Alors, élevant nos âmes vers
« Dieu, nous lui avons renouvelé le sacrifice de
« tout ce que nous quittions pour lui. En toute
« autre circonstance cette séparation est déchi-

(1) Une bienveillante communication nous a permis de faire profiter le lecteur d'une lettre pleine d'intérêt, adressée par M. l'abbé Guillemin à sa famille, et contenant le journal détaillé de la traversée. Là où nous ne l'avons pas reproduite textuellement, c'est encore elle qui nous a fourni les matériaux du récit.

« rante. Ici, Celui dont le cœur et l'amour sont
« plus grands que les rives incommensurables
« de l'Océan, nous faisait sentir que sa bonté et
« sa miséricorde sauraient nous réunir pour l'é-
« ternité. »

Les missionnaires, arrivés à Londres, s'empressent de visiter le *Land o' Calkes*, qui doit les transporter à Hong-Kong. L'équipage tout entier est protestant, mais le capitaine tient à se montrer agréable aux prêtres catholiques. Ils seront seuls à son bord et chacun aura sa cabine. Une chambre plus grande, pouvant les réunir tous, servira d'oratoire à la communauté : on la décorera d'une croix, au dessous de laquelle seront appendues les images du bon Pasteur et de la Mère de Dieu. Le capitaine leur offre de plus son grand salon pour les dimanches et les jours de fête ; il assistera volontiers ces jours-là, avec son équipage, aux exercices du culte catholique.

Pendant les quelques jours qu'ils passent à Londres à attendre le départ du *Land o' Calkes*, les missionnaires ont l'occasion de remarquer comme la loi du dimanche est religieusement observée dans la Cité. Ils sont frappés de l'esprit traditionnel de la nation et aiment à constater ces tendances à l'unité, qui se traduisent de nos jours par des retours si consolants à la vraie foi. Si la vue de leur soutane excite la curiosité générale, elle n'en est pas moins respectée de tous. Les catholiques s'approchent pour demander la bénédiction des missionnaires : quelques-uns baisent pieusement la frange de leur ceinture.

Ils ont été aussi, de la part de Français résidant à Londres, l'objet d'attentions qui les ont particulièrement touchés. Une famille de Reims, établie depuis de longues années pour affaires commerciales dans la Cité, a appris avec bonheur la présence des prêtres Français. Le père les a visités plusieurs fois : il a obtenu d'eux, à force d'instances, qu'ils vinssent s'asseoir à sa table et bénir la famille. M. de Villesboinet, français fixé à Londres depuis sa naissance, s'est empressé de mettre à la disposition des jeunes missionnaires, sa grande expérience des choses et sa parfaite connaissance des usages d'Angleterre. Ses services, qui devaient leur être si utiles, n'ont cessé qu'après l'embarquement.

C'est le 16 août, au soir, qu'appareillait à l'embouchure de la Tamise, le *Land o' Calkes*, par une des plus belles soirées que l'on puisse avoir en mer. Le vaisseau paraît à peine effleurer la surface des eaux, tant est légère la brise qui enfle ses voiles. Le soleil, qui vient de se coucher, dore de ses derniers feux quelques nuages épars flottants à l'horizon. Bientôt se lève l'astre de la nuit, dont la douce lumière renvoie sa sérénité à l'âme. Volontiers, au lendemain de l'Assomption, les missionnaires eussent entonné le *Salve Regina*, pour saluer Celle que l'Eglise appelle l'Etoile de la mer ; mais le bâtiment qui les porte est protestant ; ils se contentent de réciter à voix basse leur rosaire, en se promenant sur le pont.

Jusqu'au sortir de la Tamise, la traversée fut

calme. Une fois sur l'Océan, le vent souffla avec violence et la mer se courrouça ; il ne fallut pas moins de quinze jours pour franchir le détroit de la Manche. Les passagers apercevaient encore le 29 août, au soir, le phare de Brest, le dernier point de la France qu'il leur ait été donné de voir.

II.

VIE A BORD DU *Land o' Calkes*.

Les premiers temps du séjour des missionnaires, sur le *Land o' Calkes*, furent prélevés par le mal de mer. Mais aussitôt rétablis, ils soumirent leurs journées à un règlement qui leur faisait retrouver à bord quelque chose de la vie du séminaire.

Le lever était à 5 heures, comme à la communauté. Aussitôt levés, nos passagers descendaient sur le petit pont, qui leur était réservé, pour vaquer à la prière et à la méditation. C'était le moment où le soleil semblait sortir de la mer.

Les missionnaires, en même temps que l'astre montait vers le ciel, faisaient monter leur prière vers Dieu, le suppliant, après l'avoir remercié de sa protection pendant la nuit, de bénir la nouvelle journée qui leur était accordée. Si l'horizon était pur et que l'aurore s'annonçât, comme dans nos prairies, par un air frais, la matinée promettait d'être belle. On préparait l'oratoire pour la messe, que chaque prêtre célébrait à son tour ; ceux qui n'avaient pu célébrer communiaient. Le déjeûner venait ensuite. Il était suivi du travail, qui durait jusqu'à trois heures. A trois heures avait lieu le dîner. Le capitaine, à la table duquel mangeaient les missionnaires, leur avait concédé le maigre du vendredi, voulant bien se soumettre lui-même à cette observance.

Les passagers vont, au sortir du dîner, se récréer sur le pont. Chaque jour leur apporte une distraction nouvelle. Aujourd'hui, c'est quelque oiseau perdu et fatigué, un pigeon, une hirondelle, qui a pu atteindre les cordages pour se reposer. « Nous les recevons, dit M. Guillemin, « avec tout l'empressement dû à de pauvres « compatriotes : ils viennent de nos contrées et « ne peuvent trouver asile qu'auprès de nous. « Mais tous nos soins ne sauraient leur rendre « les forces qu'ils ont perdues. Ils sont tellement « épuisés qu'après un jour ou deux ils périssent « de fatigues, peut-être de regrets. » Demain une baleine, dont le ronflement se fait entendre au loin, s'élèvera au-dessus des flots, s'ouvrant majestueusement un chemin au milieu des profondeurs de l'Océan. Un autre jour, c'est un troupeau de marsouins ou porcs marins qui gambadent autour du navire. « Ils l'accompagnent « pendant deux ou trois lieues, marchant de « front comme nos chevaux d'équipage et s'é- « lançant hors de l'eau : ainsi Fénelon nous re- « présente, dans Télémaque, les monstres marins « suivant le char d'Amphytrite. » Voici maintenant la grosse hirondelle de mer. « Elle accourt

« au moindre signe, la manière de nos poussins,
« pose délicatement ses petits pieds velus sur la
« surface de l'eau, saisit la proie qu'elle mange
« avidement et revient d'un vol rapide comme
« pour dire qu'elle a fini. Après avoir fait con-
« naissance du navire, elle le suit pendant de
« longs jours, jusqu'aux confins des climats qui
« lui sont assignés par la nature. Au-delà du cap
« de Bonne-Espérance, l'hirondelle est remplacée
« par l'albatros, à l'éclatant plumage, dont l'en-
« vergure ne mesure pas moins de 15 à 17 pieds.
« Il est aussi familier que l'hirondelle : mais sa
« grandeur et sa beauté lui sont fatales ; elles
« font qu'on s'empare de lui, pour l'envoyer
« meubler quelque cabinet ou musée : mieux
« vaut, à ce prix, être petite hirondelle. »

Parfois on voit poindre à l'horizon comme la flèche d'un clocher : c'est un navire que sépare encore une longue distance. On arbore, à son approche, le pavillon national ; il répond en arborant le sien. Puis, par le moyen de dix drapeaux de différentes couleurs, répondant aux dix premiers chiffres et servant de signes conventionnels, des communications s'établissent entre les deux bâtiments : on sait d'où chacun vient, quand il est parti, où il se dirige ; les deux vaisseaux, de quelque langue qu'ils soient, peuvent ainsi se parler à trois lieues de distance.

Après la récréation, nos missionnaires se remettent à l'étude. L'on sert le thé à 9 heures, selon l'usage anglais. Puis ils viennent de nouveau sur le pont, pour la prière du soir. Leurs

yeux contemplent « un instant le soleil se cou-
« chant sur l'eau, si beau, au milieu de paysa-
« ges fantastiques et de capricieuses figures que
« ses rayons dessinent sur de légers nuages. La
« phosphorescence de la mer, échauffée par le
« soleil, paraît tout étincelante de globules de
« feu. » Sillonnée par le vaisseau qui fend rapidement les flots, l'eau n'est parfois à ce moment
qu'une mer de feu, où les vagues viennent se
heurter les unes contre les autres, semblables à
de larges rubans étincelants. Au-dessus de leur
tête, c'est un autre spectacle. Le ciel, où les cons-
tellations apparaissent plus brillantes qu'en Europe, étincelle d'une multitude d'étoiles. Placée
entre l'immensité du ciel et de la terre, l'âme,
dont aucune barrière n'arrête la pensée, embrasse comme d'un seul regard l'infini. Elle lit
avec émotion, dans le grand et magnifique livre
ouvert sous ses yeux, la belle et sublime prière
du soir, écrite en langage connu de tous les
peuples de l'univers.

« Enfin, dit M. Franclet, nous chantons quel-
« ques cantiques en l'honneur de Marie, vers la-
« quelle se lèvent ici si amoureusement le cœur
« et les yeux. Quand les yeux rassasiés et las d'ad-
« mirer tant de merveilles, où l'âme se trouve
« si proche de son Dieu, laissent retomber leurs
« regards sur l'horizon, alors l'esprit prompt et
« agile, franchissant les espaces, voit en même
« temps et le lieu de notre départ, où nous avons
« laissé des objets si chers, et le lieu de notre
« arrivée future, où nous devons nous consacrer

« au Seigneur, dans le pénible ministère de
« l'apostolat. De pensée en pensée, nous nous
« abandonnons à tous les charmes du souvenir
« et de l'espérance, jusqu'à ce que la fraîcheur
« de la brise nous avertisse qu'il est l'heure du
« repos (1). »

Ainsi s'écoulait la journée, remplie par les
exercices de piété et l'étude, et où les récréations
répandaient leur agrément. Les missionnaires
eussent bien désiré exercer leur apostolat autour
d'eux. Mais, sauf un nègre originaire du Cap
et qui était catholique, aucun des hommes de
l'équipage ne comprenait le français. Tel était
cependant le zèle dont brûlait en particulier M.
Néron, qu'il essaya d'apprendre l'anglais, dans
l'espoir de faire arriver la vérité à quelques-uns
des protestants de l'équipage (2). Ce fut sans
résultat. Le vaisseau, heureusement, emportait
rapidement les missionnaires vers les terres auxquelles ils étaient envoyés.

III.

TRAVERSÉE DE LONDRES A HONG-KONG.

Partis de Londres le 16 août, les missionnaires,
comme il a été dit, étaient encore en vue des

____

(1) *Ann.* Tome XXII, p. 142.
(2) Ce fait nous a été rapporté par Mgr Theurel. Le
prélat le tenait d'un des missionnaires qui avaient fait la
traversée avec M. Néron.

côtes de France le 29 du même mois, à 10 heures du soir. Le *Land o' Calkes* semblait ne les transporter qu'à regret, loin de leur patrie. A dater de ce jour, la marche fut rapide. Le vaisseau passait la Ligne le 25 septembre; il se trouvait, le 6 octobre, sous le 18° de latitude sud, ayant déjà fait 2,000 lieues.

Au-delà de l'Equateur, le temps cessa d'être favorable; le vaisseau était poussé dans la direction du sud-ouest. Cédant à la violence des vents, contre lesquels il ne pouvait résister, le capitaine se décida à aborder à Rio-Janeiro : et le 10 octobre, à 11 heures du soir, par un clair de lune magnifique, il entrait, voiles déployées, dans la superbe enceinte de rochers qui forment le port de Rio, le plus beau du monde avec celui de Constantinople. On jette l'ancre, à une demi-heure de la ville; chacun est retiré dans sa cabine; seul le pilote se tient debout sur le pont, comme une sentinelle avancée, chargée de veiller à la sûreté du navire. Les missionnaires admirent, à cette occasion, la précision des calculs maritimes. Le capitaine n'avait jamais vu ni Rio, ni cette partie de l'Amérique : et la veille il annonçait, à une heure près, la distance qui l'en séparait.

La capitale du Brésil n'égale pas nos villes de France de deuxième ou de troisième ordre. Le nombre considérable des esclaves, qui sillonnent les rues, y attriste les regards. On en compte plus de 100,000, noirs pour la plupart, transportés de Guinée. Heureux ceux qui appartiennent à des maîtres religieux ! L'état de dégradation du grand nombre déchire le cœur des missionnaires, qui prient Dieu d'envoyer quelque Claver au secours de ces pauvres âmes.

Une magnifique fontaine, adossée à l'hôpital, envoie de là, comme d'un lieu élevé, ses eaux à toute la ville. L'hôpital est un ancien collége de jésuites et la fontaine a été construite à leurs frais; la persécution ne les obligeait pas moins, quelque temps après, de quitter leur collége.

Nos passagers ont pu découvrir un hôtel français. Ils y trouvent un compatriote, originaire de Lyon, lequel avait accompagné Mgr Pompallier en Océanie, en qualité de charpentier. Pendant deux ans, il rendit les plus grands services, en construisant des chapelles et des maisonnettes pour la mission. Mais le besoin de changement, et aussi le désir de revoir son pays, l'avait fait abandonner le prélat et il s'était, à son retour, arrêté à Rio. Au lieu de faire de nouveaux gains, le pauvre ouvrier a dépensé une partie de ses économies. Ses larmes témoignent de son regret de ne pouvoir regagner la France.

Rio est remarquable par son site. « Ni le mont
« Blanc avec ses glaciers et ses sommets tou-
« jours couverts de neige, ni le Righi, aux vues
« si gracieuses et si variées, n'offrent quelque
« chose de comparable. C'est tout à la fois le
« vaste des mers, la grandeur et le pittoresque
« des montagnes, avec les perspectives les plus
« harmonieuses et les mieux ménagées. Mais ce
« n'était point, dit Mgr Guillemin, la patrie que
« nous cherchions. Nous fûmes heureux, au bout
« de deux jours, de voir lever l'ancre. »

En partant d'Amérique, la marche du *Land o'
Calkes* fut aussi rapide que possible. Saint François-Xavier avait mis cinq mois à passer de Lis-
bonne au Cap. Nos missionnaires étaient en face
du Cap, le jour de la Toussaint, quinze jours après
le départ de Rio. Le 1er décembre, ils longeaient
l'Australie, laissant bien à gauche les Indes avec
les îles qui en dépendent. Remontant ensuite vers
l'Equateur, le vaisseau se trouvait, le 15, aux an-
tipodes de l'Amérique, qu'ils avaient quittée deux
mois auparavant : son parcours, pendant ces deux
mois, avait été de 4,250 lieues. Une faible distance les séparait de la Chine, par le détroit de la
Sonde. Mais le vent, appellé mousson, obligea à
faire un détour considérable à travers les îles de
l'Océanie, ce qui allongea de 1,000 lieues la traversée, et exposa à plusieurs dangers dont la
navigation à travers ces îles est toujours accompagnée.

Les habitants, à moitié sauvages, qui les habitent, tombent impitoyablement sur les vaisseaux dépourvus de défense. On mit donc sur les
affûts quatre petites pièces de six, que l'on char-
gea de boulets et de mitraille : les fusils et les
mousquets furent passés en revue, les sabres et
les piques aiguisés ; pendant huit jours le *Land
o' Calkes* présenta l'allure d'une petite ville de
guerre.

« Il nous arriva à ce moment, rapporte Mgr
« Guillemin, un accident très-grave et bien ca-
« pable de compromettre nos vies, si l'Ange des
« missions n'eût veillé sur nous. Nous avan-

« cions entre l'île de Lobleu et de Pantard. Vers
« dix heures du soir, au moment de rentrer
« dans nos cabines, on entend tout à coup un
« bruit semblable à celui de l'ancre, lorsqu'on
« l'agite avec ses énormes chaînes pour l'abor-
« dage. Le vaisseau venait de donner contre un
« banc de sable : et quand un bâtiment entre
« un peu profondément dans le sable, ou heurte
« violemment contre un rocher, il est perdu.
« Nous nous regardions en silence, d'autant plus
« inquiets que nous n'étions qu'à dix minutes
« de Lobleu, où nous voyions s'agiter des flam-
« beaux sur le rivage ; l'accident pouvait être
« remarqué des sauvages de l'île, qui rôdent
« sans cesse sur leurs montagnes. Il fallait tra-
« vailler de toutes ses forces à dégager le vais-
« seau, ou s'attendre à avoir le lendemain les
« sauvages sur les bras. En ce dernier cas, il ne
« resterait pour tout refuge, après avoir lutté
« tout le jour contre eux, qu'à se retirer la nuit
« sur des barques et des chaloupes, à l'île de
« Timon, où se trouvait une colonie hollandaise.
« Cependant les éclairs sillonnaient l'horizon,
« l'orage approchait ; nous offrons nos services
« au capitaine qui les accepte. Les barques et
« les chaloupes sont jetées à la mer, et l'on
« descend une des ancres, qu'on va jeter à
« cent pieds derrière le vaisseau. A cette ancre
« est attaché un énorme câble qui, passant par
« toute la longueur du vaisseau, vient se fixer à
« un cabestan placée à la proue. On fait alors
« jouer le cabestan, avec toute la force dont on

« peut disposer. Le vaisseau fait d'abord un lé-
« ger mouvement, il recule d'un pied, puis de
« deux. Un vent s'élève, qui aide la manœuvre.
« C'était Dieu qui nous l'envoyait. Il n'a pas
« plutôt soufflé que nous nous trouvons entiè-
« rement dégagés. Si, au moment où nous don-
« nâmes contre le banc de sable, le vent eut
« soufflé avec une certaine force, le vaisseau se
« fut trouvé tellement enfoncé qu'il eût été im-
« possible de le dégager. Le capitaine n'avait
« rien eu à se reprocher ; la sonde, jetée à la
« mer un quart d'heure avant l'accident, avait
« marqué 600 pieds. Il fit preuve, pendant toute la
« durée du danger, d'une grande présence d'es-
« prit et conserva une lucidité parfaite de com-
« mandements. Nous remerciâmes Dieu de la
« protection si visible qu'il nous avait accordée. »

Le *Land o' Calkes*, après avoir quitté le 25
décembre l'Océanie, marche au pas de course
jusqu'aux confins de la Chine. Satan, toutefois,
tente un dernier effort, pour empêcher les missionnaires d'aborder. Dans la nuit du 9 au 10
janvier, survient une forte tempête qui brise
trois mâts au bâtiment ; la mer était furieuse.
Un vaisseau anglais peu éloigné, ayant à son
bord trois ministres protestants, sombrait au
même moment contre les côtes de Chine. Le
calme régna ensuite jusqu'au port. Le 11, les missionnaires longeaient les îles Philippines et en-
traient définitivement dans la mer de Chine. Ils
abordaient le 15 à Hong-Kong, en face même de
la ville.

Le procureur de la Congrégation, inquiet, ne cessait de porter ses yeux sur le port, attendant le bâtiment qui lui amenait les missionnaires. Enfin le *Land o' Calkes* se présente à sa vue : on peut distinguer à son bord six passagers, portant un long habit noir ; ils semblent regarder du côté de la ville, comme pour chercher quelqu'un. Plus de doute, ce sont ses jeunes confrères. Bien vite il est dans leurs bras, heureux et empressé de les conduire à la procure, quand ils ont pris congé du capitaine et fait leurs adieux au *Land o' Calkes*.

Partis de Londres le 16 août 1848, les missionnaires étaient rendus le 15 janvier 1849 à Hong-Kong, après cinq mois et cinq jours de navigation. Pendant cette traversée d'environ 8,000 lieues, ils avaient longé l'Afrique sur deux de ses faces, touché à l'Amérique qui leur avait donné asile, parcouru les divers détroits de l'Océanie et enfin gagné l'Asie, où ils se trouvaient actuellement.

IV.

SÉJOUR A LA PROCURE, A HONG-KONG.

L'île de Hong-Kong, qui venait de recevoir les missionnaires, est située à l'Orient du fleuve de Canton, à 80 milles géographiques de cette ville et à 40 de Macao. Elle peut avoir neuf lieues de long sur quatre de large. Ce n'était, jusqu'en 1842, qu'une masse informe de rochers abruptes. Son vaste port naturel, formé par une rade qui la sépare du continent, tenta les Anglais ; aujourd'hui l'île leur appartient. En fait de colonie, ils vont vite. Les rochers ne laissaient, pour les constructions, qu'une pente allongée, inégale, tout entrecoupée de collines, d'où se précipite une multitude de petits ruisseaux d'une eau très-pure et saine. Au bout. de six ans, s'étalait sur le revers de ces montagnes une cité européenne, avec de beaux bâtiments et de jolies habitations pour les étrangers. Les différents points de l'île étaient reliés entre eux par une route percée à travers les montagnes, et un vaste port, qui n'a pas moins d'une lieue d'enceinte, fournissait aux vaisseaux du monde entier un abri des plus sûrs et des plus commodes.

Macao, pendant ce temps, était devenu d'une importance secondaire. M. Libois, chargé de la procure générale des Missions-Etrangères, quitta cette ville pour venir s'établir en 1847 à Hong-Kong. Ménager aux missionnaires, dans des temps difficiles, les moyens de se rendre à leurs postes ; leur faire parvenir, souvent au prix de peines infinies, les secours nécessaires ; encourager et soutenir les combattants au fort des persécutions; puis remplacer les missionnaires tombés et recueillir les précieuses reliques des martyrs : tel devait être, pendant près de 20 années d'occupations incessantes, le beau rôle de

M. Libois à Hong-Kong (1). C'est auprès de ce digne prêtre, aussi modeste que pieux, que les missionnaires, nouvellement débarqués, trouvèrent à se reposer des fatigues d'une longue traversée, en attendant l'occasion favorable de gagner leurs missions.

M. Néron, profitant de ce repos, avait écrit de la procure deux lettres : l'une à sa famille, pour lui annoncer son heureuse arrivée ; l'autre à M. Bonnard, qu'il avait laissé aspirant à Paris, dans laquelle il lui faisait le récit de son voyage sur mer. Aucune n'a été conservée.

Il eût été intéressant d'apprendre du missionnaire, ce qu'avait produit sur lui l'aspect de cette cité d'hier, avec ses riantes habitations, ses rues larges et magnifiques, ses promenades agréables, ses monuments somptueux élevés à grands frais et bâtis, ce semble, pour l'éternité. La population, une des plus cosmopolites de l'extrême Orient, comptait déjà, en 1849, en outre des Chinois, entassés au nombre de 30,000 dans le quartier indigène, plusieurs milliers d'Anglais, bon nombre d'Indiens, d'Américains, de Persans, de Portugais de Macao et des Indes et d'Espagnols des îles Philippines, tous paci-

(1) Rappelé à Paris en 1866, pour faire partie du conseil des directeurs, M. Libois fut peu après envoyé à Rome, où il fonda la quatrième procure de la Société. Il est décédé dans cette ville le 6 avril 1872, dans la soixante-septième année de son âge. Voir, sur M. Libois, un article nécrologique des *Missions catholiques*, IVe année, no 158.

fiques marchands ou habitants de la ville. Les Français et les Italiens y formaient une faible minorité.

Mais l'Etat de la mission catholique, dans cette île, et le zèle vraiment apostolique des prêtres italiens qui la dirigent, offraient un tout autre intérêt à ces âmes d'apôtres. Hong-Kong, ou Victoria (1), renferme beaucoup de bons catholiques, et plusieurs centaines de soldats irlandais qui sont l'exemple de la Cité. L'église est suffisamment spacieuse, et d'une beauté telle, qu'on la remarquerait même dans nos grandes villes d'Europe.

Voici de plus ce qu'écrivait, peu de mois avant l'arrivée des missionnaires, M. Thomine (1), un de leurs confrères, du spectacle des vertus apostoliques que lui avaient donné plusieurs Confesseurs de la Foi, pendant son séjour à Hong-Kong : « J'ai trouvé, à la procure des Missions « italiennes, des prélats qui ont été incarcérés « pour le nom de Jésus-Christ (2). Là aussi, un « Père espagnol de la mission du Hou-Kouang, « qui a été arrêté et emprisonné deux fois ; et « des religieux qui me font l'effet de véritables « saints. Je ne puis voir surtout Mgr Basilla,

(1) Nom donné par les Anglais à la Ville qu'ils ont construite.

(2) Mgr |Thomine-Desmazures, nommé en 1857 chef de la mission du Thibet, décédé en France le 25 janvier 1869.

(3) Mgr Rizzolatti, vicaire apostolique du Hou-Kouang et Mgr Basilla, son coadjuteur, arrêtés sur la dénonciation de faux frères et déportés hors de l'empire.

« sans être frappé de cet air de sainteté qu'on
« respire près de lui, et de cette humilité ra-
« vissante qui lui fait fuir tous les honneurs et
« les insignes de l'épiscopat. Je suis casé près
« de la cellule d'un Chinois, plein de talents et
« de connaissances, Augustin, qui pendant trois
« ans et trois mois, a été en prison, souffrant la
« rigueur des menottes de fer, entassé, la pre-
« mière année avec des forçats, les fers aux
« pieds, n'ayant pas même une place pour re-
« poser à terre, couvert de vermine et aux prises
« avec la faim. Le gardien de notre porte est
« un Confesseur de la Foi, qui a passé une
« année au cachot. Ici, quatre courriers atten-
« dent le moment favorable pour nous intro-
« duire dans leur patrie. Ce sont des néophytes
« intrépides qui savent s'exposer à tous les dan-
« gers et à la mort pour Notre-Seigneur. L'un
« d'eux a déjà parcouru la Chine dans tous les
« sens, pour frayer le chemin aux Apôtres et
« les conduire dans leurs missions..... Je passe
« sous silence la piété des prêtres de notre Con-
« grégation qui m'environnent (1). »

Ce même spectacle réjouit l'âme de M. Néron
et de ses confrères, pendant leur séjour à Hong-
Kong. Mais ils n'en soupiraient que davantage
après le moment où Dieu les jugerait dignes de
souffrir à leur tour quelque chose pour Jésus-
Christ. Ce moment, celui de l'entrée des jeunes
missionnaires dans leurs vicariats, ne se fit pas

______

(1) *Annales de la Propag.* Tome XXI, p. 183.

trop attendre. Les courriers chrétiens firent aisément pénétrer MM. Mihières (1) et Tapie dans le Kouei-Tcheou et le Su-Tchuen, provinces moins éloignées de Hong-Kong. M. Franclet avait pour se rendre en Mandchourie, à traverser la Chine dans toute sa longueur. Or nous le trouvons déjà, à l'automne de 1849, en pleine mission dans le Leao-Tong, et se préparant à un voyage d'exploration dans les déserts de la Mongolie (2). La destination de M. Guillemin avait été changée. M. Libois venait d'être nommé administrateur provisoire de la province de Canton, que le Saint-Siége avait détachée de l'évêché portugais de Macao, pour la donner à la Congrégation. Il retint auprès de lui le jeune missionnaire, jusqu'à ce qu'il l'envoyât dans cette nouvelle mission, dont il devait devenir, au bout de peu d'années, le préfet apostolique.

Pour MM. Charbonnel et Néron, privilégiés déjà du côté de leur destination, ils s'étaient vus diriger de bonne heure sur leur chère mission. Moins d'un mois après leur arrivée, M. Libois les donna pour compagnons à un père dominicain espagnol, de la province de Manille, qui partait pour le Tonkin oriental (3). Une lettre,

____

(1) M. Mihières a travaillé au Kouei-Tcheou jusqu'en 1868. Le Kouang-Si ayant été, à cette époque, érigé en mission distincte, il fut désigné pour en être le supérieur. C'est à ce poste que la mort l'a frappé le 16 octobre 1871.

(2) Il fut arrêté dans ces déserts, un an plus tard, par le roi de Paline, qui le fit reconduire à Canton.

(3) Les PP. Dominicains espagnols, voisins des prêtres

heureusement conservée, de M. Néron, nous a laissé le récit de la traversée de Hong-Kong à la terre d'Annam. C'est la seconde de celles qu'il écrivit à sa famille.

V.

PASSAGE DE HONG-KONG AU TONKIN.

« Nous nous embarquâmes pour Macao, écrit donc M. Néron, le 4 février 1849, une vingtaine de jours après notre descente à Hong-Kong. Une nuit suffit pour la traversée. A notre sortie du port, nous fûmes reçus par les Lazaristes, qui ont une procure à Macao. Cette ville, où séjourna saint François-Xavier et qu'il a évangélisée de sa propre bouche, se présente au missionnaire pleine des souvenirs du grand Apôtre. Nous la parcourûmes un peu et en visitâmes les principales églises.

« Le 10 février, une espèce de vaisseau chinois nous recevait à son bord pour nous transporter à la Phou, chrétienté moitié chinoise,

---

de la Congrégation, desservent les deux vicariats du Tonkin oriental et du Tonkin central.

Nous pensons que le père, à qui les deux missionnaires furent adjoints, n'était autre que Mgr Diaz, depuis vicaire apostolique du Tonkin central, et qui eut la gloire, le 20 juillet 1857, de donner sa vie pour Jésus-Christ. D'après la relation de son martyre, par Mgr Melchior, il serait entré en effet au Tonkin cette même année 1849. *Ann.* XXXI, 70.

moitié tonkinoise, aux confins du Kouang-Tong et du Tonkin oriental. Je dis « une espèce de vaisseau ; » si on le compare en effet à nos bâtiments d'Europe, il ne mérite pas ce nom. Ses voiles sont d'une écorce de bois propre à la Chine et qu'on fait servir à cette fin pour toutes les barques ou Sommes chinoises. Il est armé, pour sa défense, de trois ou quatre canons tout couverts de rouille, auxquels il faut ajouter quelques fusils dans le même état. N'allez pas le mépriser pour autant, car il fait bonne figure à côté des bâtiments qui lui font escorte. Dans ces parages en effet, un vaisseau chinois ne se hasarde jamais seul : il y a trop à craindre des pirates.

« La traversée fut de huit jours : un bâtiment européen l'eût faite en deux jours. C'est que notre vaisseau était ordinairement à l'ancre depuis les six, ou même les quatre heures du soir jusqu'à la pointe du jour. Comment avec cela voguer rapidement ?

« Pendant tout le voyage, il nous fut interdit de paraître au grand jour : nous avions pour consigne de nous tenir blottis au fond du vaisseau. Toute notre ressource, si nous voulions jouir de quelque commodité, était de nous asseoir à fond de cale, ou même de nous coucher sur le plancher. La nuit seulement, nous pouvions nous montrer sur le pont : encore fallait-il que nos gens n'aperçussent aucun vaisseau sur mer.

« Nous pûmes enfin, au bout de huit jours,

mettre pied à terre. Il était environ minuit. Le lendemain, il nous fut donné de célébrer le Saint-Sacrifice, entourés des chrétiens de la Phou. Au moment de l'élévation, nous fûmes étrangement impressionnés, en entendant comme des gémissements et des cris plaintifs que poussaient tous les fidèles; ce qui se reproduit, paraît-il, toutes les fois à peu près qu'ils assistent au Saint-Sacrifice. Le spectacle n'en était pas moins nouveau pour nous, qui n'avions pas été prévenus.

« A la Phou, notre catéchiste s'était hâté de tout préparer pour nous transporter dans le Tonkin central. Nous montâmes donc, au bout de peu de jours, sur des barques de la contrée, impatients de gagner le lieu de notre résidence. Mais nous avions compté sans les lenteurs chinoises. Quand nos rameurs avaient manœuvré une ou deux heures, ils jetaient l'ancre pour attendre un vent favorable. Le vent devenait-il favorable ? c'était l'eau qui manquait, par suite du reflux de la mer. Des rameurs français ne nous eussent pas laissés dans cet état d'immobilité : il eût suffi de quelques coups de rame, pour faire avancer nos barques entre des côtes où régnait probablement un vent différent. Quoi qu'il en soit, après deux jours d'attente pendant lesquels nous soupirions, tantôt après le vent, tantôt après l'eau, nos gens, fatigués de cette stratégie sans résultat, et craignant que nous ne fussions surpris par les mandarins des environs, prirent le parti de nous reconduire tout simplement à la Phou, d'où nous étions partis.

« A peine y étions-nous entrés (c'était vers la deuxième heure de nuit) que tout à coup retentit à nos oreilles ce cri : le mandarin ! (1) Il vient nous prendre ! Il vient visiter le village !... Je vous laisse à penser la panique qui s'empara de chacun et notre empressement à nous cacher ; car il ne faut pas que vous oubliiez que nous sommes en pays de persécution et que la religion n'est point tolérée au Tonkin. Nous quittons donc avec précipitation notre demeure pour gagner une maison plus retirée. Les aboiements des chiens (il y en a ici quatre ou cinq par maison, qu'on élève pour les manger ensuite) eussent suffi pour nous trahir. Une fois en sûreté, nous apprîmes que la visite du mandarin était remise au lendemain. Nous regagnâmes donc notre première habitation, avec le dessein de nous mettre en route dès les trois heures du matin.

« Le lendemain en effet, après la célébration du Saint-Sacrifice qu'offrit l'un de nous, une barque nous conduisit à un village voisin. Mais la crainte des mandarins nous en fit fuir, au bout d'une journée, pour regagner de nouveau notre première résidence de l'avant-veille. Là, il nous

(1) On donne le nom de mandarin, en Chine et dans l'empire d'Annam, à tout fonctionnaire public placé à la tête d'un district, d'un département ou d'une province. Ce titre est générique : il y a différents ordres de mandarins représentant nos sous-préfets, préfets, ministres. — On distingue aussi les mandarins civils, militaires et ceux de la justice.

fallut attendre tantôt le vent, tantôt l'eau : et, quand le vent fut favorable et la mer en état de porter nos embarcations, les barques manquè- rent, elles avaient fini par nous quitter. Enfin, par la grâce de Dieu, une occasion favorable de nous embarquer se présenta. Après quatre jours de traversée, nous arrivâmes heureusement à un village appelé Yên-tri. Le trajet cette fois avait été dangereux, à cause des îles *des Pirates* se- mées sur notre route. Mais, Dieu aidant, il ne nous arriva aucun accident fâcheux.

« Cette première station nous rapprochait du centre de la mission des PP. Dominicains : elle fut de sept à huit jours. Nous nous mîmes en- suite en marche pour nous rendre auprès du vicaire apostolique, vénérable religieux de l'or- dre de St-Dominique (1). Il nous accueillit tous sans distinction comme ses enfants, avec la plus touchante cordialité : Sa Grandeur était entourée en ce moment de trois Pères Dominicains espa- gnols. Les huit jours que nous passâmes auprès du Prélat furent des jours de sainte allégresse. C'était un avant-goût de la joie qui nous atten- dait auprès de Mgr Retord, notre vicaire aposto- lique.

« Cette joie ne fut point retardée. Ayant ap- pris que Monseigneur se trouvait en ce moment dans la résidence assez rapprochée d'un prêtre

(1) Mgr Marti, vic. ap. du Tonkin central, mort au mois d'août 1852 à Hong-Kong, où il était de passage se rendant à Manille.

annamite, nous nous acheminâmes dans cette direction, et le 28 mars 1849, nous étions dans les bras de notre évêque. Dieu nous avait conduits au port. »

VI.

LE TONKIN.

Le Tonkin, dans lequel va se renfermer désormais la vie de M. Néron, forme avec la Cochinchine l'empire d'Annam. Ces deux Etats, déjà autrefois réunis sous une même dénomination, avaient constitué depuis le commencement du XVIIe siècle, deux royaumes indépendants. Gia-Laong, le plus grand des rois de la dynastie actuelle, après avoir, vers la fin du dernier siècle, reconquis avec l'aide de la France la Cochinchine et subjugué le Tonkin, annexa en 1802 ce dernier royaume à ses anciens états. Les rois ses successeurs, Minh-Menh (1820-1841), Thieu-Tri (1841-1847) et Tu-Duc, le souverain actuellement régnant, ont continué de commander aux deux pays. Hué, ou Phu-Xuan, port du littoral de la Cochinchine, est la résidence de la cour et la capitale actuelle de l'empire. L'ancien royaume du Tonkin avait pour capitale Ke-Cho, ville située au centre du pays, sur le Sông-Càï, le fleuve principal de la région. Le monarque annamite est tributaire de l'empereur de Chine, à qui il doit, tous les trois ans, envoyer des présents, comme aussi il reçoit de lui l'investiture; mais, à part cela, il est absolument indépendant, et la nation annamite diffère entièrement du peuple chinois, dans ses mœurs, dans sa langue, comme dans ses traits physiques.

Au spirituel, l'empire d'Annam est aujourd'hui divisé en sept territoires ou vicariats apostoliques, trois pour la Cochinchine et quatre pour le Tonkin. On compte au Tonkin : les vicariats du Tonkin occidental et du Tonkin méridional, desservis par la Congrégation des Missions-Etrangères; ceux du Tonkin oriental et du Tonkin central, confiés aux PP. Dominicains Espagnols de la province du T.-S. Rosaire de Manille.

La mission du Tonkin occidental, la seule dont il sera directement question dans cette dernière partie de la vie de M. Néron, va, dit Mgr Retord (1) « du 19e degré 30 minutes de latitude sud au 23e degré de latitude nord, ce qui lui donne environ quatre-vingt-huit lieues de longueur. Sa largeur moyenne n'est que de vingt à trente lieues. Au nord elle touche à la Chine, au midi elle a pour limites l'Océan et le Tonkin méridional, à l'ouest elle confine avec le Laos, et à l'est elle est bornée par la mer et par les deux vicariats du Tonkin central et du Tonkin oriental, dont elle est séparée par le Sông-Càï, principal

(1) C'est aux lettres si intéressantes de Mgr Retord, publiées dans les *Annales de la Propagation de la Foi*, que nous avons emprunté tout ce qui va suivre sur la géographie du Tonkin.

10

fleuve du pays. Cette mission s'étend sur sept provinces ou départements civils. » Nous citerons, en partant du midi, *Nam-Dinh*, *Ninh-Bînh*, *Ha-Nôi* (l'intérieur du fleuve) où est la ville de Ke-Cho, capitale de tout le Tonkin, *Sôn-tay* (les montagnes de l'Ouest).

« Le territoire de cette mission, continue Mgr Retord, est naturellement divisé en deux plateaux, celui des montagnes et celui de la plaine. Toute la région du nord et de l'ouest n'est que montagnes. Celles qui avoisinent le bassin inférieur, et qui s'étendent en chaîne non interrompue depuis la mer au midi jusqu'en Chine, sont presque toutes taillées à pic, formées de pierres calcaires ou marbre noir, et superposées par couches diagonales.... Les montagnes intérieures sont revêtues d'une couche profonde de terre, couvertes de bois magnifiques et plantées de roseaux gigantesques. C'est le repaire des bêtes sauvages. Elles sont peuplées de tigres, de léopards, de loups, de sangliers énormes, d'ours, de rhinocéros, de buffles, d'éléphants, de cerfs, de daims, d'isards, de chevreuils, de chamois, de singes de toute espèce, et d'une infinité de serpents et reptiles, dont les plus gros sont les boas, qui peuvent terrasser et digérer des buffles. Ces hauteurs sont entrecoupées de vallées fertiles et toujours arrosées par quelque cours d'eau. Les groupes d'habitations, cachés dans les plis de ce terrain accidenté, forment une population considérable....

« Les fleuves ne sont pas moins admirables

que les montagnes. Ils méritent de fixer l'attention soit par leur grand nombre, car ils sillonnent le pays dans tous les sens, soit par la lenteur et la sinuosité de leur cours, qui permettent de les remonter facilement à la corde ou à la rame et d'aller presque partout sans sortir de sa barque, soit par la quantité considérable de poissons qu'ils produisent et les nombreuses populations qu'ils nourrissent, soit enfin par leurs inondations périodiques dans les plaines, où ils laissent une forte couche de limon qui les féconde.

« Ces plaines sont extrêmement fertiles, et quand le temps est favorable, elles donnent jusqu'à trois récoltes par an, avec une culture insignifiante et peu ou point d'engrais. Les productions communes sont en riz, patates, poix, choux, raves, melons, coton, canne à sucre, mûriers, etc. Ici point de vignes, point de prés, point de terres en friche, presque point de chemin, à part la route royale qui traverse tout le royaume et qui est loin d'être belle. Il n'existe que de petits sentiers, où l'on marche à la file les uns des autres, pieds nus, et souvent dans l'eau et la boue jusqu'au genou. Par conséquent, il n'y a ni voiture, ni char d'aucune sorte ; tous les voyages se font à pied, ou en filet, ou en barque. Les mandarins ont à leur service des éléphants ; parfois ils vont à cheval, ou portés en palanquin. Quelques rares particuliers ont aussi des chevaux. Toutes les denrées se transportent à dos d'homme ou sont chargées sur des barques. Au temps des inondations, qui arrivent ordinaire-

ment au cinquième mois et se prolongent jusqu'au neuvième,'les communications deviennent
assez faciles dans les pays submergés, comme,
par exemple, dans la province de Ha-Nôi. Mais
à mesure que les eaux se retirent, l'inégalité du
terrain remplit d'accidents les moindres trajets ;
il faut alors à tout moment porter sa nacelle et
tout ce qu'elle contient d'un endroit à l'autre,
ce qui est très-peu agréable, malgré la légèreté
des barques tressées en bambou et enduites de
résine.....

« Pour ce qui est de la température, le ther-
momètre monte quelquefois à trente-deux degrés
Réaumur dans les plus fortes chaleurs de l'été ;
en hiver, il ne descend jamais plus bas que huit
degrés au-dessous de zéro. Les variations atmos-
phériques sont très-brusques. Souvent, après des
chaleurs accablantes et un calme désolant, viennent soudain des vents impétueux et des tempêtes
effroyables ; à la sécheresse qui brûle tout, suc-
cèdent des pluies torrentielles et destructives....
Avec ces transitions subites, il est facile de comprendre que ce pays doit être peu favorable à la
santé ; aussi les maladies pestilentielles, notam-
ment le choléra et les fièvres typhoïdes, y sont
très-fréquentes et font les plus épouvantables
ravages ; de là vient que peu de missionnaires
atteignent à la vieillesse. Les montagnes surtout
sont extraordinairement malsaines pour les étrangers. Quoique les plaines le soient moins, il est
rare qu'un Européen puisse s'y acclimater assez,
pour jouir d'une vigueur tant soit peu durable...»

Si nous passons du sol à la population qui l'habite, le Tonkin occidental comprend autour de sept millions huit cent mille habitants. Comme le territoire de la mission n'excède pas dix mille lieues carrées, il s'en suit qu'il y a trois mille neuf cents personnes par lieue carrée; d'où il faut conclure que le Tonkin est trois fois plus peuplé que la France. Partout, en effet, dans la partie inférieure, on ne voit que villages, dont plusieurs sont très-considérables et souvent si rapprochés qu'on peut s'appeler de l'un à l'autre. Le Tonkin, dans sa totalité, ne compte pas moins de vingt millions d'âmes; il est beaucoup plus peuplé que la Cochinchine.

La vraie cause de cette fécondité, « c'est qu'au Tonkin tout le monde se marie, à peu d'exceptions près, dès l'âge de dix-sept à dix-huit ans et que, bien loin de craindre une famille trop nombreuse, les époux annamites sont d'autant plus fiers et plus heureux qu'ils se voient entourés de plus d'enfants. Ils ne sont pas en peine de les entretenir. En temps ordinaire, la valeur d'un sou par jour suffit pour les nourrir; deux francs de toile de coton les habilleront une année; une maison de bambous, élevée en quelques heures, les logera pour longtemps, et la terre recouverte d'une mauvaise natte leur servira facilement de lit, de chaise et de table. »

Les Annamites se contentent de peu. « Leur principale nourriture est le riz qui leur tient lieu de pain. L'eau chaude, passée sur des feuilles de thé ou d'autres plantes aromatiques, leur sert de boisson. Ils ont des vaches et des chèvres qui pourraient leur fournir du bon lait ; mais ils n'élèvent ces animaux que pour la boucherie et les besoins du labourage. Il y a dans les montagnes des troupeaux immenses de buffles et de bœufs ; dans les plaines, comme l'herbe est rare, on n'entretient que le bétail nécessaire à la culture. En revanche les porcs fourmillent, ainsi que les poules, les canards, etc. Les fruits sont également en abondance ; il en est de fort beaux et de très-bons.... On prend aussi beaucoup d'oiseaux au filet et une quantité prodigieuse de poissons dans la mer, dans les fleuves et dans les étangs..... Et néanmoins, malgré la fertilité extraordinaire du sol, malgré l'habileté des indigènes à savoir se contenter de peu, ils sont souvent désolés par de cruelles famines.... Cela tient surtout à ce que les récoltes manquent souvent à cause des sécheresses, ou sont ravagées par les tempêtes ici très-fréquentes, ou sont emportées par les pluies torrentielles et les inondations trop hâtives ou trop tardives, ou bien encore sont détruites par les insectes. »

« Au physique comme au moral, les divers peuples du Tonkin offrent entre eux de grandes variétés. Ainsi les montagnards sont plus blancs, d'une taille plus haute et d'un caractère plus simple que les Annamites..... Les habitants des plaines sont beaucoup plus intelligents, plus civilisés, plus avancés dans les arts, plus versés dans les lettres et plus laborieux que les tribus des montagnes ; en revanche, ils sont plus menteurs, plus rusés et plus corrompus. »

L'Annamite est naturellement indolent. Il n'a pas l'énergie et l'entrain du Japonais, la persévérance du Coréen, l'activité de labeurs commerciale du Chinois. Mais « à ses défauts il allie d'excellentes qualités : il est doux, plein d'humanité pour les malheureux, reconnaissant envers ses bienfaiteurs, docile et soumis, quand on le traite avec bonté. Aimant à s'instruire et doué d'une mémoire heureuse, il comprend vite tout ce qu'on lui enseigne..... Il est très-patient dans les revers et les infirmités, habile à confectionner, presque sans outil, de petits ouvrages très-délicats, et capable d'apprendre sans maître un état quelconque. Les Annamites ont l'esprit très-mercantile; ils font négoce de tout. Leurs foires et leurs marchés sont très-multipliés; mais leurs relations d'affaires se bornent à l'intérieur..... Seuls, les Chinois ont le droit de venir faire ici des échanges. De là il est facile de comprendre que le commerce annamite n'est rien en comparaison de celui des nations européennes. »

Le type physique des Annamites n'est point sans défaut. Ils ont les membres un peu grêles, le nez obtus, la barbe peu fournie, le teint basané. La figure des hommes semble trop carrée, celle des femmes trop ronde. En revanche ils ont le port très-droit, les membres bien proportionnés. Lestes et agiles, ils sont bons marcheurs et plus forts qu'ils ne le paraissent. Leur taille est ordinaire, plutôt petite que grande. On ne voit parmi eux presque point de boiteux, ni de bossus, ni de sourds-muets; par contre, il y a beaucoup d'aveugles et encore plus de lépreux.

Chez les Annamites tous parlent la même langue, s'habillent et vivent de la même manière; en cela point de différence entre les habitants des villes et ceux des campagnes. La population, en dehors des villes, est réunie tout entière dans des villages plus ou moins considérables. Les maisons sont en bois, couvertes de chaume et très-rapprochées les unes des autres. De hautes et fortes haies de bambous entourent les villages. Presque tous ont des portes qui se ferment pendant la nuit, et près desquelles est placé un petit corps de garde, composé de quatre ou cinq hommes qui veillent et font faire la ronde dans les champs.

La plus grande partie des communes est composée d'agriculteurs. Il y a aussi de grands villages flottants sur les fleuves et sur les rivages de la mer ; ceux-là vivent de la pêche. Il en est d'autres dont tous les habitants sont marchands, charpentiers ou menuisiers, forgerons, etc. Le bourg ne forme qu'un atelier de la même industrie. De là vient qu'entre les diverses localités il y a souvent une grande différence de caractères. Certaines populations sont très honnêtes et très simples ; d'autres sont corrompues en masse. La classe la meilleure est celle des agriculteurs.

« Quant aux femmes, il faut dire qu'elles sont courageuses, intelligentes et laborieuses. Elles ne comptent pas dans les affaires civiles et politiques ; mais dans le ménage, dans la famille, elles sont souvent plus que les hommes. Comme en Europe, elles sortent librement et vont partout, se livrant à toute espèce de commerce et d'état. Elles sont très affectionnées à leurs enfants, et c'est pour elles un grand honneur d'en avoir beaucoup. »

Il nous reste à faire connaître quelque chose de l'organisation civile, politique et administrative du Tonkin. Celui, dit Mgr Gauthier (1), qui ne voit dans le missionnaire qu'un agent de la civilisation, ne comprendra pas que, depuis trois siècles, il s'acharne à porter une foi étrangère, à ces peuples qui la repoussent. Il ne faut point, en effet, voir en eux des barbares. Chez les Annamites, la propriété est sacrée et le prince n'en dispose pas à volonté. Chaque citoyen peut se refuser d'ouvrir sa porte au mandarin, quand celui-ci n'a pas un mandat d'amener délivré par le chef du district. Tous sont libres et égaux devant la loi, tous peuvent aspirer aux charges.

A beaucoup d'égards, on trouverait remarquable leur organisation politique et civile. Le gouvernement est absolu, en ce sens que tout le

---

(1) A plusieurs reprises, en 1867, il nous a été donné d'entendre, sur l'état politique et religieux du Tonkin, Mgr Gauthier, vic. ap. du Tonkin méridional, qu'une mission officielle du roi Tu-Duc avait amené en France. Nous avons mis à profit, pour cette dernière partie, les souvenirs que nous avions recueillis des entretiens de l'évêque missionnaire.

Le sens pratique supérieur dont est doué ce prélat, aussi savant que modeste, donne le plus grand poids à ses jugements. Ses pensées, du reste, viennent confirmer celles de Mgr Retord, par lequel nous complétons, quand il en est besoin, les souvenirs empruntés à Mgr Gauthier.

pouvoir est concentré dans la personne du roi et émane de lui ; mais en théorie il n'est pas arbitraire ; car son exercice est réglé par des lois. Le prince a son conseil privé. Il a de plus un ministère de la justice criminelle, un ministère de la justice civile, un ministère de la guerre, etc. Le pays est divisé en provinces, les provinces en arrondissements, les arrondissements en sous-arrondissements, ceux-ci en cantons et les cantons en communes. Dans les chefs-lieux de province résident ordinairement cinq grands mandarins, préposés aux différents services. Chaque arrondissement a trois mandarins de grades inférieurs, savoir : un juge pour les affaires civiles et criminelles ; un capitaine à la tête de trois ou quatre cents soldats, et un professeur de langue chinoise. Pour un sous-arrondissement, il y a deux mandarins, dont l'un cumule les fonctions judiciaires fiscales et administratives, et l'autre préside à la direction des études.

Les professeurs de lettres (rétribués par le roi, comme tous les autres fonctionnaires), donnent l'enseignement gratuit à tous ceux qui veulent suivre leurs leçons. Mais les cours de l'Etat sont beaucoup moins fréquentés que les écoles particulières ; car l'enseignement est parfaitement libre : et pour être admis dans les concours, aux grades de lettrés, il suffit de justifier de l'instruction requise ; peu importe où elle a été puisée. Les hommes seuls étudient ; presque tous savent lire et écrire. Parmi les femmes, il n'y a que les filles des mandarins et des gens riches qui prennent quelque teinture des lettres.

En Annam, le chinois est la langue savante, la langue officielle du gouvernement et de toutes les affaires qui se traitent par écrit. Pour être mandarin, il faut au moins avoir été reçu *licencié* ès-lettres chinoises. On arrive au baccalauréat et à la licence par un concours général qui s'ouvre, tous les trois ans, dans les différentes provinces. Mais pour obtenir le doctorat, il faut que les licenciés aillent, à certaines époques, subir ensemble une dernière épreuve à la capitale. L'ensemble de ceux qui ont obtenu les grades littéraires se nomment les *lettrés*. Dans l'empire d'Annam, comme en Chine, les différents postes du gouvernement, ou *mandarinats* de toute sorte, ne se donnent qu'aux lettrés.

Tout Annamite, même mendiant, peut se présenter aux concours. Le nombre des candidats est prodigieux, comparé à celui des élus.. D'après Mgr Retord, sur cinq ou six mille concurrents qui se présentent aux examens généraux des provinces, c'est à peine si une centaine de candidats a les honneurs du succès. « Et pourtant, ajoute le prélat, ces gradués ne sont pas des prodiges. Ils ont la mémoire tout hérissée de textes, ils savent lire et tracer beaucoup de caractères chinois et divaguer en prose et en vers sur le premier sujet venu ; mais en fait de science proprement dite, ils ne connaissent presque rien. Les lettrés qui ont échoué dans les concours, sont nommés par le peuple chefs ou sous-chefs de canton, maires ou adjoints des communes.

On est porté à regarder cette manière de parvenir comme parfaite ; mais, remarque judicieusement Mgr Gauthier, elle n'est point exempte des plus graves inconvénients. Tel, mendiant hier, appartenant à une famille de mendiants, supérieur seulement par une littérature qui ne le moralise point, est bien plus tenté, une fois en place, de pressurer le peuple et de l'accabler de vexations, pour s'enrichir lui et les siens, qu'un homme préparé, par sa famille et par le milieu où il a vécu, à administrer sagement et d'une façon intègre ; ce qui est surtout vrai des pays où la religion ne fait point sentir sa salutaire influence. Aussi la classe des mandarins est-elle la pire de toutes au Tonkin. « Le vin, le jeu, l'opium, le spectacle, la musique et la débauche, dit Mgr Retord, sont leur principal passe-temps. Tromper le prince pour en obtenir des faveurs, opprimer le peuple pour en tirer de l'argent, vendre la justice pour s'enrichir aux dépens des malheureux, c'est presque là leur unique souci. A ces vices généraux du corps il est d'heureuses et d'illustres exceptions : malheureusement elles sont rares ; et l'exemple que donnent le roi et sa cour n'est pas fait pour inspirer aux fonctionnaires l'amour de la vertu.»

Outre les lois générales, qui sont les mêmes pour tout le royaume, chaque commune a encore ses règlements et ses usages particuliers ; c'est une sorte de gouvernement intérieur où les mandarins n'ont rien à voir. Le village forme comme une espèce de république. Il se nomme un conseil municipal, lequel à son tour choisit le maire ; les maires des communes, composant un district, choisissent le chef de canton. Toutefois et les maires et les chefs de canton doivent être agréés par les gouverneurs de provinces, qui légalisent par un diplôme leur élection. Ils sont les représentants et les mandataires du peuple auprès des mandarins, pour toutes les affaires locales. Ce sont eux qui perçoivent les impôts, et qui les versent ensuite au chef-lieu de la province.

Au conseil de la commune il appartient de répartir les diverses charges entre les habitants, de fixer le nombre de soldats à fournir par chaque village, pour l'entretien d'une armée nationale de deux cent mille soldats. Les répartitions sont plus ou moins exemptes de passion, selon le bon esprit de ceux qui y président. C'est à la religion à pénétrer de son souffle des institutions, assez bonnes par elles-mêmes, mais qui, soustraites à son influence, ressemblent à un corps sans vie.

« Bref, conclut Mgr Retord, la nation annamite est un peuple encore enfant ; mais son enfance n'est pas celle de la vieillesse, dont on ne peut attendre que la décrépitude et la mort ; il est de nature à grandir vite et beaucoup, dès qu'il pourra jouir en liberté de l'influence catholique. Avec son intelligence, son courage et son activité, c'est en somme, parmi tous les peuples de l'Asie, un de ceux qui ont le plus d'avenir et qui donnent les plus belles espérances à la religion (1). »

VII.

LA RELIGION DANS L'EMPIRE D'ANNAM.

C'est à la Compagnie de Jésus que revient la gloire d'avoir fondé les missions actuelles de la Cochinchine et du Tonkin. Dieu, pour éclairer des lumières de la foi les peuples d'Annam, ensevelis jusque-là dans les ténèbres de l'idolâtrie, leur envoya au commencement du dix-septième siècle, deux illustres et saints missionnaires, le P. Busomi, italien, et le P. Alexandre, de Rhodes, déjà connu du lecteur. Le premier abordait en Cochinchine le 18 janvier 1615 ; le second prenait possession du Tonkin le 19 mars 1627, en la fête de saint Joseph, le glorieux patriarche établi par Dieu *chef de sa maison.*

Remplis de l'esprit de saint François-Xavier, dont ils continuaient l'apostolat, ces intrépides ouvriers convertirent en peu de temps, avec le secours de leurs confrères, des milliers d'infidèles à Dieu. La moisson fut si abondante que

(1) *Annales de la Propagation de la Foi,* tome XXVIII, p. 81-110. *Lettre de Mgr Retord à MM. les membres des Conseils centraux.* Nous renvoyons le lecteur à cette belle lettre ; c'est un mémoire complet sur le Tonkin occidental et sa mission.

l'on comptait déjà au Tonkin, en 1662, à l'époque de l'arrivée des premiers vicaires apostoliques, plus de trois cent mille chrétiens. Ceux de la Cochinchine ne s'élevaient pas à moins de quatre-vingt mille.

Le Christianisme avait-il été déjà prêché dans l'empire d'Annam, quand les PP. Busomi et de Rhodes y portèrent l'Evangile ? Nous en sommes réduit à des conjectures sur ce point. Dès le XIIIe et le XIVe siècle, les Frères-Prêcheurs et les Frères-Mineurs arrivaient de compagnie aux Indes et à la Chine, et y établissaient de florissantes chrétientés. Auront-ils, à cette même époque, planté la croix dans le Tonkin et la Cochinchine, qui n'étaient guère que des provinces du grand empire du milieu? On est porté à le croire. D'autre part, Gaspard de la Croix fondait, en 1550, la mission du Camboge, où se succédèrent plusieurs autres Frères-Prêcheurs ; et quelques années plus tard, les mêmes Frères-Prêcheurs, nouvellement arrivés aux Philippines, se répandaient en Chine, au Camboge, à Siam et dans toutes les îles de l'Extrême-Orient. Il est naturel de supposer que, placés aux deux extrémités de l'empire d'Annam, au Camboge et à Macao, ils allèrent jusqu'au Tonkin. Enfin Diégo Advarte, autre dominicain des Philippines, célèbre par ses nombreuses missions et ses périlleux voyages, aborda en Cochinchine dans le courant de l'année 1596. Le vice-roi du pays lui fit l'accueil le plus favorable; mais l'arrivée des soldats Espagnols, ayant compromis pour longtemps encore la prédication de l'Evangile dans ces contrées, le missionnaire fut obligé de se retirer, devant l'ordre du roi de massacrer tous les étrangers. Il laissait un commencement de chrétienté qui donnait déjà les plus belles espérances (1).

Quoi qu'il en soit des origines du christianisme dans l'empire d'Annam, les PP. Busomi et de Rhodes demeurent les véritables apôtres de la Cochinchine et du Tonkin. Ce sont eux qui y ont planté la foi ; et l'établissement de ces belles chrétientés, qui devaient fournir tant de martyrs à l'Eglise, a été leur œuvre. Leurs succès si grands n'avaient pu être obtenus sans exciter la rage de l'enfer et soulever l'opposition des puissances du siècle. Aussi la persécution ne tarda point à sévir ; elle se montra particulièrement cruelle en Cochinchine, pendant tout le reste du XVIIe siècle. Plus de soixante personnes, parmi les fidèles de toute condition, y furent décapitées ou exposées aux éléphants ; l'année 1665, à elle seule, fournit quarante-cinq noms à ce martyrologe déjà glorieux.

Le XVIIIe siècle n'apporta guère de relâche ; à peine une paix précaire permit-elle aux ouvriers apostoliques, à de rares et courts intervalles, de continuer leurs travaux. Quinze chrétiens cochinchinois étaient encore, en 1700, condamnés à mourir de faim ou décapités. Puis vint le tour du Tonkin, dont les martyrs s'échelonnent

____

(1) Voir les *Missions dominicaines dans l'Extréme-Orient*, par le R. P. Fr.-André-Marie, tome I, 382-387.

de 1723 à 1798. C'est, en 1723, un missionnaire jésuite, décapité avec neuf catéchistes ou
serviteurs de la mission. Quatre autres Pères de
la même Compagnie subissent le même supplice
en 1737 ; un vieillard septuagénaire, avec un
enfant de 14 ans, son petit-fils, en 1741 ; deux
Frères-Prêcheurs en 1745 et deux autres en
1773.

Les Vicaires apostoliques et les prêtres de la
Congrégation des Missions-Etrangères étaient réduits de leur côté à errer fugitifs, cachés dans les
cavernes ou sur les bateaux, quand ils ne mouraient pas dans les prisons. Emmanuel Trien,
prêtre de Cochinchine, est décapité en 1798.
Trente-deux catéchistes du pays, arrêtés ensemble, et placés dans l'alternative de fouler aux pieds
la croix ou de perdre la vie, n'ont que le mérite
de leur sacrifice intérieur ; leur refus de fouler
la croix leur attira l'honneur même des persécuteurs. Les relations font remarquer qu'on se contentait de demander aux missionnaires leurs
noms, sans chercher à les faire renoncer à leur
religion ; ce qu'on jugeait impossible.

Vers la fin du xviiie siècle, une nouvelle ère
sembla s'ouvrir pour les missions. Les Tay-
Son (1), à la tête d'un parti nombreux de mécontents et de rebelles, avaient renversé le roi de
Cochinchine, puis celui du Tonkin, pour régner

---

(1) C'étaient trois frères, célèbres dans le pays, et ayant
un grand ascendant sur les masses. L'un d'eux, qui était
bonze, faisait, en cette qualité, servir son influence au succès des entreprises des autres.

en leur place sur les deux pays. Ils se montrèrent persécuteurs, comme avaient été les princes leurs devanciers. Cependant le vicaire apostolique de Cochinchine, l'illustre Mgr Pigneaux de Behaine, avait eu l'occasion de protéger dans sa fuite Nguyên-Anh, petit-fils du souverain dépossédé. Ayant offert à l'infortuné prince de lui procurer l'appui de la France, il prit avec lui le jeune Canh, l'héritier royal, traversa les mers et conclut à Versailles, le 28 novembre 1787, un traité qui nous accordait la possession du beau port de Touranne et des côtes voisines, à la condition pour la France d'appuyer les droits du souverain déchu et de l'aider à reconquérir le trône de Cochinchine. Nguyên-Anh, avec l'aide d'officiers français venus de Pondichéry, parvint à recouvrer ses Etats ; bien plus, le Tonkin, dont il avait chassé les Tay-Son, demeura à sa disposition. Jusqu'en 1802, il avait toujours témoigné l'intention de le rendre à la famille des Lê. Mais quand il vit ses desseins entièrement réussis, il se déclara souverain indépendant des deux Etats, et prit le nom de Gia-Laong, sous lequel il est connu dans l'histoire.

Du moment où la puissance de Gia-Laong s'était trouvée consolidée, les missionnaires avaient conçu les plus grandes espérances pour l'établissement de la religion dans l'empire. Elles ne devaient malheureusement point se réaliser. Mgr de Behaine était mort, le 9 octobre 1799. Deux ans après lui, s'éteignait son royal pupille, le prince Canh, qui eut le bonheur, sur la fin de sa dernière maladie, de recevoir secrètement le baptême de la main d'un chrétien du palais. Gia-Laong, privé des avis du saint évêque, céda à l'influence de mandarins puissants, à qui la jalousie avait fait tout entreprendre pour perdre la religion et le prélat dans l'esprit du Roi. Il n'oublia que trop vite ce que Nguyên-Anh devait à la religion et à la France. Au lieu de l'édit de protection qu'il avait promis aux chrétiens, on le vit publier une déclaration fort équivoque par rapport à la religion chrétienne.

Toutefois, les vicaires apostoliques profitèrent de la paix, toujours plus précaire, où ils vivaient, pour assurer l'avenir des chrétientés par la formation d'un nombreux clergé indigène. Malgré la pénurie d'ouvriers apostoliques qu'avait amenée la suppression de la Compagnie de Jésus, et qui suivit la perturbation religieuse de la fin du dernier siècle en France, la religion, sous le règne de Gia-Laong, prospéra. Les églises, les colléges, les couvents se multipliaient. Dieu fortifiait à l'avance ces chrétientés contre la persécution terrible qui allait s'abattre sur elles.

Minh-Menh, surnommé le *Néron annamite*, succéda en 1820 à Gia-Laong son père. Il apportait sur le trône une haine pour le christianisme, qu'expliquent assez son caractère cruel et les penchants vicieux qui le livrèrent aux plus honteux excès, mais qui fut encore accrue par son avènement irrégulier (1), et par le système de

(1) Il était fils d'une concubine ; le prince Canh, n'avait laissé qu'un enfant naturel qui fut évincé.

centralisation outrée qui devait être la pensée
de tout son règne. L'orage, toutefois, n'éclata pas
de suite. Minh-Menh, en bon politique, marchait
doucement. Son premier acte fut de congédier
les mandarins français, que son père avait admis
à la cour. Il interdit ensuite l'entrée de ses Etats
aux missionnaires ; puis paraissait, en 1826, un
placet contre la religion chrétienne, vrai chef-
d'œuvre de politique et de sagesse annamites. A
la fin de cette même année, tous les prêtres européens reçurent l'ordre de se rendre à Hué, au
palais du roi, pour traduire des lettres et des
papiers européens; la plupart se gardèrent bien
d'obéir à une telle injonction.

La guerre d'extermination commença en 1833.
Ordre était donné de détruire immédiatement
toutes les églises, d'empêcher toutes les réunions de fidèles et de contraindre les chrétiens
à l'apostasie. Cet édit inaugurait le régime de
persécution que l'on vit peser pendant plus d'un
demi-siècle sur l'Eglise annamite. Appliqué ri-
goureusement sous Minh-Menh, il ne cessera
point de se faire sentir, quoique avec des inter-
mittences, pendant les règnes de ses successeurs.
Il faudra que la France, en intervenant, obtienne
par son traité avec Tu-Duc, la révocation des
lois de proscription et la liberté, pour les sujets
de l'empire d'Annam, d'embrasser et de pratiquer la religion chrétienne. En 1849, époque de
l'arrivée de M. Néron au Tonkin, trois évêques
et huit missionnaires s'étaient relayés sur la
route du martyre, qu'ils avaient jalonnée, à dis-

tance, de leurs têtes abattues ; sept autres, atteints d'une sentence capitale, avaient vu avec regret la palme leur échapper. On comptait, associés à cette gloire du martyre, vingt-trois prêtres indigènes, quatorze catéchistes et plus de cinquante fidèles, parmi lesquels deux capitaines et neuf soldats. Nous passons sous silence le grand nombre des confesseurs qui eurent à souffrir l'exil, la prison ou les mauvais traitements pour Jésus-Christ. C'est surtout pendant les années 1833, 1838 et 1840, que se pressent glorieux les noms des confesseurs et des martyrs.

Il y aurait lieu de s'étonner, si la main de Dieu n'était là, qu'il restât encore sur cette terre de proscription un seul prêtre debout et un néophyte fidèle, après l'acharnement déployé, pendant une succession de trois règnes, contre une faible minorité de pauvres chrétiens. Et cependant ils se sont multipliés à mesure qu'on les moissonnait. En 1820, époque où le sanguinaire Minh-Menh monta sur le trône, le Tonkin ne renfermait que 330,000 fidèles et la Cochinchine 60,000. En 1859, on n'en comptait pas moins de 530,000 dans l'empire d'Annam, dont 440,000 pour l'église du Tonkin et 90,000 pour celle de la Cochinchine. C'était donc un accroissement total de 140,000 néophytes ; la moyenne des conversions au christianisme avait dépassé quatre mille par an. La seule année 1854 enregistrait 5,317 conversions d'adultes, sans compter 49,000 enfants de païens baptisés à l'article de la mort et plusieurs milliers d'orphelins recueillis dans la rue et confiés à des familles chrétiennes.

A cette même époque, grâce à la nouvelle ère inaugurée pour les missions par l'œuvre admirable de la *Propagation de la Foi*, quatorze prélats, ayant pour coopérateurs immédiats soixante missionnaires européens et plus de deux cent quarante prêtres indigènes, étaient préposés à ces chrétientés. Une pépinière sacerdotale de neuf cents séminaristes alimentait ce clergé indigène ; six cent cinquante catéchistes aidaient l'action du prêtre, pendant qu'environ seize cents religieuses accomplissaient auprès des femmes et des enfants le même mandat de zèle, d'instruction et de charité. Telle était, en 1859, l'organisation hiérarchique de la mission catholique et la situation des chrétientés dans l'empire d'Annam (1).

Si nous voyons l'Annamite persécuter la religion, ce n'est point qu'il la méconnaisse. La prédication de l'Evangile a fait luire à ses yeux la vraie lumière, et sa conscience rend à la foi chrétienne le témoignage qu'elle est divine. Mais là, comme partout, les ténèbres haïssent la lumière, et le mal cherche à étouffer le bien. « Quiconque fait mal, a dit le Sauveur (2), hait « la lumière et ne s'approche point de la lu- « mière, de peur qu'elle ne le convainque du « mal qu'il fait. »

En bien des circonstances, le païen rend hom-

(1) *Annales de la Propagation de la Foi*, tome XXXI, 81.
(2) St-Jean, III, 20.

mage à la religion. Combien de fois, dans le cours des longues persécutions qui ont désolé les chrétientés annamites, d'honnêtes païens n'ont-ils pas donné asile à des missionnaires ? Plus d'un chef de canton, requis par les mandarins d'avoir à cerner des villages chrétiens, a cherché à esquiver de pareils ordres, sa conscience lui interdisant d'exécuter des mesures qu'elle jugeait iniques. Les confesseurs exercent autour d'eux, dans les prisons, un ascendant incroyable, parlant, prêchant, reprenant en toute liberté et empêchant que rien d'inconvenant ne se passe sous leurs yeux. Leur intrépidité devant les juges, et la constance vraiment divine avec laquelle ils supportent tous les tourments, forcent l'admiration des bourreaux et des juges, comme de la multitude.

Au reste, la Providence se charge de venger ses missionnaires. C'est une persuasion générale, dans ces pays, que les persécuteurs sont frappés de Dieu : tant la main divine, en maintes circonstances, s'est visiblement appesantie sur eux. Mgr Gauthier nous a cité un mandarin, père de quatorze enfants, qui avait fait emprisonner un prêtre, et à qui la mort enleva successivement tous ses enfants, auparavant sains et bien portants. Se sentant atteint à son tour, il envoya prier les missionnaires de demander grâce, pour lui, à Dieu. Le même prélat, au lendemain de la première paix accordée par Tu-Duc, traversant une place publique, en soutane violette, entendait dire autour de lui : « Voilà

que les Évêques circulent librement, la récolte
sera moins mauvaise. » On rend quelquefois,
après dix ans, des calices pris dans les moments
de persécution, par crainte des châtiments auxquels expose la possession de ces objets sacrés (1).

De plus, les miracles sont un témoignage que
Dieu ne refuse pas à ces peuples. Les Annales de
la Propagation de la Foi en ont enregistré plusieurs, et l'on peut lire en particulier, dans une
lettre de Mgr Retord (2), la protection merveil-
leuse obtenue à un village païen par les prières
des fidèles. Mgr Gauthier écrivait, de son vicariat du Tonkin méridional, le 17 août 1875,
comment les corps des chrétiens, exhumés plus
d'un an après les exécutions en masse de 1874,

(1) C'est dans toutes les missions que s'exerce ainsi,
d'une manière visible, la justice de Dieu sur les persécuteurs. Au moment où nous écrivons ces lignes, le numéro
des *Annales* de Mars 1877 nous apporte une lettre de M.
Pons, missionnaire apostolique au Su-Tchuen oriental,
contenant ce qui suit au sujet d'un soulèvement qui a eu
lieu contre les chrétiens, à Kiang-Pée, faubourg de Tchong-
King : « Le principal instigateur de la persécution, saisi
« d'un trouble indéfinissable, vient de pendre, dans sa
« maison, sa femme et ses enfants ; et, après avoir jeté
« leurs cadavres dans le fleuve, il s'est pendu lui-même.
« Dans un village où beaucoup de chrétiens ont été pour-
« suivis et massacrés, plus de quarante païens se sont
« précipités dans le fleuve. Presque partout où a sévi la
« persécution, les païens disent qu'ils voient des légions
« d'hommes habillés de blanc, tenant des glaives en main
« et poursuivant les ennemis des chrétiens. »
(2) *Annales*, tome XXVII, 8.

n'exhalaient, quoiqu'ils fussent en pleine décomposition, aucune odeur cadavérique : plusieurs même se trouvaient dans un état de conservation parfaite ; tandis que les cadavres des païens, inhumés dans les mêmes conditions, mettaient tout le monde en fuite, quand on les découvrait. Beaucoup de chrétiens indigènes, parmi lesquels un médecin, avaient attesté ces faits sous la foi du serment, et M. l'abbé Blanchard, missionnaire dans le vicariat, avait eu l'occasion d'en constater la réalité, sur les restes d'une femme, enterrée le 18 mars 1874, et retrouvée intègre au mois d'avril de l'année suivante.

Mais le démon a ses filets dans lesquels il retient les âmes captives. La terre d'Annam, comme celle des autres contrées de la Haute-Asie, voit encore régner sur elle le prince de ce monde. Satan, là, est toujours dans son empire. Ses agents, au témoignage de Mgr Retord et de Mgr Gauthier, opèrent des effets prodigieux et qui nous trouveraient incrédules. Ils produisent, entre autres, les phénomènes du magnétisme et du somnambulisme, dans un degré bien supérieur à tout ce que font, en France, les opérateurs les plus vantés. L'emploi des *médiums*, les tables tournantes, les paniers qui écrivent, etc., sont choses anciennes dans le pays. Mgr Gauthier cite des guérisons surprenantes, dues à l'emploi de formules mystérieuses qui se transmettent entre affidés, comme par exemple chez les sauvages du Cambodge.

Quant aux obsessions et possessions, Mgr Pu-

ginier, vicaire apostolique du Tonkin occidental,
constatait, dans une lettre récente (1), comment
les catéchumènes de sa mission en étaient parfois
victimes à la veille de recevoir le baptême. L'action démoniaque est dans ces cas visible, et de
nature à effrayer les catéchumènes. Satan, jaloux
des conquêtes de la croix sur le paganisme, use
du pouvoir qui lui est laissé, pour essayer de
retenir ses anciens adorateurs. Mais « l'eau bé-
« nite, le crucifix bénit, la prière à l'ange gar-
« dien suffisent ordinairement, dit le prélat,
« pour chasser le démon. On lui demanda un
« jour qui il était, il répondit par la bouche de
« la personne possédée, qu'il était le serviteur
« de Lucifer. Une autre fois, il dit qu'il était
« Satan. Or ces catéchumènes n'avaient jamais entendu
« entendu parler ni de Lucifer ni de Satan, et
« de plus ils prononçaient ces mots en latin,
« preuve que le démon parlait par leur bouche.
« A plusieurs reprises, les catéchistes arra-
« chèrent au démon des aveux qui contribuè-
« rent à confirmer les catéchumènes dans leur
« foi et à imprimer dans leur esprit l'enseigne-
« ment qu'on leur donnait. Un jour, entre autres,
« on lui fit avouer que la religion catholique
« était la vraie religion… Une autre fois il avoua
« que Dieu était le premier et il ajouta aussitôt:
« — Mais moi je suis le second. Depuis la ré-
« ception du baptême, obsessions et possessions
« ont entièrement cessé. »

(1) *Les Missions catholiques*, n° 400, vendredi 2 février
1877.

Malgré les luttes gigantesques que les églises annamites ont eues à soutenir contre l'enfer, surtout depuis le commencement du siècle, les espérances de conversion, au Tonkin en particulier, sont plus fondées que dans aucune autre mission. « Chez la plupart des peuples païens, dit un missionnaire (1), le grand obstacle à la prédication de l'Evangile est le fanatisme religieux, qui fait repousser même l'étude de toute religion étrangère. Cette difficulté ne se rencontre pas chez les Tonkinois.

« Ils possèdent pourtant à un haut degré le sens religieux. Ce sens se manifeste par un attrait prononcé pour les cérémonies du culte, et par une inclination naturelle à croire sans raisonner tout ce qui est mystérieux ; aussi le nombre de leurs croyances et pratiques superstitieuses est-il illimité. Mais ils n'ont pas, à proprement parler, de religion définie, avec des dogmes et des préceptes, et qui se transmette par l'enseignement doctrinal. De là, absence de fatanisme. Ils ont seulement des cérémonies qui prennent la forme de culte. Et encore ne sont-elles pas les mêmes pour tous, à tous les degrés : les unes n'ont de fondement que dans les rapports politiques et sociaux, et les autres ne reposent que sur une routine traditionnelle.

« Pour mieux faire saisir l'état où se trouve

(1) M. Lesserteur, ancien missionnaire au Tonkin, actuellement directeur au séminaire des Missions-Etrangères.

la religion païenne au Tonkin et montrer qu'elle ne constitue pas une grave difficulté à la prédication de l'Evangile, nous allons esquisser, à grands traits, les principaux cultes en honneur dans ce pays.

« Au premier rang, est le culte du Ciel qui a ceci de particulier de ne compter qu'un seul adorateur. C'est le roi qui, en sa qualité pompeuse de « Fils du Ciel », jouit de ce privilége.

« Vient ensuite le culte de Confucius que professent les mandarins et les *lettrés*. Ce culte n'a pas de corps de doctrine ; il est purement cérémoniel. Ses partisans n'adorent pas Confucius comme un Dieu, mais le vénèrent comme un « Saint » (c'est le nom qu'ils lui donnent). En réalité, c'est moins par conviction qu'ils le professent, que pour se distinguer du vulgaire. Ce culte est par cela même restreint et n'est à vrai dire, qu'un culte de caste.

« Un culte beaucoup plus général est celui des esprits tutélaires : c'est le culte du village. Il consiste à honorer un esprit quel qu'il soit, octroyé par la libéralité royale. Tel village honore l'esprit d'un voleur célèbre, tel autre, celui d'un guerrier fameux, tel autre celui d'un animal immonde, etc..... selon que le roi lui a délivré un diplôme élevant à la dignité d'esprit ce voleur, ce guerrier, cet animal. Le culte est rendu par les notables du village qui se réunissent à la maison commune, le 1er et le 15 de chaque mois lunaire, pour faire un festin. La maison n'a pas de murs extérieurs, elle n'est

formée que d'un simple toit porté sur des colonnes. Au fond, se trouve un espace fermé, où
se conserve précieusement la tablette sur laquelle est écrit en gros caractères, le nom de
l'esprit. Avant de commencer le festin, l'on offre
une légère portion des mets, et l'on fait une
prostration devant cette tablette . C'est en
cela surtout que consiste le culte des esprits
tutélaires.

« Un autre culte, encore plus universel et
d'un caractère plus intime, est celui des ancêtres : c'est le culte de la famille. Il se pratique
dans l'intérieur de chaque maison, et consiste à
honorer les ancêtres défunts par des offrandes et
des prostrations, au moment des funérailles et à
certains jours anniversaires. Ce culte n'est guère
autre chose qu'un souvenir de piété filiale enta-
ché de superstitions.

« A côté de ces cultes principaux, l'on peut
citer celui de Bouddha, actuellement dans un
état de complète décadence. Cette religion eut
autrefois ses jours de prospérité, et, grâce à la
faveur royale, se répandit dans tout le royaume.
C'est à partir du commencement de ce siècle,
depuis surtout que les tyrans ont forcé les chrétiens de descendre dans l'arène des martyrs, que
le bouddhisme a perdu son prestige, et que ses
temples sont devenus déserts. On rencontre,
dans presque tous les villages, une ou plusieurs
pagodes, vestiges de la piété antique, mais, la
plupart, tombant en ruines ; presque aucune qui
soit convenablement entretenue ou fraîchement

construite. Les quelques bonzes qui restent encore au Tonkin, sont méprisés et souvent poursuivis par les huées des enfants.

« L'on ne peut donc dire d'aucun de ces cultes qu'il est vraiment une religion, comptant un nombre déterminé d'adeptes unis entre eux par une communauté de croyances et tendant au même but par les mêmes moyens, comme il est vrai de le dire pour le bouddhisme, le mahométisme, le judaïsme, etc. Aussi, ces différents cultes ne peuvent-ils créer un antagonisme radical avec la religion chrétienne. Tout au contraire, les païens trouvent dans nos dogmes le complément inattendu de ce qu'ils n'avaient qu'en ébauche, et la réalité à la place de la figure.

« Les Tonquinois n'ont pas une idée explicite de Dieu, et leur langue n'a pas de terme particulier pour désigner l'Etre souverain et créateur. Mais il est très-facile de la susciter en eux: le plus souvent une parole suffit, comme le moindre choc suffit pour faire jaillir l'étincelle cachée dans le silex. Dès que cette idée vivifiante s'est fait jour à leurs yeux, la logique des dogmes chrétiens, qui s'enchaînent si admirablement les uns aux autres, triomphe sans peine de toutes leurs superstitions. Le culte des bons anges et des saints se substitue naturellement à celui des esprits ; le culte des ancêtres fait place aux prières pour les défunts et aux cérémonies de l'Eglise pour les morts, et ainsi du reste. En un mot, le christianisme, sans être obligé de renverser de fond en comble, pour élever un édifice entièrement nouveau, n'a besoin que d'épurer et de compléter les croyances de ce peuple.

« D'autre part le Tonquinois aime extraordinairement les fêtes et les pompes extérieures, et, sous ce rapport, les cérémonies catholiques l'attirent et le ravissent.

« Ajoutons que, du côté des mœurs, les obstacles sont loin d'être insurmontables. La polygamie est fort peu en usage ; on la rencontre seulement dans la classe riche. Or, la grande majorité de la population est pauvre et mène une existence sobre et frugale.

« Ces remarques suffisent pour expliquer comment, à toutes les époques, même au plus fort de la persécution, il y a eu, au Tonkin, des païens qui ont embrassé notre foi. Dès qu'apparaissait une ombre de liberté ou de simple tolérance, leur nombre augmentait sensiblement (1). »

A l'heure qu'il est, non-seulement les lois de proscription sont rapportées, mais la religion chrétienne est presque mise sur le rang d'égalité avec les autres cultes. Aussi le mouvement des conversions, écrit Mgr Puginier, s'accentue tous les jours d'avantage. Depuis le mois d'octobre 1875 jusqu'au mois d'octobre 1876, le chiffre

______

(1) Cet exposé de l'état de la religion au Tonkin est extrait d'un article remarquable sur les progrès de la mission catholique au Tonkin occidental, inséré dans les *Missions catholiques* du 2 février 1877.

des baptêmes de païens a dépassé 2,000, dans le seul vicariat du Tonkin occidental. Il y avait bien des années que ce chiffre n'avait pas été atteint. Les conversions, au témoignage du prélat, ont acquis un caractère de solidité qui rassure sur l'avenir de ces néophytes et montre aussi l'action toute particulière de Dieu.

Espérons donc que, par la grâce de Dieu, l'ennemi du genre humain verra bientôt cesser son empire sur ces régions qui ont déjà tant coûté à l'Eglise. Puissent les Tonquinois, désabusés et délivrés de son joug, se sentir de plus en plus attirés vers notre sainte religion et entrer pressés dans le bercail de l'Eglise !

VIII.

LE VICARIAT DU TONKIN OCCIDENTAL.

C'est pour le prêtre de la Congrégation des Missions-Etrangères un champ glorieux entre tous que celui du Tonkin occidental. M. Néron, en s'y voyant introduit, pouvait s'écrier en toute vérité : « *Funes ceciderunt mihi in præclaris, etenim hæreditas mea præclara est mihi* (1). Ces belles chrétientés avaient eu pour premier Apotre l'illustre et saint missionnaire au souffle duquel la Congrégation était éclose. Mgr Pallu, le

______

(1) « La part qui m'est échue est la meilleure, car mon héritage est excellent, » ps. XV, 6.

premier des évêques de la Congrégation, et celui qu'elle regarde à bon droit comme son fondateur, avait reçu pour son lot ce même Tonkin, dont il fut le premier vicaire apostolique. Nulle part, plus que dans le Tonkin occidental, Dieu n'avait béni les travaux de la Congrégation pour la création d'un clergé indigène ; c'était la plus puisamment organisée de toutes les missions confiées à la Société, celle où il y avait le plus de vie apostolique, et des traditions anciennes y avaient toujours maintenu la vie commune parmi les missionnaires.

La Congrégation comptait au Tonkin plusieurs de ses plus illustres confesseurs des derniers temps. M. Jean-Charles Cornay y avait été décapité, le 20 septembre 1837, dans la province de l'ouest. Un an après, au midi du Vicariat, Mgr Pierre Dumoulin-Borie, élu évêque d'Acanthe, présentait à son tour sa tête au bourreau, heureux d'échanger cette couronne du pontife que la persécution ne lui avait pas laissé le temps de ceindre, contre la couronne plus excellente du martyre. Trois autres missionnaires, MM. Charrier, Galy et Berneux, condamnés à mort pour la foi sous Thieu-Tri, allaient, eux aussi, cueillir la palme, quand le commandant de la frégate française l'*Héroïne*, tira les confesseurs de prison, pour les ramener en France.

A la gloire des martyrs venait s'ajouter l'illustration des pontifes. Le nom de Jacques de Bourges, un des premiers compagnons de Mgr Pallu, qui gouverna pendant trente-deux années le Tonkin occidental ; celui de l'illustre et saint évêque de Gortyne, Mgr Longer, dont l'épiscopat remplit la fin du siècle dernier et les trente premières années du dix-neuvième, vivront longtemps dans l'Eglise du Tonkin. Leur héritage glorieux était passé depuis 1840, à Mgr Pierre-André Retord, qui portait avec honneur ce beau titre d'évêque d'Acanthe, laissé vacant par la mort de Mgr Pierre Dumoulin-Borie. Mgr Retord jouissait déjà, en 1849, d'une immense popularité dans les missions d'Asie; son nom remplissait tout l'extrême Orient ; sans distinction de nationalité ni de culte, on vénérait en lui la plus haute expression du zèle et du courage, comme de la capacité et de la vertu. Il avait su se concilier à un degré unique, dit très-bien le biographe de sa vie (1), le dévouement de son clergé, électrisé par son exemple, et toujours prêt au martyre ; la confiance de ses néophytes, qui pensaient n'avoir plus rien à craindre dès qu'ils étaient sous la sauvegarde de sa présence ; l'amitié des plus illustres mandarins, qu'il avait le secret d'associer à ses œuvres chrétiennes ; l'admiration des païens, qui saluaient en lui le grand *roi de la religion :* les tribus sauvages, dans leur superstition, s'imaginaient voir les bêtes féroces quitter leurs forêts pour venir, sur son passage, *se prosterner devant lui et rendre hommage à sa sainteté.* L'Europe elle-même ne restait pas étrangère à l'influence de son apostolat : du fond de l'Asie, il l'édifiait et

(1) *Vie de Mgr Pierre-André Retord.* Lyon, 1859, p. 318.

l'émouvait par cette correspondance qu'on dirait écrite avec le sang des martyrs et qui a servi puissamment la cause de l'Eglise annamite, en excitant un intérêt universel pour son héroïsme et ses malheurs.

Tel était le chef illustre, sous lequel M. Néron allait faire son noble apprentissage de l'apostolat. Les deux évêques, qui partageaient avec Mgr Retord l'administration de ces belles chrétientés, l'un en qualité de co-vicaire, Mgr Gauthier, l'autre, Mgr Jeantet, comme coadjuteur, se trouvaient être les compatriotes du futur martyr : l'Eglise de St-Claude avait eu la gloire de les fournir aux Missions. Né au village de Montaigu, à quelques kilomètres seulement de Bornay, Mgr Gauthier s'était vu aidé et encouragé dans sa vocation par ce même M. Monnard, en qui M. Néron vénérait un de ses premiers bienfaiteurs. On l'avait choisi, dès 1840, cinq ans seulement après son arrivée au Tonkin, pour coadjuteur de Mgr Retord ; et en 1846, lors de la division du Tonkin occidental en deux vicariats, il était fait premier vicaire apostolique du Tonkin méridional, qu'il gouverne encore à cette heure, brisé, mais non abattu, par trente-quatre années d'un épiscopat si longtemps agité par la persécution. Mgr Jeantet avait vu le jour dans la cité épiscopale ; c'était sur la terre de Condat, auprès des reliques miraculeuses du grand saint Claude, que Dieu l'avait appelé, dès l'âge de 15 ans, à porter la foi aux nations. Le collége ecclésiastique de Nozeroy, par lequel devait passer le Vén. Fr. Isidore Gagelin et où devait se former M. Néron, l'avait eu pour professeur en 1817, avant son entrée au Séminaire des Missions-Etrangères. Après vingt-sept années de travaux apostoliques, quand déjà il était le plus ancien des missionnaires de la Congrégation, Mgr Retord l'avait sacré pour son coadjuteur et préposé à la grande œuvre de la formation du clergé indigène. Il occupait sa vieillesse, pour parler le langage de l'éloquent prélat, à tailler et à polir les pierres fondamentales et angulaires qui servaient successivement à construire ou à réparer l'édifice sprituel de l'Eglise annamite.

Les missionnaires, dont MM. Charbonnier et Néron venaient partager les travaux, étaient M. Castex, pro-vicaire de Mgr Retord, « fraîche et « odorante fleur, dit le prélat, qui avait germé « et grandi dans un jardin bien cultivé et par-« faitement à l'abri contre l'air empesté du « monde (1) ; » M. Titaud, arrivé au Tonkin en 1844 ; M. Schœffler, en mission seulement depuis deux ans, mais qui approchait déjà de la couronne ; M. Legrand, qui ne faisait que d'arriver. Ils étaient secondés par le ministère de 65 prêtres indigènes.

Le troupeau confié à Mgr Retord comprenait, à la fin de 1849, autour de 130,000 chrétiens. Voici leur distribution par provinces, à partir du midi. La province de Thanh-Hoa en comp-

____

(1) *Annales de la Propagation de la Foi*, tome XXX, p. 273.

tait 13,691 ; celle de Ninh-Binh, 36,681 ; Nam-
Dinh, 19,424 ; Hâ-Noî, où se trouve Ke-Cho,
ancienne capitale du royaume, 49,900 ; Son-Tay,
10,813. C'est donc proprement à l'intérieur, dans
la province arrosée par le Sông-Caï, là où les villages sont comme entassés, que se trouve le gros
de la population chrétienne. De tout temps cette
partie du Tonkin s'est montrée favorable à la
religion ; on ne l'a jamais vue en masse hostile
au christianisme.

Si nous voulons maintenant connaître l'organisation de la mission : Elle est divisée, nous dit
Mgr Retord, en 39 paroisses, ce qui donne près
de 3,400 âmes pour une paroisse. Chacune d'elles comprend vingt à trente villages, dont quelques-uns tout chrétiens, et les autres mélangés
d'idolâtres. Quatre, cinq ou six paroisses forment
le district d'un missionnaire ; à la tête de chaque
paroisse se trouve un prêtre annamite, qui en
est le curé. Chaque paroisse a deux ou trois
maisons de Dieu, c'est-à-dire des habitations pour
les missionnaires, les prêtres, les catéchistes. Ces
résidences, placées sur différents points de la
paroisse, sont ordinairement entourées de bambous (1), d'étangs et de petits jardins; elles ont
aussi quelques arpents de terre cultivable. Dans
chaque paroisse le curé et son vicaire, s'il en a
un, nourrissent vingt à trente jeunes gens dans
leurs maisons de Dieu. Les uns sont domesti-

____

(1) Le bambou, comme chacun le sait, est une espèce
de roseau garni de nœuds, qui croît dans l'Extrême-Orient.

ques ; les autres, catéchistes, secondent le prêtre
dans l'instruction des enfants et dans toutes les
fonctions de son ministère ; d'autres étudient les
caractères chinois, le latin, s'exercent au chant
religieux, à servir la messe, etc. C'est dans ces
maisons de Dieu que se recrutent les colléges,
où l'on enseigne tout ce qui a rapport à la
science ecclésiastique, les caractères chinois et
les caractères annamites, la philosophie, l'arithmétique, un peu de géographie et d'astronomie,
puis la théologie.

Au-dessus des colléges, des districts et des paroisses, est la *Communauté*, siége et résidence
du vicaire apostolique, quartier général des opérations. Dans la mission, tout est commun entre
les missionnaires et les prêtres indigènes. Chaque
maison a un économe annamite. Les missionnaires et les prêtres indigènes doivent, à la fin de
l'année, envoyer le catalogue exact de leurs re-
cettes et de leurs dépenses. Ceux qui ont du su-
perflu le versent entre les mains du vicaire
apostolique, chef et administrateur de la Communauté, pour entrer dans la masse des fonds
communs ; à ceux qui ont du déficit, on donne
de quoi le combler. Il n'y a point de casuel ; les
prêtres reçoivent parfois, en honoraires de messe, une ligature, ce qui équivaut à un franc ; les
chrétiens font aussi quelques aumônes volontaires.
Pour tout revenu, la mission a le riz de quelques
champs, le produit de ses étangs, jardins et arbres fruitiers, et ce que lui alloue la *Propagation de la Foi*. Avec cela, elle nourrit environ

1500 personnes, fournit ce qui est nécessaire au culte, établit de nouvelles paroisses, fonde de nouveaux couvents de religieuses, aide les chrétiens à élever quelques églises en bois, à s'affranchir des superstitions, etc.

Ké-Vinh, ou Vinh-Tri, ou simplement Vinh, situé sur les bords du fleuve le Nam-Dinh, dans la province du même nom, non loin de Ninh-Binh et à une journée et demie de l'embouchure du fleuve, continuait d'être, en 1849, la résidence du vicaire apostolique. C'était un village de 4,000 âmes, tout chrétien, qui possédait déjà au XVIIIe siècle, le principal collége de la mission. Mgr Retord y avait son palais épiscopal. Si vous demandez au prélat ce que ce palais a de monumental, il vous répondra qu'il « est long de trente-cinq pieds, large de douze, haut de huit à peu près ; qu'il est tout en bois, et couvert de belles feuilles de palmiers. Trois corps de bâtiments plus modestes l'entourent ; ils servent d'habitation à ses catéchistes, au nombre de six à huit. La cour du palais est plantée de quatre beaux arêquiers ; devant la porte s'étale un petit jardin tout semé de fleurs odorantes, avec un tertre qui simule une montagne en miniature. Le tout peut valoir sept cents francs. »

A Ké-Vinh se trouvait le collége le plus important du vicariat. Il y en avait deux autres, à Long-Doan, et à Hoang-Nghuyên, dans la province de Ha-Noi. Le séminaire de théologie était à Ke-Non, dans une magnifique position, non loin des montagnes de Ha-Noi. Ces colléges, du reste, ne ressemblent en rien aux nôtres pour les dimensions et la forme de l'édifice. « Figurez-vous, dit Mgr Retord, de petites baraques en bambou, cachées dans des touffes de verdure et groupées autour de la baraque principale, qui sert d'habitation au supérieur. » Ils renfermaient, en 1849, 214 étudiants latins et 100 étudiants en caractères chinois et annamites. Le séminaire comptait 30 théologiens, parmi lesquels quatre diacres, sept sous-diacres, huit clercs élevés aux ordres mineurs. Six cents jeunes gens étaient élevés dans les maisons de Dieu ; 270 catéchistes enseignaient dans les colléges, ou aidaient les missionnaires et les prêtres indigènes dans les différentes fonctions du ministère.

Entre les diverses institutions de la mission, celle des catéchistes n'est pas la moindre. On distingue, au Tonkin, les catéchistes *sédentaires* et les catéchistes *ambulants*. Les premiers sont presque tous des hommes mariés ou veufs, choisis parmi les fidèles les plus instruits et les plus fervents de chaque chrétienté. Leur fonction est de présider, en l'absence du prêtre, aux assemblées des chrétiens ; ils y font des lectures pieuses et instructives, annoncent les fêtes, les jeûnes et abstinences commandés par l'Eglise : ils doivent, en danger de mort, baptiser les enfants nouvellement nés qui ne peuvent être présentés au prêtre, ceux des païens et les adultes ayant manifesté l'intention d'embrasser la Foi. C'est aussi leur devoir de visiter les malades, d'instruire les ignorants, de terminer les différents entre fidèles, etc., enfin de rendre compte au prêtre, lorsqu'il revient dans le village, de l'état de la chrétienté et des abus qui ont pu avoir lieu en son absence.

Les catéchistes *ambulants*, proprement les *catéchistes*, accompagnent et aident les missionnaires dans le cours de leurs visites, ou même vont partout où ceux-ci les envoient, visiter les chrétientés : ils catéchisent, instruisent, corrigent les abus, préparent les catéchumènes, etc. Le célibat leur est imposé tant qu'ils sont en fonction. Au Tonkin, pour s'assurer de la capacité des catéchistes, on leur fait réciter tout entier, par cœur, un ouvrage en deux volumes, contenant la manière de réfuter les diverses superstitions des idolâtres, de leur annoncer la foi chrétienne, etc. Un diplôme, qui leur est conféré par le Vicaire apostolique, constate leur capacité en même temps qu'il leur confère le titre de catéchistes.

Mais les ressources de la Mission ne se bornent pas là. En outre des colléges, maisons de Dieu, institutions de catéchistes, etc., le vicariat possédait vingt-deux couvents d'*Amantes de la Croix* habités par près de cinq cents pieuses vierges. Les *Amantes de la Croix* ont été fondées par Mgr de Bérythe en 1670, l'année même où se fit la première ordination de prêtres indigènes. Elles ne sont pas assujetties à la clôture et ne se lient pas par des vœux. Mais leur vie est très austère autant qu'édifiante. Les *Amantes de la Croix* ne mangent jamais de chair, jeûnent et se donnent la discipline deux fois par semaine. Pauvrement logées et plus pauvrement vêtues encore, elles gagnent péniblement leur pain à la sueur de leur front, et se dévouent tout entières aux œuvres de charité. Visiter et consoler les malades, aider à instruire les femmes admises au catéchuménat, rechercher les enfants moribonds pour les baptiser, tel est le ministère de chaque jour de ces saintes filles. Leur asile est sacré et inviolable pour les païens, et n'a jamais été violé dans les plus mauvais jours.

Mais ces chrétientés toujours si florissantes et que n'avait pu désagréger la persécution, avaient-elles encore des églises qui servissent de lieu de réunion aux fidèles et où s'offrît publiquement le sacrifice. « Avant la persécution, dit Mgr Retord, nous en possédions près de mille ; car ici, comme le peuple habite réuni dans des villages, il faut une église pour chaque chrétienté, c'est-à-dire pour chaque bourgade où il y a des chrétiens. La persécution a fait crouler tous ces sanctuaires ; depuis quelques années on en a relevé un certain nombre dans les plus grosses paroisses, mais les deux tiers au moins de nos chrétientés n'ont encore point de temple ; et quand le missionnaire ou le prêtre annamite y va faire l'administration, il célèbre la messe dans les maisons des néophytes. Nos églises sont en bois et elles ne sont pas grandes. Représentez-vous quatre ou six rangs de colonnes qui supportent un toit, sans mur d'enceinte ; au milieu est un autel, à l'entour règne une cour circulaire, et derrière cet espace s'élèvent des hangars où la majeure partie des fidèles se tient pour assister aux offices. L'église, avec la cour et les hangards, peut contenir quatre à cinq mille personnes. Tout cela peut se démonter et se remonter en un jour ; car tout est en bois, posé sur le sol et sans aucune fondation, comme une cage d'oiseaux.

« Les chrétiens se servent, pour appeler à la messe et à la prière, d'un gros bloc de bois creux, sur lequel ils frappent avec un autre morceau de bois plus petit. Cela donne un son assez désagréable, mais qui s'entend de fort loin. Dans les grandes solennités et lorsqu'on se trouve dans des lieux où il y a peu à craindre des mandarins, on se sert du tambour, ou bien encore du tam-tam (1). »

La Mission à laquelle M. Néron consacrera les années de son apostolat est maintenant connue du lecteur. Il lui sera désormais plus facile de suivre le missionnaire, sur cette terre qu'il va arroser de ses sueurs, en attendant qu'il la féconde de son sang.

(1) Lettre de Mgr Retord à M. Berger, de Lyon ; *Ann.* tome XXVII, 19.

IX.

ENTRÉE EN MISSION ET PREMIERS TRAVAUX.

Arrivé auprès de Mgr Retord, pendant le Carême de 1849, M. Néron avait été immédiatement placé dans un collége de la mission, sans doute celui de Ke-Vinh, pour y apprendre la langue du pays. « Sa voix naturellement peu flexible, dit Mgr Theurel, se prêta péniblement aux accentuations de la langue annamite; mais l'application incroyable qu'il apporta à ce point important, l'eut bien vite fait triompher de cette difficulté; et, après quatre mois d'efforts, il fut à même de faire l'administration des chrétiens (1). »

Le nouveau missionnaire commença son ministère apostolique par la province de Ha-Noi. Nous l'y trouvons à la fin de 1849, avec MM. Titaud, Castex et Charbonnier, pendant que, dans la province de Ninh-Binh, Mgr Retord, aidé de MM. Schœffler et Legrand, et de sept prêtres indigènes, donnait successivement la mission dans les deux paroisses de Ke-Bang et Ke-Trinh, qui ne comptaient pas moins de 12,000 âmes. Le prélat, dans une lettre du 2 mai 1850, en rendant compte à MM. les directeurs du Séminaire des Missions-Etrangères (2) du bien qu'opéra la mission de

(1) Relation du martyre de M. Néron ; *Ann.*, tome XXXIII, p. 362.
(2) *Annales de la Propagation*, tome XXIII, p. 268-289.

Ke-Bang, ajoute que le zèle de ses missionnaires ne fut pas moins béni dans la paroisse de Ha-Noi.

Les chrétiens se montraient généralement animés d'une grande ardeur pour s'approcher des sacrements, et il suffisait aux missionnaires de paraître quelque part, pour les voir aussitôt accourir et entourer le saint tribunal jusqu'à une heure avancée de la nuit. La santé de fer dont Dieu avait gratifié M. Néron, lui permettait de satisfaire plus que tous autres aux pieux désirs des fidèles. Il passait souvent toute la nuit, quelquefois même trois nuits consécutives, nous dit Mgr Theurel déjà cité, à entendre les confessions.

Par une protection spéciale de la Providence, quoique les missionnaires fussent là au vu et au su de tout le monde, personne ne songea ni à les prendre ni à les dénoncer. Ils jouirent à ce moment d'une grande paix, que rien ne vint troubler. M. Néron écrit à sa famille qu'il a pu même, sans accident fâcheux, réciter son bréviaire en plein jour. Une autrefois, il est passé au milieu d'un village païen, en revenant d'administrer un malade : on s'est contenté de considérer avec curiosité sa longue barbe européenne. Il prêche quotidiennement et en plein jour dans des villages mixtes. Des païens même, le voyant faire la bénédiction des maisons, l'ont prié de bénir la leur ; plusieurs lui ont fait des présents.

La persécution en général n'était pas intense comme sous les règnes des deux rois précédents. Toutefois les missionnaires, pour parler le langage de Mgr Retord, éprouvaient encore de temps en temps, en bien des endroits, des rafales qui brisaient les agrès du navire, les forçaient de plier ses voiles et leur faisaient perdre beaucoup de temps et d'argent à réparer ses avaries.

Mais toutes ces misères n'étaient rien en comparaison de celles qu'amena sur le pays l'automne de 1849 ; il s'agit de la peste et de ses épouvantables ravages. Mieux vaudrait dire *les pestes*; car il y en eut plusieurs qui se promenèrent en long et en large dans tout le Tonkin, moissonnant chaque jour une grande multitude de personnes. La fièvre typhoïde avait régné presque toute l'année. Une autre épidémie causa beaucoup de mal, surtout dans la province de Ninh-Binh. C'était une espèce d'ulcère qui se déclarait à la main et la faisait enfler ; l'enflure se communiquait bientôt à la partie supérieure du corps, et l'on mourait. Ou bien la tête enflait d'abord, puis l'estomac ; c'était toujours la mort.

Bien autrement terrible encore se montra le choléra-morbus, qui fit pendant plus de six mois d'innombrables victimes. Depuis le mois de janvier 1850, les prêtres furent occupés jour et nuit à administrer les malades, et encore plusieurs néophytes moururent sans sacrements. La mission perdit douze prêtres indigènes ; quatorze avaient été atteints du terrible fléau. Mgr Retord, avec MM. Castex, Schœffler, Legrand et Néron furent aussi attaqués, mais légèrement ; ils étaient à peu près remis au commencement de mai. M. Néron, qui écrivait à ses parents le 11 avril, ne leur parle point de cette attaque, sans doute pour ne pas les jeter dans l'inquiétude.

Le vicariat perdit à peu près 10,000 chrétiens. Mais les idolâtres mouraient en bien plus grand nombre que les chrétiens, soit parce qu'ils étaient plus généralement atteints, soit parce qu'ils abandonnaient aussitôt leurs malades, sans leur donner aucun secours. En estimant à deux millions et demi, pour tout le Tonkin, le nombre des païens morts du choléra, on serait encore, croit Mgr Retord, au-dessous de la vérité. Du reste, les idolâtres montraient d'excellentes dispositions. Chez les sauvages du lac Thô, tout un gros village de Muong embrassa l'Evangile, en voyant cesser l'épidémie dans leur village, après la bénédiction qu'un prêtre annamite avait, à leur prière, donnée à leurs maisons.

Une grande consolation visita M. Néron, au milieu de cette désolation publique. M. Bonnard, son ami de cœur du Séminaire des Missions-Etrangères, vint le rejoindre, au mois d'avril 1850, sur cette terre prédestinée du Tonkin, où devait s'accomplir pour eux la prédiction de N.-D. des Victoires qui les associait à la même couronne. Chargé par Mgr Retord d'accueillir ce nouveau frère, à son arrivée dans la mission, M. Néron lui prépara une magnifique réception. « Tous les « chrétiens des environs, dit M. Bonnard, vinrent « à ma rencontre et me conduisirent, pendant « une heure de route, au milieu des cris de joie, « des chants de fête, au bruit du tambour et du « tam-tam, et à la lueur des torches. J'entrai

« ainsi dans leur village ; tout le monde se pré-
« cipitait sur mon passage pour me voir ; jamais
« je n'avais été témoin d'un si grand enthou-
« siasme. Vous ne sauriez vous imaginer com-
« bien ces bons chrétiens étaient contents de
« recevoir un nouveau missionnaire, un nouveau
« père, comme ils disent (1). » M. Néron conserva quelques jours chez lui son pieux ami, qui
chanta solennellement la grand'messe, le jour de
l'Ascension, au milieu des élèves de la maison de
Dieu. Le 21 mai 1850, M. Bonnard arrivait à
Ke-Vinh, auprès de Mgr Retord. La peste était
bien diminuée et ne faisait plus que quelques victimes isolées. Comme c'était l'époque des chaleurs, pendant lesquelles le travail est plus difficile, le vicaire apostolique réunit autour de lui
les missionnaires des environs qui prirent ensemble, dans l'agréable société de Sa Grandeur,
quelques jours de repos.

A la reprise des travaux, Mgr Retord se fit
accompagner, dans une tournée apostolique, par
M. Néron, afin de l'exercer à la manière de faire
l'administration. Pour un missionnaire nouvellement arrivé dans un pays dont il n'a aucune expérience, dit quelque part le prélat, c'est un point très-
important de se former une bonne règle de conduite, dans ses rapports avec les prêtres indigènes
et les chrétiens, et d'adopter un système de mission
parfaitement en harmonie avec les méthodes des

____

(1) Lettre de M. Bonnard à sa famille, rapportée dans
la *Vie du Vénérable*, p. 309.

confrères plus anciens. Il y a de la sorte, entre tous les missionnaires, union d'efforts, identité de vue et uniformité d'action.

L'arrondissement visité par le prélat était le district de Kim-Son, situé sur les bords de l'Océan, dans la province de Ninh-Binh. Il renferme près de 20,000 chrétiens. Phat-Dziêm, centre d'une paroisse de plus de 8,000 âmes, en fait partie. « Tout ce bassin, dit Mgr Retord, paraît être un terrain d'alluvion, provenant du sol des montagnes que charrient et accumulent les fleuves sur les bords de l'Océan. Le fond, exhaussé par ce remblai continuel, devient terre ferme à son tour ; chaque année, un certain espace est conquis sur les flots, et il s'établit tous les jours de nouveaux villages, dans les endroits que la mer occupait il y a dix ou quinze ans. » Nous retrouverons notre missionnaire dans ce beau et populeux district.

Au retour de sa tournée apostolique de Kim-Son, avec M. Néron, Mgr Retord fit une grave maladie, qui le laissa dans un état de faiblesse dont il eut peine à se relever. Il résolut d'aller à Ke-Non, pour changer d'air et rendre en même temps une visite amicale à son vénérable coadjuteur, Mgr Jeantet. Le repos que prit le prélat dans cette résidence, ses promenades au jardin et ses excursions sur la montagne lui furent très-salutaires, au physique comme au moral ; et, à la fin de janvier, les forces et l'énergie lui étaient entièrement revenues.

Le 26 janvier 1851, après les exercices de la

retraite donnée aux ordinands, Sa Grandeur conféra, dans le séminaire, la tonsure cléricale à huit indigènes, les quatre ordres mineurs à neuf autres ; il ordonna de plus six sous-diacres, quatre diacres et trois prêtres. Jamais le prélat n'avait fait une ordination si nombreuse. Les deux années précédentes, le clergé avait été augmenté de onze prêtres. Tous ces nouveaux lévites promettaient d'excellents ouvriers pour l'avenir. Jamais le grand séminaire de Mgr Jeantet n'avait été si bien monté, et l'œuvre du clergé indigène se trouvait dans le meilleur état de prospérité.

Au commencement de février, Monseigneur revint à Ke-Vinh, comme à son poste spécial. M. Néron y était depuis la tournée apostolique de Kim-Son. Dieu lui avait donné la consolation de s'y préparer, dans la société de M. Bonnard, aux grands travaux qui attendaient les missionnaires pour le Carême.

X.

LE JUBILÉ DE 1850.

La Bulle, annonçant le grand jubilé de 1850, venait d'arriver au Tonkin. Mgr Retord, de retour à Ke-Vinh, fit une longue lettre pastorale, à l'effet de la publier dans son vicariat. C'était le premier jubilé solennellement publié dans le Tonkin. Sa grandeur prit les plus sages dispositions pour qu'il produisît, dans toutes les chrétientés, les fruits de salut qu'on était en droit d'en attendre. Le jubilé, ouvert en même temps dans tous les districts, était prêché successivement d'une paroisse à l'autre. Les missionnaires et les prêtres étaient invités à s'aider mutuellement; de sorte que, dans chaque paroisse, aux jours indiqués pour la sainte quinzaine, les ouvriers apostoliques purent être de cinq à sept, en quelques endroits même de huit à dix, pour entendre les confessions et prêcher. Au 25 mai, il ne restait plus guère de paroisses où les exercices n'eussent pas été donnés; l'ébranlement avait été général, le bien produit immense.

« Je n'entreprendrai pas, écrivait M. Néron au digne M. Monnard, curé de Moiron, de vous raconter les merveilles qu'a produites dans tout le vicariat la grâce du Jubilé ; ce serait au-dessus de mes forces. Tous, fervents, tièdes et pécheurs, se pressaient en foule aux exercices : tous voulaient mettre à profit ces jours de miséricorde, ce temps du grand pardon. Les tribunaux de la pénitence étaient continuellement assiégés, du matin au soir et du soir au matin. Nombre de personnes attendaient trois ou quatre jours, avant de rentrer dans leur famille, par crainte de ne pouvoir se confesser. Il n'était pas rare d'en trouver qui disaient : — Mon père, confessez-moi, je vous prie ; il y a déjà cinq, six jours que je suis à attendre, c'est maintenant seulement que j'ai pu entrer. D'autres représentaient qu'ils avaient déjà passé plusieurs repas sans manger. Et, en-

core une fois, il n'y avait pas seulement des dévots
parmi ces gens. De pauvres malheureux qui, par
crainte du rotin, ou pour se soustraire à des vexations de tout genre, avaient eu autrefois la lâcheté d'apostasier ou vivaient impliqués dans des
superstitions, venaient aussi implorer leur pardon. Je passe sous silence les mariages revalidés,
les ennemis réconciliés et tant d'autres fruits de
conversion et de salut. Malgré les sages dispositions prises par Mgr Retord pour fournir à
chaque paroisse un nombre suffisant de ministres
de la réconciliation, les prêtres ne pouvaient faire
face. Nous prenions à la nature tout ce que nous
pouvions lui arracher. Il y a des confesseurs qui
se trouvaient encore au saint tribunal à trois ou
quatre heures du matin, et cependant tous ceux
qui attendaient ne réussissaient pas à se confesser.
Qu'il est navrant, pour un missionnaire, de laisser,
sans les avoir réconciliées, des âmes qui viennent
avec tant de foi solliciter leur pardon ! Combien
il voudrait pouvoir se multiplier, pour se mettre
à la disposition de chacun! »

Le lecteur sait ce dont M. Néron était capable
en fait de pieux excès. C'est surtout pendant ce
temps du Jubilé qu'il passait souvent toute la nuit,
comme l'a déclaré Mgr Theurel, quelquefois même
trois nuits consécutives, à entendre les confessions, prenant à la lettre à la nature tout ce qu'il
pouvait lui arracher.

Mgr Retord l'avait d'abord envoyé dans le district de Kim-Son ; mais, obligé de rebrousser chemin par suite de la présence d'espions dans le

pays, le missionnaire se replia sur Ke-Vinh, où il partagea les travaux de son vicaire apostolique.

« Nous étions, dit Mgr Retord, dix confesseurs, « sept prêtres indigènes et trois européens. » Le troisième européen était sans doute M. Bonnard.

Les résultats du Jubilé nous sont aussi connus par le témoignage des missionnaires des autres districts ; M. Titaud écrivait de Son-Tay : — Le Jubilé a produit ici un effet prodigieux. Moi seul, en quinze jours, j'ai entendu 1200 confessions. Je ne connaissais pas encore, mande de son côté M. Castex à Mgr Retord, la force et l'abondance des grâces d'un Jubilé ; je ne m'en faisais pas même une idée. Quelle foule ! Quel empressement ! Quelle ferveur pour approcher du saint tribunal ! Quelle patience pour attendre des quatre ou cinq jours avant de pouvoir passer ! Ce n'est plus nous qui allons à la recherche des pêcheurs pour les prendre dans les filets de saint Pierre ; ce sont eux qui se jettent sur nous, qui nous pressent et nous serrent de manière à ne pouvoir leur échapper ni le jour ni la nuit. — MM. Legrand et Charbonnier parlent dans le même sens et avec le même enthousiasme. — Mgr Jeantet, à son tour, annonce que dans les cinq paroisses qui forment le district où il se trouve, 13,253 personnes ont gagné le Jubilé. Chacun, on le voit, restait émerveillé des fruits immenses de salut que ce temps de grâces avait produits.

De tout ce qui précède, le lecteur aura été tenté de conclure que la persécution n'existait plus et

que les missionnaires jouissaient enfin de cette
paix, objet de leurs plus ardents désirs. Et néanmoins la persécution avait renouvelé ses rigueurs.
En janvier et en février, plusieurs mandarins su-
balternes avaient publié contre la religion des ordonnances particulières, dont les missionnaires
n'avaient été ni bien épouvantés, ni beaucoup
troublés dans l'exercice de leurs fonctions. Cependant l'évasion du frère aîné du roi, qui se portait pour légitime héritier du trône annamite, excita une nouvelle défiance dans l'âme de Tu-Duc,
et ralluma sa colère contre les chrétiens qu'il
soupçonnait d'avoir favorisé l'évasion du prince..
Entretenu dans cette idée par quelques vieux
mandarins ennemis de la religion, il envoya dans
toutes-les directions des espions, pour découvrir
la retraite des missionnaires et les faire arrêter.
MM. Titaud et Castex faillirent tomber entre leurs
mains, et n'échappèrent que par une protection
spéciale de la Providence. C'est dans ces mêmes
circonstances que M. Néron fut obligé de rebrousser chemin et ne put gagner le district de
Kim-Son où il était envoyé.

Un autre missionnaire devait tomber entre
les mains des persécuteurs. M. Schœffler, qui
évangélisait la province de Xu-Dôai ou Son-Tay,
fut pris le 1ᵉʳ mars, par un maire païen, au moment où il passait de la chrétienté de Bau-No
dans une autre, pour y ouvrir le Jubilé. La somme
exorbitante exigée pour son rachat n'ayant pu
être livrée, il fut remis au mandarin inférieur, et
de là conduit à Son-Tay, au chef-lieu de la pro-

vince. C'est là que ce jeune et saint apôtre livra sa tête au bourreau, le 1er mai 1851, en la fête des glorieux apôtres, saint Philippe et saint Jacques. Mgr Retord a retracé, dans des pages émouvantes, les actes de ce glorieux martyre (1). La foule immense de païens qui l'entourait, put voir le confesseur s'avancer vers le lieu du supplice, le visage riant, la tête haute, tenant de la main sa chaîne relevée et récitant de ferventes prières le long de sa route. « Quel héros ! disaient-ils ; il va à la mort, comme à une fête ! Quel courage ! pas le moindre signe de frayeur ! Quel bel homme ! Quel air de bonté et de douceur ! Pourquoi le roi égorge-t-il des hommes semblables. — *Faites promptement votre affaire,* — dit M. Schœffler à l'exécuteur, qui venait de lui lier les mains derrière le dos. Mais la main du bourreau tremblait ; ce ne fut qu'au troisième coup qu'il put trancher la tête du martyr.

La foule, presque toute païenne (2), se précipita pour recueillir le sang du héros. Elle voyait en lui autre chose qu'un criminel juridiquement condamné ; c'était à ses yeux un saint, en qui tout était vénérable et pouvait porter bonheur. On se partageait ses reliques, qu'on coupait en mille pièces pour en avoir chacun une parcelle ; on arrachait jusqu'aux herbes humectées de son

____

(1) *Annales de la Propagation*, tome XXIV, 14-30.

(2) Il y a peu de chrétiens à Son-Tay même, ajoute Mgr Retord ; ils étaient répandus dans des villages assez éloignés et n'avaient pu être avertis de l'exécution.

sang. Un mandarin subalterne, mais païen, se vit
appliquer de vigoureux coups de rotin par ordre
du mandarin qui présidait à l'exécution, pour
avoir jeté auprès du martyr des linges, dans l'espoir qu'ils recevraient quelques gouttes de son
sang. C'est ainsi que prêcha le Vén. Augustin
Schœffler, jusque dans son supplice et après sa
mort. La tête du missionnaire fut jetée dans le
fleuve. Son corps, enseveli par les chrétiens et
déposé dans un beau cercueil préparé d'avance,
put être emporté furtivement dans une chrétienté
rapprochée de la ville, où il fut enterré dans la
maison du maire chrétien de la localité.

Seul, le Tonkin occidental eut à souffrir de la
persécution. En Cochinchine, les missionnaires
en furent quittes pour se cacher plus strictement
encore que d'habitude. Les RR. PP. Dominicains,
au Tonkin oriental, se tinrent sur le qui-vive,
mais sans qu'il leur arrivât d'accidents fâcheux.
Dans le Tonkin méridional, grâce aux dispositions pacifiques du grand mandarin de la région,
les missionnaires purent continuer d'agir comme
en temps de paix.

Mais comment, malgré toutes ces ordonnances
publiques et ces bruits d'édits secrets, au lendemain de l'arrestation et du supplice d'un missionnaire, les exercices du Jubilé avaient-ils pu
se faire dans tout le vicariat, et avec tant de fruits?

« C'est là, dit Mgr Retord, le mystère de la
Providence. Lorsque le temps est devenu plus
mauvais, après l'arrestation de M. Schœffler, le
mouvement était imprimé à la roue; elle a con-

tinué de tourner avec un peu moins de vitesse, mais sans s'arrêter ; les prêtres annamites n'ont pas discontinué leur œuvre, seulement ils l'ont faite avec moins d'appareil et de solennité. Pour nous, nous nous sommes blottis tant soit peu derrière le buisson, pour laisser passer l'orage. »

C'est ainsi que Dieu, dans sa miséricorde, écouta le sang des martyrs et récompensa la fidélité de ces chrétientés si éprouvées, en les faisant abondamment participer aux grâces et autres faveurs spirituelles du Jubilé.

XI.

DEUX ANNÉES A KIM-SON.

Après le Jubilé de Ke-Vinh, Mgr Retord, informé que des espions avaient été vus dans le voisinage, crut prudent de se tenir en repos. Cependant le Jeudi-Saint, il fit la bénédiction des saintes huiles, assisté de treize prêtres, du nombre desquels était M. Néron. Puis vint le temps des grandes chaleurs de juin et de juillet, précédé de celui de la moisson de mai (1), que les missionnaires consacrent forcément au repos. M. Néron passa ces jours dans un village de chrétiens, au milieu d'une grande paix. La fête de saint Pierre, patron de la Communauté et

____

(1) On fait ordinairement deux moissons : l'une, à la fin de mai, et l'autre, après la Toussaint.

de Mgr Retord, le ramena à Ke-Vinh, où il se trouva réuni à plusieurs autres confrères. Il y resta jusqu'à la fin du mois de juillet.

Ecoutons Mgr Retord nous parler des avantages de ces réunions, des conférences qui s'y tiennent entre les missionnaires et des retraites spirituelles où ils se retrempent dans l'esprit de leur sublime vocation. « On se console, dit le prélat, on s'encourage mutuellement ; le moral se remonte, le cœur se rafraîchit ; chacun s'anime d'un même esprit pour agir avec unité ; le bien se fait mieux, les abus se combattent avec plus d'avantage, quand les efforts sont dirigés avec ensemble. Dans ces entretiens, les vétérans rallument leur zèle refroidi à la flamme ardente des nouveaux et les débutants s'instruisent de la prudence et de l'expérience des anciens. Enfin, chacun remonte sa petite machine spirituelle, pour la faire aller plus vite et plus juste ; met en accord les cordes de sa harpe apostolique pour lui faire rendre des sons et plus harmonieux et plus forts, c'est-à-dire, pour parler sans figure, que chacun s'exerce à devenir de plus en plus un bon et vrai missionnaire. Ce mot dit tout à ceux qui savent de combien de qualités et de sublimes vertus doit être doué un apôtre : constance inébranlable, fermeté invincible, humilité profonde, pureté exemplaire, patience à toute épreuve, détachement absolu de tout ce qui est terrestre, abnégation entière de soi-même et de sa propre volonté, résignation totale à la volonté divine, tendre amour pour la croix et les souffrances, haine implacable pour toutes les joies illicites de la chair et du monde, simplicité d'enfant, ardeur du jeune homme, expérience de l'âge mûr, prudence de la vieillesse, douceur angélique, caractère égal dans toutes les circonstances de la vie ; foi robuste, accompagnée d'un parfait repos d'esprit dans les vérités révélées ; espérance, sans ombre de découragement, même lorsque tout paraît perdu ; charité sans bornes, avec un cœur d'or et vaste comme l'univers ; amour divin par dessus tout, avec une âme de feu, dont la flamme rayonne sur la terre et s'élève jusqu'aux cieux, tels sont les principaux attributs d'un bon et vrai missionnaire. A ce portrait, ne pensez pas que j'aie voulu vous retracer mon image, ni que tous mes confrères soient déjà doués des qualités et vertus comprises dans ce programme. Cela signifie qu'ils se sont comme enrôlés sous une même bannière, pour tâcher de les acquérir peu à peu avec le secours de la grâce ; et déjà, on peut l'avouer avec franchise, comme sans orgueil, les apôtres du Tonkin ont fait des progrès sensibles dans cet exercice généreux..... ; ce qui est vrai aussi de nos prêtres annamites, qui sont, pour le plus grand nombre, vraiment des hommes de vertu (1). »

Vers la fin de juillet, les missionnaires commencèrent à se disperser de nouveau, chacun de son côté. « C'est là, ajoute Mgr Retord, une grande tristesse, parce qu'on pense que peut-être on ne se rencontrera jamais plus dans ce monde. »

(1) *Annales*, tome XXX, 208.

M. Néron reprit, le 1er août, la route de Kim-
Son, district qui lui était définitivement assigné.
Après quelques jours de repos, il se remit à
l'œuvre. L'ouvrage, bien que moins accablant
qu'à l'époque du Jubilé, ne faisait pas défaut. En
un mois, le missionnaire entendit 1,000 confessions, la plupart pendant la nuit. Une fièvre, as-
sidue à lui rendre visite tous les deux jours, se
déclara au bout de six semaines. M. Néron, qui
se sentait fort, la méprisa tout d'abord et continua de travailler comme à l'ordinaire. Mais,
voyant qu'elle persistait, il prit quelques méde-
cines qui l'éloignèrent. Sa santé, depuis, devait
se maintenir constamment bonne.

Les lettres de M. Néron, de cette époque, nous
le montrent vaquant en paix à l'administration.
Celle que nous avons sous les yeux a été écrite
(4 mai 1852), dans un village de plus de 1,000
âmes, à quelques pas seulement du mandarin
d'arrondissement, qui le sait là et ne lui dit rien.
Il a célébré les fêtes de Pâques dans un autre
village du voisinage, avec toute la solennité possible, et sans accident fâcheux. Le mandarin
même voulait assister à la messe. Il ne s'est
désisté que sur la représentation d'un mandarin
chrétien, l'amenant à comprendre que la chose
ne manquerait pas de se répandre au dehors et
de faire de l'éclat.

Depuis l'arrestation et la mort de M. Schœffler,
la mission jouissait donc de la tranquillité. Un
certain frisson de terreur avait d'abord couru
dans toute la chrétienté ; mais l'émotion s'était

vite dissipée, pour faire place à une ferme confiance en la protection de ce nouveau et illustre martyr. Les missionnaires continuèrent leurs travaux apostoliques, comme s'ils eussent eu la certitude que le feu de la persécution s'était entièrement éteint dans le sang de leur confrère ; Dieu récompensa cette confiance et bénit les efforts des ouvriers apostoliques. Les chrétiens se montraient plus fervents que jamais. Aussi le catalogue des sacrements administrés, pendant l'année 1851, est-il mieux fourni qu'aucun des années précédentes. On y compte en particulier 815 baptêmes d'adultes ; 251,310 confessions de grandes personnes ; 190,418 communions. La somme totale des sacrements administrés avait été de 477,258.

La mission se conservait donc dans un état de prospérité toujours croissante. « L'arbre est ébranlé par l'orage, écrivait Mgr Retord, mais il n'est pas abattu ; il pousse au contraire des racines plus profondes : il est frappé par la foudre qui lui brise quelques rameaux, mais il en naît à l'instant de nouveaux, avec des fleurs plus belles et des fruits plus doux (1). » En 1840, à l'époque du sacre de Mgr Retord, il ne restait plus dans tout l'ancien Tonkin occidental qu'une cinquantaine de prêtres indigènes. En 1852, leur chiffre s'élevait à cent huit ; le nombre des élèves avait triplé et celui des chrétiens était augmenté d'environ quarante mille.

(1) *Annales,* tome XXV, 85.

Mgr Retord obtint d'une manière inespérée, vers ce même temps, la délivrance d'un prêtre indigène, arrêté, il y avait six ans, dans la province de Ninh-Binh, et qui, pour n'avoir pas voulu abjurer la foi, avait été envoyé en exil dans la forteresse de Ninh-Cuong. Thuong-Giaï, ce grand mandarin du Tonkin méridional, favorable aux chrétiens, avait été envoyé à Ke-Cho, pour dissiper un ramassis de rebelles annamites et de brigands chinois qui infestaient les provinces septentrionales. Ayant obtenu l'autorisation d'enrôler tous les prisonniers de l'Etat et d'opposer aux forces des brigands ces légions de bandits, il fit ouvrir les portes des prisons, et le confesseur Mathias Câm fut, comme les autres détenus, tiré des fers et dirigé sur les rebelles. Mais à la prière de Mgr Retord, Thuong-Giaï exempta du service le prêtre indigène ; et ce bon vieillard, désormais libre d'aller où il voulait, put s'employer à l'administration des chrétiens de la ville même de Ke-Cho, où les fidèles étaient au nombre de neuf cents.

Toutefois ce n'était pas encore un air de liberté que respirait la mission. Si les mandarins de différentes provinces se montraient parfois complaisants et semblaient fermer les yeux sur ce qui se passait dans leur voisinage, le pays n'en était pas moins sous le régime de la persécution. C'était souvent à prix d'argent que s'achetait le silence des mandarins ; et les chrétiens, en bien des endroits, étaient soumis à plus d'une vexation. Le prince des ténèbres n'était pas resté simple spectateur des efforts qu'avaient faits les missionnaires, pendant le Jubilé, pour lui arracher les âmes.

Les bruits qui avaient circulé au commencement de l'année précédente, au sujet d'une évasion du frère aîné du roi qu'auraient favorisée les chrétiens, se réveillèrent pour devenir plus alarmants, en 1852. D'autre part, un procès où les chrétiens avaient été singulièrement vexés et calomniés, donna lieu à la fureur du roi de se rallumer. Consultés par Tu-Duc sur la conduite à tenir à l'égard de la religion, les mandarins se trouvèrent divisés en deux partis : l'un qui poussait à un système de violence ; l'autre, celui de Thuong-Giaï, qui inclinait pour une politique d'humanité. L'avis des derniers était qu'on tolérât les anciens chrétiens, en les isolant et groupant dans des quartiers distincts, mais qu'on continuât d'appliquer les lois contre les rebelles aux missionnaires et aux gens du pays qui embrasseraient désormais la religion de Jésus.

En attendant, l'ancienne persécution avait repris sa fureur, un instant suspendue ; et le volcan venait de faire, tout près de Mgr Retord, une terrible éruption. Le cher M. Bonnard, avec lequel M. Néron faisait encore l'administration, il y avait moins de sept mois, fut arrêté le 21 mars 1852, dans la province de Nam-Dinh, avec un de ses catéchistes et un élève de la maison de Dieu, son servant de messe. Mgr Retord lui avait assigné pour champ à cultiver, les deux paroisses de Ké-Bang et de Ké-Tring, héritage de M. Charrier, qui avait administré ce district pendant neuf ans. Le missionnaire venait de donner une retraite des plus fructueuses à Ké-Bang, et était allé faire l'administration de la petite chrétienté de Boi-Xuyên, quand il tomba entre les mains des persécuteurs. Il avait été dénoncé par un petit mandarin païen privé de sa place, et qui cherchait à se remettre en faveur par le grand zèle qu'il affichait contre les chrétiens.

Emprisonné à Vi-Hoang, au chef-lieu de la province, M. Bonnard fut visité par de fréquentes lettres de Mgr Retord et de ses confrères du voisinage, comme aussi il put faire parvenir les siennes à son évêque. Rien de sublime et de tendre comme les paroles d'exhortation et d'adieu que lui envoie Mgr Retord ; rien de touchant et de pieux comme l'épanchement de l'âme du jeune prêtre dans celle de son père en Dieu (1). Le P. Tink, ancien confesseur de la foi, put procurer au prisonnier du Christ la grâce des sacrements. M. Bonnard eut le bonheur de recevoir six fois la sainte communion ; il la reçut la dernière fois en viatique, environ deux heures avant son exécution.

C'est le 1er mai 1852, un an jour pour jour après le supplice du Vén. Augustin Schœffler, que le Confesseur fut décapité. La Reine des apôtres, à l'ouverture de ce beau mois que lui consacre la piété des fidèles, avait voulu cueillir, entre

---

(1) Voir la relation du martyre de M. Bonnard, par Mgr Retord ; *Annales*, tome XXV, 51-70.

toutes, pour les offrir à son divin Fils, ces suaves et odorantes fleurs tout empourprées du sang de la Passion. Le corps et la tête du martyr, que les bourreaux avaient portés au loin sur une barque pour les jeter au plus profond du fleuve, purent être retrouvés et rapportés à Ke-Vinh, où on les exhuma dans l'église de la communauté. « Oh ! qu'il était beau, s'écrie Mgr Retord, couché dans sa bière, revêtu des ornements sacerdotaux ! On aurait dit une statue du plus bel ivoire. Sa tête, bien ajustée à son cou, semblait dormir d'un profond sommeil : ou plutôt il était comme en extase ; une céleste vision le faisait sourire ! »

Il ne fut pas donné à M. Néron de contempler le martyr dans cette douce extase de la mort. Monseigneur, qui voulut faire lui-même l'inhumation, n'était assisté que de M. Legrand et de deux prêtres annamites. L'isolement de notre missionnaire dans le district de Kim-Son, assez éloigné de Vi-Hoang, ne lui avait pas permis non plus de rien échanger avec le confesseur pendant la durée de son emprisonnement. Dans la lettre à M. Clément, où il fait le récit de l'arrestation, des interrogatoires et de la mort de M. Bonnard, il rappelle avec complaisance leur intimité du séminaire, la joie qu'il avait eue de recevoir le nouveau missionnaire à son arrivée dans le vicariat, son bonheur d'avoir pu faire quelque temps l'administration avec lui. Ce jeune frère, le dernier arrivé, était parvenu le premier à la couronne ! — Je suis triste, lui aura dit devant Dieu son compagnon de N.-D. des Victoires, je suis triste de n'être pas de la partie. Quelle belle carrière que celle des martyrs! Oh! je suis plus que triste, je suis jaloux de vous voir partir avant moi pour la patrie céleste, tandis que je reste encore sur cette mer orageuse, sans savoir quand je parviendrai au port. Mais c'est Dieu qui l'a voulu. Vous étiez à ses yeux un fruit mûr pour le Ciel, un fruit qu'il est venu cueillir. Plus âgé que vous, je suis aussi plus chargé de péchés, et j'ai besoin de faire plus longtemps pénitence dans ce monde. Je vous admire d'avoir été choisi de si bonne heure, pour combattre le bon combat et remporter la grande victoire des héros chrétiens. Je vous porte envie, il est vrai ; mais c'est une envie d'amour, une jalousie de tendresse. Mon espoir, c'est qu'au Ciel vous serez un nouveau et zélé protecteur de notre mission et que, par vos prières, vous m'attirerez bientôt là-haut et par la même voie.

L'arrestation et le supplice de M. Bonnard n'eurent pas les suites qu'on pouvait craindre pour la tranquillité de la mission. Mgr Retord et M. Legrand durent, dans les premiers moments, s'assujétir à plus de précautions ; mais le 29 juin suivant, en la solennité des saints Apôtres, Monseigneur pouvait déjà officier pontificalement en présence d'une foule compacte de fidèles accourus des environs. Grâces sans doute à la protection du martyr, les choses suivirent dans les autres provinces leur marche ordinaire ; le catalogue des sacrements administrés en 1852 porte 1,210 baptêmes d'adultes.

Mais sous le rapport civil, dit M. Néron, le reste de cette année et le commencement de l'année suivante furent signalés par des fléaux, dans lesquels il était difficile de ne pas voir des punitions de Dieu. En outre de fièvres pestilentielles qui couraient d'un village à l'autre, terrassant les hommes comme les moissonneurs abattent les épis de blé, le choléra, presque aussitôt après le supplice de M. Bonnard, s'abattit sur la province de Nam-Dinh; plusieurs de ceux qui avaient pris part à la mort du saint missionnaire furent au nombre des victimes; le grand mandarin, auteur de la sentence de condamnation, n'échappa au fléau que pour mourir subitement quelques mois après.

Après la peste vint la sécheresse, qui désola cette même région. Dans plusieurs autres provinces, la moisson du cinquième mois (fin mai) manqua : et une inondation désastreuse vint faire périr aussi celle du dixième mois. De là, dans plusieurs localités, une famine affreuse qui amena à sa suite les maladies, les brigands, etc. Mais Dieu, dans sa miséricorde, se servit de cette grande misère, pour amener à lui plusieurs pauvres infidèles. Pressés par la faim, beaucoup vinrent demander aux missionnaires, avec la nourriture du corps, ce pain de la vérité dont l'homme aussi doit vivre (1). Dans mon district,

______

(1) « *Ce n'est pas seulement de pain que l'homme vit,* a « dit le Sauveur, *mais de toute parole qui procède de la* « *bouche de Dieu.* » S. Matth. III, 4.

écrivait M. Néron, trois villages païens ont demandé à étudier la religion et à se faire chrétiens. Ils apprennent en ce moment (30 avril 1853) le catéchisme : et, bien que peut-être leur démarche n'ait pas été entièrement désintéressée, il y a lieu de penser que, dans le nombre, deux cents adultes au moins recevront le baptême. »

Les occupations de M. Néron furent nombreuses pendant l'année 1853 : mais sa santé se maintenait excellente, la fièvre ne l'avait plus recherché. On continuait de jouir d'une assez grande tranquillité dans les différentes provinces, particulièrement dans celles qui relevaient du grand mandarin de Ke-Cho, dont nous avons déjà dit les dispositions envers les chrétiens. D'autre part le mouvement de conversions devenait toujours plus prononcé parmi les païens.

« Le bon Dieu, disait Mgr Retord, nous les amène par petites troupes de quinze, vingt, trente, quarante, sans que nous ayons besoin de les aller chercher. J'en ai là, dans l'endroit où je suis, près de quatre cents qui étudient le catéchisme et les prières ; plus de dix catéchistes sont constamment occupés à les instruire. Depuis le commencement de l'année, nous en avons déjà baptisé soixante-deux et, tous les jours, il m'en arrive de nouveau. Je ne vous parle que du lieu où je réside ; sur tous les autres points de ma mission, nous constatons les mêmes progrès (1). »

Aussi le Catalogue de l'administration des sa-

____

(1) *Annales*. Tome XXVII, 28.

crements, pour l'année 1853, porte-t-il 1535 baptêmes d'adultes, chiffre qui n'avait pas encore été atteint. Dans les cinq dernières années le nombre des fidèles s'était accru d'environ dix mille. On voit que, si Dieu faisait souvent boire aux missionnaires le calice de ses amertumes, il savait toujours, pour parler comme Mgr Retord, y mêler le miel de sa grâce.

XII.

M. NÉRON AU COLLÉGE DE KE-VINH.

Cependant le mandarin inférieur qui laissait en paix M. Néron était parti pour la capitale. Celui qui le remplaça ne montrait pas les mêmes dispositions; le missionnaire dut plier bagage et se retirer dans une maison de Dieu. Il y demeura caché environ un mois. La Saint-Pierre qui approchait le rappela à Ke-Vinh, pour la réunion annuelle des missionnaires. Mais tandis que ses confrères, les exercices de la retraite terminés, regagnaient pleins d'ardeur leurs districts, M. Néron resta auprès de son évêque qui venait d'assigner un nouveau champ à son zèle. Deux années d'un ministère laborieux lui avaient donné une expérience suffisante des choses du pays; Mgr Retord crut servir les intérêts de la mission, en le plaçant à la tête du collége de Ke-Vinh, le principal du Vicariat.

Pour un prêtre qui n'eût rêvé qu'expéditions et courses apostoliques, à moins d'un véritable esprit d'abnégation et de renoncement à sa volonté, la déception eût été cruelle. Venir à 6000 lieues de son pays, quand on s'est senti emporté longtemps vers les régions lointaines, pour se voir renfermé dans le cloître d'un collége, où l'on a pour tout horizon des baraques de bambous cachées dans des touffes de verdure et groupées autour de la baraque du supérieur, voilà, à coup sûr, qui paraîtra à une nature ardente, sinon au-dessous d'elle, du moins peu en rapport avec ses aspirations. Mais le véritable apôtre, celui qui n'a en vue que Jésus-Christ et les âmes, n'en jugera pas ainsi. Ce n'était point là en particulier l'esprit de M. Néron. Il n'ignorait pas que le Saint-Siége, en approuvant la Congrégation des Missions-Etrangères, avait eu principalement eu vue la formation d'un clergé indigène dans l'Extrême-Orient. Les Souverains Pontifes avaient déclaré aux premiers vicaires apostoliques qu'ils apprendraient avec plus de plaisir l'ordination d'un seul prêtre que la conversion de plusieurs centaines de païens. Aussi la Congrégation avait-elle toujours fait de la formation d'un clergé indigène son œuvre propre, comme elle y avait toujours vu une des fins principales de son institution.

A peine NN. SS. d'Héliopolis et de Bérythe étaient-ils établis à Siam, qu'ils y jetaient les fondements d'un séminaire des missions. Un des premiers directeurs du collége, Jean Joret, ouvrait en 1692, avec Jean Genoud (1), la série illustre des martyrs de la Congrégation. Homme d'une vertu remarquable et d'un talent supérieur, il enseigna avec succès et forma des élèves que n'auraient pas désavoués, les premières universités de l'Europe. M. Pigneaux, de Béhaine, avant de devenir l'illustre évêque d'Adran, avait dirigé avec le saint et vénéré M. Artaud, ce même collége de Siam transféré à Hon-Dât. C'est dans leur collége qu'on vint se saisir un jour des deux missionnaires, pour les jeter en prison et leur imposer la lourde cangue des confesseurs. Les élèves qu'ils formaient étaient dignes de tels maîtres ; quand au bout de trois mois, ils furent rendus à la communauté, rien n'avait été changé à l'ordre accoutumé ; la règle avait été observée en leur absence avec la même fidélité que sous la conduite des supérieurs. Dans une autre mission éloignée, au Su-Tchuen, mourait en 1812 un des plus saints missionnaires de la Société, M. Hamel, à qui Dieu semblait n'avoir donné d'autre goût et d'autre inclination que pour l'instruction de la jeunesse. Il s'était renfermé, plus de trente années de sa vie apostolique, dans le collége du vicariat, s'employant exclusivement à l'éducations des jeunes clercs.

On le voit donc, le nouveau poste confié à M. Néron, outre qu'il avait été illustré par les

---

(1) M. Jean Joret était né à Moulins, au diocèse d'Autun ; M. Jean Genoud, d'une famille illustre dans la carrière des armes, avait vu le jour à Fribourg, en Suisse.

plus éminentes vertus apostoliques, ne fermait pas la voie au martyre. De plus ces fonctions étaient d'une importance spéciale au Tonkin occidental, celui de tous les vicariats où avait toujours prospéré davantage l'œuvre du clergé indigène. Depuis les sept premiers catéchistes, ordonnés prêtres par Mgr de Bérythe, et qui convertirent à eux seuls près de 12,000 idolâtres pendant les années 1671 et 1672, le clergé indigène était allé se multipliant au Tonkin, sous la bénédiction de Dieu. Les colléges s'y trouvaient plus nombreux que dans aucun autre vicariat, et celui de Ke-Vinh, le plus ancien du pays, avait déjà fourni à la mission plusieurs générations de fervents et habiles catéchistes autant que de pieux lévites. Si Mgr Jeantet, décoré par Mgr Retord du beau nom de *tailleur de pierres*, était véritablement, au séminaire de Ke-Non, l'architecte de la petite église annamite, dont il taillait, façonnait et polissait les pierres avec un soin et une tendresse admirable, M. Néron, destiné à le seconder dans cette œuvre principale, aurait à préparer et choisir ces mêmes pierres, à leur donner la première forme, en attendant qu'on les eût éprouvées et qu'elles pussent être mises entre les mains de l'architecte.

Les élèves, en effet, qui ont persévéré dans les colléges jusqu'à la fin de leur cours de latinité, ne sont admis en théologie qu'après avoir été faits catéchistes et en avoir rempli quelques années les fonctions. Avant de pouvoir être ordonnés, il faut qu'ils aient fait leurs preuves. On les met pour cela à la suite des missionnaires et des prêtres ; ils s'y accoutument aux œuvres de la mission et s'exercent dans l'art de la parole, en instruisant les fidèles et en prêchant aux païens; de sorte que, quand l'évêque leur impose les mains, ils ont près de quarante ans, ou même davantage. Cette méthode seule, dit Mgr Retord, peut fournir de bons et excellents prêtres indigènes.

Nous trouvons, dans les lettres de M. Néron, quelques détails sur son séjour au collége de Ke-Vinh, qui permettront au lecteur de mieux le suivre dans ses nouvelles occupations. L'organisation des études se rapproche, autant que possible, de celle de nos maisons en France. Chaque classe, depuis la huitième jusqu'à la première, est dirigée par un ou deux catéchistes qui ont déjà achevé leurs études. Les élèves, à coup sûr, ne sont pas à comparer à ceux des petits séminaires ou autres établissements d'Europe. Indiquons néanmoins ici à quel degré d'instruction arrivent ceux qui réussissent le mieux. Ils connaissent d'abord parfaitement leur religion, comprennent à la lecture les ouvrages des Pères latins, sont capables d'écrire en latin ou en annamite des récits, narrations et discours relatifs à divers sujets de religion, de morale et d'histoire ecclésiastique. Leur latin n'est point un *latin de cuisine*. Ils le parlent et l'écrivent mieux que nous, ce qui ne doit pas surprendre ; car les langues orientales n'ont aucune analogie avec le latin, qui est pour eux une langue parfaitement étrangère. Tandis que nous autres Européens, nous avons sans cesse des réminiscences de notre langue maternelle, qui nous font quelquefois prêter au latin les tournures les plus opposées au génie de la langue, ils ne peuvent, eux, la parler que selon les règles. En outre de la philosophie, qui est le couronnement des études, on leur apprend la géographie, les mathématiques élémentaires et un peu d'astronomie, science pour laquelle les Orientaux ont toujours eu beaucoup de goût.

Quand M. Néron entra au collége de Ke-Vinh, la maison ne comptait pas moins de cent cinquante élèves. Le nouveau supérieur, décoré par Mgr Retord du titre pompeux de grand-maître de l'Université annamite, fut chargé spécialement de la philosophie et des mathématiques. Son aptitude pour ces sciences avait été remarquée de son évêque et de ses confrères. Au collége, comme dans l'exercice du ministère extérieur, la santé excellente dont il jouissait lui rendait possible ce qui eût dépassé la force des autres.

M. Néron, a rapporté Mgr Theurel, « était doux « envers les autres, mais très-dur à lui-même. « Dans les temps où il nous était donné d'allu- « mer des lampes pendant la nuit, il prolongeait « toujours son travail très-tard, ne prenant que « de quatre à cinq heures de repos. »

Le manque de livres et l'absence de dictionnaires avaient rendu jusque là les études très-longues et très-pénibles ; il fallait tout écrire et

tout confier à la mémoire. Ce n'était pas la faute des missionnaires ; le petit nombre des ouvriers apostoliques et l'état d'agitation et de persécution de l'église annamite ne leur avaient guère permis de travailler à la traduction d'ouvrages élémentaires classiques et de les vulgariser par l'imprimerie. M. Néron commença, au collége de Ke-Vinh, la traduction en langue annamite d'un ouvrage complet, renfermant tout ce que MM. de Montferrier, Bordes et Poirier réunis, contiennent de plus précis en arithmétique, algèbre et géométrie. Ce traité de mathématiques, nous le lui verrons achever à la veille même de son arrestation. « Tel qu'il est, c'est Mgr Theu-
« rel qui parle, cet ouvrage n'est pas fait sans
« doute pour la généralité de nos élèves actuels ;
« mais parmi eux, il s'en trouve qui sont capa-
« bles de le suivre jusqu'à la fin. Un jour, si
« Dieu veut que ce pays annamite entre dans la
« voie du progrès pour les sciences et les arts,
« comme pour la religion, le cours de M. Néron
« aura tout son prix (1). »

Mgr Theurel, dont le nom nous deviendra toujours plus cher, arrivait dans la mission, au mois d'octobre 1853, quelques mois seulement après l'arrivée du nouveau Supérieur au collége de Ke-Vinh. Monseigneur vint le recevoir au fleuve, accompagné du P. Néron et de ses cent cinquante élèves. Le futur martyr accueillit avec une grande joie ce jeune et ardent mission-

(1) *Annales*, tome XXXIII, 370.

naire de 24 ans, que lui envoyait notre Franche-Comté, et à qui était destiné le glorieux héritage de Mgr Retord (1). L'année suivante, c'était Jean-Théophane Vénard, qui touchait à son tour à cette terre des apôtres et des martyrs ; aimable et saint jeune homme en qui Dieu préparait à la Congrégation la plus touchante, disons la plus poétique des figures de martyr de notre époque.

MM. Theurel et Vénard devaient se joindre plus tard à M. Néron, pour fournir aux colléges du vicariat les traductions les plus indispensables et les enrichir de bons manuels classiques. Avant de quitter Paris, M. Theurel s'était fait apprenti imprimeur dans la maison Didot, où, pendant trois mois, il passa toutes ses soirées. Il avait, en si peu de temps, appris à fondre les caractères, composer, mettre en page, encrer, tirer, etc., ce qui le mit à même, après quelque temps de séjour dans le vicariat, de diriger une imprimerie et de former à son tour des ouvriers. Mgr Retord, en 1856, le nomma supérieur du collége de Hoang-Nguyen, où il eut à côté de lui M. Vénard, avec qui il s'était lié d'une sainte amitié à Paris. Tandis que M. Vénard traduisait en bon annamite, pour les élèves les plus avancés, la *Concordance évangélique*, éditée par l'abbé Migne, et qu'il achevait, pour les plus jeunes, la traduction des *Actes des Apôtres*, des *Epîtres* et de l'*Apocalypse*, M. Theurel offrait à ses élèves la traduction complète de la *Cosmographie* de Desdouits, et à ses

---

(1) Mgr Theurel était originaire de Laitre, commune du canton de Vitrey, dans la Haute-Saône.

catéchistes le *Cours de liturgie pratique* de l'abbé Falise (1).

Une des grandes joies de M. Néron, au collége de Ke-Vinh, était de se trouver dans le voisinage de son cher martyr, M. Bonnard, qui reposait dans l'église de la Communauté. Il pouvait, tous les jour, saller visiter la tombe de ce jeune frère d'armes, arrivé le premier à la couronne. S'il ne lui avait pas été donné de jouir de la douce extase du sommeil du martyr, ici, agenouillé sur ses pieux restes, il ne se lassait pas de le contempler dans la gloire, vêtu de cette robe qu'il avait lavée dans le sang de l'Agneau, tout éclatant de force et de beauté, au sein du Dieu qui réjouit éternellement la jeunesse des saints. Cette âme bienheureuse, dans laquelle si souvent il avait épanché la sienne, elle l'élevait maintenant à elle ou plutôt à Dieu, par l'attrait de sa divine beauté, et lui faisait sentir une douce et secrète influence du Ciel. De ces pieux ossements, qui fleuriront un jour pour l'immortalité, il sentait s'exhaler comme le parfum du sacrifice de Jésus-Christ ; c'était l'ardeur des saints combats qui montait en lui. N'habitait-il pas, lui aussi, la terre où se cueillait la palme tant désirée ? N'avait-il pas été l'objet de cette même prédiction, dont il avait sous les yeux une partie de l'accomplissement ? La même carrière s'ouvrirait donc aussi pour lui. En attendant, il demandait au

(1) Voir Mgr Theurel, évêque d'Acanthe, par M. l'abbé Morey, p. 77.

martyr de l'aider auprès de leur Seigneur et Roi, de rappeler à Marie ce beau et glorieux titre de Notre-Dame-des-Victoires, sous lequel ils l'avaient imploré ensemble dans son sanctuaire, de lui obtenir cette plénitude de foi par laquelle l'apôtre triomphe de Satan, de la chair et du monde, et remporte sa dernière victoire.

L'intercession du Vénérable Jean-Louis Bonnard était puissante auprès de Dieu. Mgr Retord, menacé de perdre la vue, à la suite de la grave maladie qu'il fit vers la fin de 1849, en avait ressenti les salutaires effets. Ses yeux s'étaient tellement obscurcis qu'il avait été environ trois mois, en 1852, sans pouvoir dire son office, sans pouvoir lire aucun livre. M. Legrand servait de secrétaire au prélat. En vain avait-il pris un bon nombre de remèdes; aucune amélioration ne s'était fait sentir. Il alla prier plusieurs fois sur le tombeau de M. Bonnard, le sommant avec une pieuse confiance d'accomplir la promesse qu'il lui avait faite d'intercéder pour lui, quand il serait dans le Ciel : s'il ne voulait pas faire un miracle en sa faveur, qu'il inspirât du moins aux médecins le traitement naturel qui pourrait le guérir. « Eh bien, écrivait en 1853 Mgr Retord à un ancien ami qu'il savait presque aveugle, on a trouvé, quelque temps après, des remèdes qui m'ont rendu la vue, sinon aussi claire qu'à vingt ans, du moins bien suffisante pour qu'avec des lunettes n° 15 je puisse très-facilement lire, écrire et exercer toutes mes fonctions. Si vous êtes un peu bon chrétien et si vous avez de la foi seulement gros comme un grain de senevé, vous ferez bien de vous adresser à notre glorieux martyr M. Bonnard, dont je vous envoie des reliques, et il est à croire qu'il vous obtiendra la même faveur qu'à moi (1). »

Les missionnaires allaient avoir un besoin spécial des vertus et de la force attachées à la grâce des martyrs, pour supporter les nouvelles épreuves qui les attendaient et dont il nous faut maintenant parler.

XIV.

CALAMITÉS DE 1854.

L'année 1854 fut féconde en calamités de tout genre. Une famine partielle désola d'abord le pays ; la sécheresse, en certains endroits, avait empêché les semailles, ailleurs brûlé les moissons ; sur d'autres points, on avait eu à se plaindre de l'inondation : de sorte que beaucoup de personnes eurent à souffrir de la faim. Mais cette misère n'était rien en comparaison de l'autre fléau qui frappa ces contrées. Des nuées de sauterelles envahirent le pays, ravageant plusieurs provinces à la fois. Ces insectes, de la grosseur du doigt, longs d'environ quatre centimètres, volaient à tire d'ailes comme les oiseaux

(1) Lettre à M. Berger, de Lyon. *Annales*, tome XXVII, 10.

et à une assez grande hauteur. Leurs bandes étaient si serrées et si nombreuses, que le soleil en demeurait comme obscurci et qu'elles couvraient, en s'abattant, plusieurs villages, quelquefois tout un canton. On voyait, sur les arbres où elles se reposaient, des branches de six à huit centimètres de diamètre se briser sous le poids de leur lourde charge. Combien eurent à souffrir et les arbres, et les plantes, et le riz, il est aisé de le conjecturer. Les pauvres païens, dans leur superstition, offraient en sacrifices, à ces êtres malfaisants, des porcs ou des volailles, les suppliant de s'en aller ailleurs. Plus tard, ils se décidèrent, à l'exemple des chrétiens, à leur donner la chasse; on les prenait pendant la nuit, pour les enfouir dans de profondes fosses : puis on les brûlait.

Cependant l'imagination surexcitée du peuple, se donnant pleine carrière, grossissait à l'envi les calamités. Aux nuées de sauterelles se joignirent bientôt des essaims de frelons, donnant par leur piqûre la mort aux hommes et aux animaux. Ce furent ensuite des bandes de serpents, sur certains points des troupeaux de tigres, qu'on avait vu parcourir le pays : çà et là des monstres hideux qui apparaissaient aux habitants. Ces bruits, en se répandant, échauffaient les esprits ; ils servirent à fomenter une guerre civile pour laquelle tout se préparait.

Depuis quelques années, des mandarins disgraciés et autres mécontents cherchaient un refuge dans les montagnes, où ils attendaient l'occasion favorable d'organiser une révolte. Parmi eux se trouvaient des descendants d'anciennes dynasties, à qui leur nom faisait facilement des partisans. Ils se crurent assez forts, sur la fin de 1854, pour quitter leur retraite et tenter le sort des armes ; l'occasion était bonne ; ils avaient d'ailleurs une troupe suffisamment organisée, pourvue de chefs, d'armes, de vivres et de munitions de tout genre.

Pendant ce temps le plat pays était parcouru par des *lettrés*, faisant sonner haut le bruit de la prochaine sortie des rebelles et cherchant à leur gagner des partisans, par l'appât d'emplois et de places sous un nouveau gouvernement. Ils réussirent sans peine ; Tu-Duc est peu aimé de ses sujets. On vit donc des bandes nombreuses se mettre en campagne, sans armes ni vivres, errant d'un lieu à un autre et réquisitionnant les villages sur leur passage ; les mandarins ne leur opposaient aucune résistance. Prévenant la sortie des montagnards, ils se jetèrent sur deux ou trois sous-préfectures, dont ils s'emparèrent sans coup férir. Si les rebelles des montagnes, s'emparant alors du mouvement, se fussent aussitôt portés sur Ke-Cho, ancienne capitale et première ville du Tonkin, ils s'en fussent rendus maîtres sans difficulté et eussent commandé de là au reste du pays ; une terreur panique paralysait les mandarins. Mais ils ne surent pas profiter de la circonstance et perdirent des moments précieux à temporiser. Reprenant peu à peu leur esprit, les mandarins se mirent à poursuivre les petits vainqueurs, qui brûlaient en pure perte leur poudre de village en village et ne savaient que vexer le peuple. Ils les eurent bientôt dispersés ; presque tous réussirent à s'évader.

Comme toujours, ce fut le pauvre peuple qui souffrit à la place des vrais coupables. Les mandarins, voulant faire preuve de zèle auprès du roi, prirent le parti de faire couper le nez et les oreilles aux gens inoffensifs qu'ils rencontraient, voire même aux femmes, et d'envoyer ces trophées à Tu-Duc. La situation était difficile pour les paisibles habitants des villages. S'ils refusaient de recevoir les rebelles, ils s'exposaient à être dévastés par eux ; mais d'autre part, en leur ouvrant leurs portes, ils avaient à redouter le fer et le feu des mandarins, qui ne vont guère à la poursuite de l'ennemi, que lorsqu'il a pris la fuite, et ne manqueraient pas de se présenter après le départ des insurgés. Heureusement ces misères furent locales et de courte durée ; les rebelles, même ceux des montagnes, se dispersèrent et il ne fut bientôt plus question de l'insurrection.

La situation des missionnaires, comme on le pense bien, s'était ressentie de tous ces troubles. Ils pouvaient encore, les années précédentes, aller de village en village et faire la visite des chrétientés, distribuant aux fidèles le pain de la parole divine et administrant les sacrements. Les élèves des maisons de Dieu vivaient tranquilles dans les colléges et les séminaires. De leur côté les *Amantes de la Croix* se livraient, sans être inquiétées, à leur ministère extérieur de charité. Chaque année, un nombre croissant d'adultes baptisés venait augmenter régulièrement le troupeau du Christ ; les baptiseurs envoyaient au Ciel une multitude d'enfants païens qu'ils avaient pu régénérer ; l'état de la chrétienté, en un mot, se montrait toujours plus prospère.

Mais la mission, depuis la fin de 1854, se vit exposée, par suite de l'insurrection, à une série de misères qui n'était pas près de se clore. Elles commencèrent par un accident arrivé à M. Néron, et dont les suites auraient pu être fâcheuses.

XV.

VISITE DE M. NÉRON AUX COLLÉGES : IL TOMBE ENTRE LES MAINS DE LA DOUANE.

Sur la fin de 1854, au moment où les élèves étaient occupés dans les champs à couper la paille pour faire cuire le riz, M. Néron profita de la saison des vacances pour aller visiter à Ke-Non, Mgr Jeantet, son vénéré compatriote. Nous avons vu Mgr Retord venir se reposer dans ce même séminaire, à la suite de la grave maladie qu'il fit en 1849 ; l'air qu'on y respire, les promenades au jardin, les excursions sur la montagne avaient rendu, en peu de temps, au prélat ses forces et son énergie de vingt ans.

Ke-Non est, en effet, un endroit charmant pour prendre quelque temps de repos. « Nous y avons, dit Mgr Retord, une maison grande et commode. Devant le collége se déroulent trois vastes enclos, entourés de hauts et magnifiques bambous, traversés par une petite rivière sur laquelle on peut glisser en barque jusqu'à la mer, entrecoupés par cinq beaux étangs où abondent d'excellents poissons, semés de plusieurs espèces d'arbres à fruit, tels que grenadiers, orangers, bananiers, aréquiers, sycomores et pamplemousses, percés enfin de plusieurs petits sentiers et de quelques allées spacieuses, où l'on peut se promener, causer, prier et rêver, sans être aperçu par les méchants, ni distrait par aucun bruit, si ce n'est par le chant des oiseaux. Et lorsque, le soir, on gravit le haut de la petite montagne qui est à deux pas (1), on découvre la plus magnifique perspective ; c'est une plaine immense qui se pare de deux belles moissons par an, que plusieurs fleuves sillonnent en tous sens, que de hautes et majestueuses montagnes couronnent à l'ouest, et que couvrent un nombre prodigieux de grands villages qui, par les bambous et les arbres verdoyants dont ils sont plantés, ressemblent à autant d'épaisses forêts (2). »

M. Néron passa quelques jours délicieux dans

(1) Cette même montagne est appelée ailleurs, par Mgr Retord, Son-nga (montagne d'ivoire), nom par lequel il désigne aussi Ke-Non. *Ann.* Tome XXX, 206.

(2) On reconnaît, à cette description, la belle et riche province de Ha-Noi, celle qui renferme, avons-nous dit ailleurs, le plus de chrétiens et où se trouvent presque tous les établissements de la mission.

la société de Mgr Jeantet. Ensemble ils purent se promener, causer et prier. Ces hautes et majestueuses montagnes qui couronnaient la plaine à l'Ouest reportaient naturellement leurs souvenirs vers leurs chaînes du Jura. En voyant de Son-nga le Ha-Noi se dérouler devant eux, M. Néron rêva sans doute à sa montagne de Bornay, quand jeune berger, il faisait paître son troupeau en face de l'immense plaine qui s'étend des monts du Jura aux coteaux de la Bourgogne. Loin de sa patrie qu'il avait abandonnée pour Dieu, il se sentait plus près du Ciel. Les trente-cinq années d'apostolat qu'il contemplait dans ce beau vieillard, dont les cheveux blancs encadraient si bien la couronne d'évêque, le faisaient songer au bon combat de l'apôtre, à la course qui s'achève, comme aussi à la récompense promise. Il bénissait la Providence, toujours admirable dans ses voies, qui l'avait associé sur cette terre du Tonkin, aux travaux qui occupaient la vieillesse de l'évêque missionnaire.

En quittant le séminaire de Ke-Non, M. Néron se dirigea sur le petit collége de Lang-Doan, et de là sur celui de Hoang-Nguhên, le plus considérable de la mission après Ke-Vinh. La seule fin de ces visites, si nous nous en tenions au témoignage du missionnaire, était de passer avec ses confrères quelques jours de repos et de pieux délassements. Mais nous savons par Mgr Theurel qu'il faisait sa tournée d'inspecteur ; le lecteur n'a pas oublié que Mgr Retord avait créé M. Néron grand-maître de l'Université annamite, le char-

geant à ce titre de l'inspection des colléges du
Vicariat. Il se trouva réuni à Hoang-Nguyên, à
MM. Castex, provicaire-général, Titaud et Vénard.
Après trois semaines, qui s'écoulèrent trop vite
au gré de tous, il dut songer à regagner Ke-Vinh,
où il avait laissé Mgr Retord, avec MM. Legrand et Theurel.

« Nous fîmes usage, dit M. Néron, de toute
notre prudence jointe à celle des Annamites qui
nous entouraient, pour assurer un retour paisible,
sans accident fâcheux. Le collége n'est pas très-
distant du grand fleuve, sur lequel je me proposais de descendre en barque jusqu'à Ke-Vinh. Je
gagnai donc, dès les quatre heures du matin, le
Song-Caï ; nous fûmes bientôt sur la petite em-
barcation qui nous avait été préparée. Assis
comme les tailleurs sur le devant de notre barque,
nous glissions sans défiance sur la surface du
fleuve, lorsque tout-à-coup nous tombâmes entre
les mains d'un chef de douane. Mes conducteurs
ne pouvaient s'attendre à trouver une douane en
cet endroit ; elle y avait été établie la veille
même de notre passage, dans le but d'arrêter les
fauteurs, partisans ou chefs de rebelles qui sui-
vaient cette voie.

« Il était à peu près dix heures du matin
quand nous fûmes arrêtés ; notre petite barque
resta sur place jusqu'à la tombée de la nuit.
Nous étions en face de Ke-Dam, chrétienté de
près de mille âmes et chef-lieu de la paroisse de
même nom. Cette longue station n'était à autre
fin que de nous extorquer quelques barres d'ar-

gent. Après quelques mots échangés entre le chef de douane et les gens de ma suite, ceux-ci se mirent en route sur le champ, les uns pour aller trouver notre provicaire, M. Castex, les autres pour se rendre auprès d'un prêtre annamite qui se trouvait près de là, afin d'aviser au moyen de procurer mon élargissement. Les prud'hommes de Ke-Dam et de Ke-Suy se mirent en frais de leur côté pour traiter de ma mise en liberté. Ils réussirent à l'obtenir et je pus m'échapper de la main des méchants, moyennant la somme de huit barres d'argent (1). Ce fut là une perte considérable pour notre communauté ; mais nous n'étions encore qu'au commencement de nos malheurs (2). »

XVI.

ALERTE DE KE-VINH ET DÉSASTRES DE KE-NON.

M. Néron, de retour à Ke-Vinh, continuait de vaquer à ses occupations ordinaires. La mission, à partir de 1854, n'était plus réduite à la longue et dispendieuse méthode de transcrire les livres pour s'en procurer. M. Theurel était venu établir sa presse européenne dans le grand village de

_____

(1) La barre d'argent vaut à peu près 80 fr. de notre monnaie.

(2) Lettre de M. Néron à ses parents, écrite le 21 novembre 1855.

Ke-Vinh, tandis que M. Titaud était à la tête
d'une imprimerie annamite à Ké-Nhan, à quatre
lieues seulement de Ké-Cho. Plusieurs ouvrages
considérables sortirent des presses de M. Titaud
pendant l'année 1854. De son côté M. Theurel avait
édité plusieurs mandements et lettres pastorales
de l'évêque, un ordre à suivre pour la récitation
de l'office divin et quelques livres classiques à
l'usage des élèves des colléges. A la fin de l'année, il avait fondu environ 40,000 caractères.
« Il travaillait, dit l'auteur de sa vie, au milieu
de ses élèves et de ses ouvriers, présidant à toutes
les opérations avec l'activité et la bonne humeur
qui accompagnaient toutes ses œuvres, également
prêt à entreprendre un livre nouveau ou à faire
rentrer son imprimerie sous terre au premier
signal de persécution (1). »

Les missionnaires, en effet, avaient besoin
d'être sans cesse sur le qui-vive, obligés qu'ils
pouvaient être à chaque instant de prendre la
fuite, comme cela arriva à Ke-Vinh au commencement de février. Le mandarin de Vau-Sang,
petit chef-lieu situé à quelque distance de Ke-
Vinh, s'était saisi d'une dépêche des rebelles, et
avait arrêté les porteurs, parmi lesquels se trouvait un jeune chrétien de 16 à 18 ans. On vint
aussitôt annoncer à Mgr Retord que le jeune
homme, mis à la question, avait déclaré qu'il
avait étudié autrefois au collége de Ke-Vinh, et
qu'un prêtre indigène, résidant actuellement au

(1) Mgr THEUREL, Ev. d'Acanthe, p. 67.

collége, l'avait eu à son service : à la suite de cette déclaration, ajoutait-on, le mandarin de Vau-Sang avait envoyé à celui de Nam-Dinh, duquel relève Ke-Vinh, une dépêche pressante. On devait donc s'attendre que, la nuit même ou au plus tard le lendemain, le village serait bloqué ; l'évêque et les missionnaires n'avaient que le temps de s'enfuir, pendant que les élèves de leur côté se disperseraient.

Dire l'émoi du village et de la communauté à cette nouvelle, serait chose impossible. Monseigneur chercha vainement à ramener le calme dans les esprits et à leur persuader que ces bruits prématurés étaient sans fondement. Il dut aller chercher un asile à Ke-Bang, avec MM. Néron et Theurel ; M. Legrand était parti quelques jours auparavant pour Kim-Son, ancien district de M. Néron. La suite donna pleinement raison à Mgr Retord : ni le village ni la communauté ne furent cernés ; on apprit même depuis, que le jeune chrétien n'avait pas été mis à la question et qu'il n'y avait rien de vrai dans ces déclarations.

Ce qui arriva à Ke-Non fut malheureusement plus grave.

« Le collége avait été signalé aux mandarins comme servant de retraite aux chefs de la révolte. C'était de là, disait-on, qu'ils transmettaient leurs ordres aux rebelles et qu'ils leur expédiaient des munitions et des armes. Le gouverneur de la province, accompagné de ses sous-préfets, vint en faire le siége avec mille soldats

et un appareil formidable de canons et d'éléphants. Au lieu d'une place forte à enlever, il
ne trouva que quelques maisons désertes, sans
trace aucune de repaire ou d'arsenal. Avec les
idées guerrières qui ont cours en Europe, le
lecteur croira peut-être que le mandarin et ses
soldats regrettèrent une si belle occasion de
montrer leur valeur ; mais ils furent enchantés
d'être dispensés de se mesurer avec l'ennemi ; ils
avaient sous la main une tâche plus facile et
mieux appropriée à leurs véritables instincts : la
dévastation et le pillage.

« La fuite des habitants du collége avait été
si précipitée, qu'on n'avait rien pu mettre en
sûreté....; tout ce qui pouvait être emporté devint la proie des satellites.... Après cette glorieuse expédition, les mandarins n'ayant plus
rien à craindre donnèrent le signal de la retraite.
Ils emmenaient, la cangue au cou, comme tro-
phée de leur victoire, un prêtre indigène, un
diacre, quelques catéchistes et plusieurs chefs de
la chrétienté de Ke-Non, en tout dix-neuf personnes.

« Quelles durent être les angoisses de Mgr
Jeantet, pendant que les élèves étaient dispersés,
le collége livré au pillage, et ses meilleurs chrétiens emmenés captifs ! Sa Grandeur s'était réfu-
giée dans une caverne des montagnes qui avoisinent Ke-Non. Un funeste accident faillit mettre
un terme à ses souffrances et plonger dans le
deuil toute la mission du Tonkin. On était alors
en hiver ; un soir, un de ses jeunes gens eut

la pensée de fermer hermétiquement l'étroite ouverture de la caverne pour mieux se garantir du
froid ; et, cette précaution prise sans rien dire
à personne, il alluma un brasier de charbon.
Pendant que l'évêque et ses disciples faisaient
cercle autour du feu, celui-là même qui était
l'auteur de cette imprudence tomba le premier
sans connaissance. Au même moment Monseigneur et les autres élèves se sentant suffoqués,
comprirent que l'antre n'avait plus sa libre issue ;
on l'ouvrit aussitôt et tout danger disparut ; le
pauvre asphyxié, porté au grand air, reprit peu
à peu ses sens. Si l'effet du charbon avait été
aussi prompt sur les autres que sur lui, c'en
était fait de la petite troupe fugitive : la caverne
devenait leur tombeau.

« La retraite des mandarins avait ramené le
calme dans Ke-Non ; on n'était inquiet que sur
le sort des captifs, qui furent rendus plus tard à
la liberté, moyennant une rançon de cinquante
barres d'argent. Ce ne fut toutefois qu'au bout
de huit à neuf mois que l'ordre ancien fut véritablement rétabli. L'affaire avait eu trop de re-
tentissement pour qu'on pût se promettre une
tranquillité parfaite ; aussi prit-on les précautions commandées par la prudence. D'un bout
de l'année à l'autre, les élèves se partagèrent
les veilles de la nuit pour faire sentinelle ;
pendant le jour, tous les travaux, tous les
exercices s'accomplissaient à voix basse ; plus de
jeux bruyants, plus de chants, plus d'offices solen-
nels.... C'était le culte silencieux des catacombes.

Cet état d'appréhension continuelle ne fut pas un obstacle au bon ordre de la maison et aux progrès des études. Dieu aidant, tout s'y fit avec autant d'exactitude et de zèle que dans les autres établissements de la mission. Mgr Jeantet ne cessa pas de professer ses quatre neures de théologie par jour et d'exercer sa paternelle sollicitude sur les élèves de toutes les classes.

« Le parti des rebelles s'éteignit, moins par l'énergique répression des mandarins que par le défaut d'organisation et d'ensemble dans la révolte.... Tant que ce parti remua, la situation des missionnaires fut des plus critiques ; les mandarins croyaient que l'insurrection était l'œuvre des Européens ; ils les plaçaient à la tête du mouvement et l'idée qu'ils se faisaient de leur habileté et de leur courage ne contribuait pas peu à les démoraliser.... Si quelqu'un des missionnaires eût été pris dans ces circonstances, il aurait eu infailliblement le sort de M. Marchaud, c'est-à-dire qu'on l'aurait coupé en cent morceaux. Dieu veilla sur les siens. Étroitement cachés pendant tout ce temps, non-seulement ils ne coururent aucun danger sérieux, mais, dans la suite, la plupart des mandarins finirent par se détromper sur leur compte. Le gouverneur de Nam-Dinh déclara publiquement que, si la province avait joui d'une profonde paix au milieu des troubles de l'insurrection, c'était parce qu'elle était peuplée de chrétiens. Ce haut fonctionnaire devint l'ami des missionnaires, s'informant avec sollicitude de la santé de Monseigneur d'Acanthe, comme autrefois le fameux vice-roi Thuong-Gaï, et rendant volontiers à la mission les services pour lesquels on avait recours à lui. (1) »

XVI.

NOUVEL ÉDIT DE PERSÉCUTION.

Le péril auquel avait exposé le soulèvement des rebelles était passé ; mais l'ère de paix semblait toujours s'éloigner pour les églises persécutées. Dans les premiers mois de 1855, avait paru le nouvel édit de persécution dont Tu-Duc menaçait depuis longtemps les chrétiens. Il renchérissait encore en sévérité sur ceux qui l'avaient précédé. Non-seulement la tête des missionnaires était mise à prix ; mais on promettait dix barres d'argent (environ huit cents francs de notre monnaie) à quiconque arrêterait un prêtre indigène. L'édit contenait plusieurs autres dispositions de nature à intimider les chétiens et à jeter la consternation dans le troupeau.

« Nous n'en eûmes pas, personnellement, plus de souci que des précédents, dit M. Galy ; mais nos pauvres chrétiens ! Ces décrets, remplis d'infâmes calomnies et d'atroces menaces de confiscation et de mort, sont pour eux la plus grande des calamités. Ils mettent toute la population chrétienne à la merci de satellites affamés, qui

(1) Lettre de M. Galy ; *Ann.* tome XXX, 76-81.

se servent de ces odieux pamphlets pour pressurer nos frères proscrits et leur arracher jusqu'à leur dernier sou. Ce n'est pas que les mandarins et la multitude de leurs employés détes-
tent ni la religion ni les chrétiens ; peu leur importe qu'on adore Jésus-Christ ou Fô, qu'on bâ-
tisse des églises ou des pagodes ; mais la loi leur
fournit un moyen facile de *manger de l'argent* (1),
et ils l'exploitent d'une façon révoltante.

« En général, les gouverneurs de province ne
prélèvent pas un impôt direct sur nos consciences;
mais quand la nécessité nous oblige d'implorer
leur protection, il faut la payer en conséquence :
plus le tribut est rare, plus il doit être gros. Les
vrais vampires, ceux qui s'attachent aux chrétiens
comme des sangsues, ce sont les mandarins su-
balternes, avec tous leurs scribes, les chefs et les
sous-chefs de canton, et jusqu'aux simples maires
de villages. Les premiers, mettant de côté toute
pudeur, convoquent les chefs des néophytes qui
se trouvent sous leur dépendance : ils leur rappellent les édits du Souverain contre la religion
et l'obligation où ils sont de les faire exécuter ;
cela veut dire qu'ils ont besoin d'argent. Les
chefs chrétiens ont beau protester de leur sou-
mission au roi en tout ce qui n'est pas contraire à
la loi divine, ils ont beau assurer que la chrétienté, épuisée par les rançons précédentes, est

____

(1) Expression en usage dans ce pays. On dit d'un
mandarin qu'il mange peu ou beaucoup, selon qu'il pres-
sure plus ou moins ses administrés.

hors d'état de fournir une somme quelconque ;
c'est peine perdue, le mandarin reste inexorable :
il faut choisir entre la prompte exhibition de la
taxe demandée, et la destruction immédiate des
églises, l'interdiction rigoureuse de tout exercice
religieux et la menace de maux plus grands
encore. Ces pauvres gens, mis sous le couteau,
s'en vont donc, pour la centième fois, quêter de
maison en maison la somme exigée. Souvent la
collecte est insuffisante ; alors on emprunte à
gros intérêts, ou l'on vend une partie des champs
communs. Et ces actes tyranniques se renouvel-
lent chaque fois qu'il y a un déficit dans la
caisse du mandarin, ce qui arrive souvent.

« L'avidité de ce dernier satisfaite, vous croyez
que les chrétiens seront tranquilles au moins pour
quelque temps? Vous ne connaissez pas la troupe
famélique des scribes. A force d'instances, ils ob-
tiennent du même magistrat, qui s'est déjà rassasié
de la substance des fidèles, une lettre marquée
de son sceau, avec laquelle ils s'en vont examiner
d'office si les *da-to* se conforment aux ordres du
roi. Escorté de quelques soldats pillards, ils par-
courent les chrétientés, extorquant tout ce qu'ils
peuvent, et ne laissent derrière eux que la désolation et la ruine.

« Quand tous ces fléaux se sont abattus sur
leur proie, il reste encore les plus dangereux
de tous les exacteurs : ce sont les chefs de canton
et les maires de village, à cause de leur contact
immédiat avec les populations chrétiennes. Cette
infinité de pratiques païennes, que les lois du

royaume ou les usages locaux prescrivent, leur fournit mille moyens de vexer ceux qui ne peuvent y participer sans crime. Dans ces occasions, qui se présentent si souvent, que voulez-vous que fassent les néophytes? Résister, c'est impossible; il faut donc s'exonérer moyennant finance, ou bien, lorsque les idolâtres veulent y consentir, s'imposer d'autres charges publiques beaucoup plus dures, mais qui ne sont pas entachées de superstition.

« Telle est la situation habituelle de nos chrétiens; mais quand paraît un nouvel édit, pendant les cinq ou six premiers mois, qui suivent sa prolongation, c'est un surcroît d'exactions inouïes. On appelle cette époque la *moisson des mandarins*. Le terme est impropre : ils ne *moissonnent pas*, ils *fauchent,* ils extirpent jusque dans ses racines tout l'avoir des chrétiens qui préfèrent leur ruine à la perte de leur religion. Malgré les sacrifices de ces derniers, leurs spoliateurs, par un raffinement de cruelle avarice, abattent les églises et les maisons de prières, afin de vendre chèrement plus tard la permission de les rebâtir.

« J'admire le calme des fidèles au milieu de toutes ces avanies qui soulèvent mon indignation. Fortifiés par la parole du divin Maître, qui proclame « *heureux ceux qui souffrent persécution pour la justice!* » on les dirait impassibles, tant ils sont résignés. Les prières qu'ils font en commun dans leurs chapelles, une visite de l'évêque, une solennité religieuse les dédommagent amplement de leurs malheurs. Néanmoins, ils ne peuvent s'empêcher parfois de nous demander pourquoi leurs frères d'Europe ne leur tendent pas une main protectrice. Certaines espérances leur sont venues, en apprenant que la faiblesse et la justice ont trouvé en Orient de généreux défenseurs (1). Oh! si après avoir réduit le schisme à l'impuissance et assuré le triomphe de la religion et de la vraie liberté, dans les contrées où elles furent si longtemps méconnues, une partie de nos braves et pieux soldats venaient arracher ce pays au despotisme le plus cruel et le plus abject : quel service ils rendraient à la civilisation et à l'humanité? Ces vœux nous sont d'autant plus permis, qu'il n'y aurait ici ni bataille de l'Alma à livrer, ni Sébastopol à prendre; un langage ferme, appuyé d'une bonne flotte, imposerait silence à la barbarie, ferait triompher la plus sainte des causes, sans qu'il fût nécessaire de verser une goutte de sang, et tout un peuple d'opprimés bénirait ses libérateurs (2) ».

Le sol annamite, en attendant, continuait d'être arrosé du sang des martyrs. Au commencement de 1856, un prêtre indigène, le P. Huong, fut reconnu des païens, arrêté et livré, quand il allait administrer un malade dans une chrétienté de son district. Sommé de déclarer s'il était *Dao-*

____

(1) M. Galy écrivait cette lettre peu de temps après la guerre de Crimée.

(2) *Annales,* tome XXX, p. 81-84.

truong, il aurait pu sauver sa vie, sans encourir aucun blâme devant Dieu, ni devant les hommes, ces mots sous lesquels les prêtres sont désignés dans l'édit, ayant une élasticité qui permet aisément des réponses évasives. Mais le P. Huong ne balança pas. « Je suis prêtre de la vraie religion, » telle fut sa réponse au juge. C'était prononcer lui-même son arrêt. Le grand mandarin de Ninh-Binh, à qui Mgr Retord avait fait cadeau de sa pendule, voulait mitiger la sentence, et ne condamner le généreux confesseur qu'à la peine de l'exil. « A quoi bon, répondit le prêtre, traîner au loin une vie languissante et désormais inutile? Je vous en prie, déclarez tout simplement que je suis un prêtre de la religion de Jésus, pris dans l'exercice de ses fonctions et prêt à continuer encore son ministère, s'il le pouvait : il arrivera ce qui plaira à Dieu. » Le P. Huong fut mis en possession de la palme qu'il désirait. Il avait reçu la sainte communion une demi-heure avant son exécution.

Un prêtre indigène de l'ordre de S. Dominique, appartenant au clergé du Tonkin central, le R. P. Joseph Tru, fut aussi décapité, le 8 juin, à Vi-Hoang, sur le territoire de la mission. Dans le même mois, huit des principaux néophytes d'un village nommé Nghia-Là, se virent bannis, à la suite d'un procès civil qu'ils soutenaient contre des idolâtres. « Ils avaient déjà gagné leur cause, dit Mgr Retord, quand les païens, par vengeance, les ayant accusés d'être chrétiens, le juge leur proposa un moyen, facile à son avis, de se tirer d'embarras : c'était de signer un billet d'apostasie et de fouler la croix aux pieds, en présence de leurs dénonciateurs. Un refus énergique fut leur réponse à cette proposition. Alors le grand mandarin fit un rapport au roi sur ce nouvel incident, et Sa Majesté très-païenne condamna les accusés à un bannissement perpétuel, comme des gens rebelles, stupides et indignes de toute commisération. L'un de ces huit confesseurs, vieillard plus que sexagénaire, et baptisé seulement depuis trois ans, mourut peu de jours après être arrivé au lieu de sa déportation. Les sept autres continuèrent de souffrir avec joie les peines de l'exil en témoignage de leur foi et de leur amour pour Jésus-Christ (1). »

La guerre des rebelles et l'édit de persécution avaient condamné les missionnaires européens à une inaction forcée. On s'en aperçoit au catalogue des sacrements administrés pendant l'année 1855. Le nombre des baptêmes d'adultes n'y est que de 574 et celui des confessions de 175,405. Mais, au commencement de 1856, Mgr Retord, indigné d'un repos si contraire à ses habitudes, résolut de reprendre sa liberté, en dépit de tous les décrets anciens et nouveaux. « Sa Grandeur, nous citons de nouveau M. Galy, avait avec elle cinq confrères, qui n'étaient pas moins impatients de briser leurs entraves. Tous, également pénétrés de cette parole « qu'*il vaut mieux obéir*

---

(1) Voir la lettre si intéressante de Mgr Retord à M. l'abbé Laurens, curé de Salles. *Ann.* XXX, 205.

à Dieu qu'aux hommes, » ils firent ensemble à Ké-Vinh le premier acte solennel d'une sainte in-dépendance. Monseigneur convoqua pour la première semaine de Carême tous les théologiens en état d'être promus aux différents ordres. Une retraite générale était annoncée pour eux, pour les élèves du collége et pour tous les chrétiens du canton. En même temps, le Prélat ordonna une retraite semblable dans le vaste district de Bai-Vang. Toute observation de la part de qui que ce soit, tendant à empêcher ou à différer l'accomplissement de cette œuvre, était regardée d'avance comme non recevable. Les dangers qu'on pourrait craindre n'étaient pas au-dessus de la puissance de Marie, qui protégeait infailliblement les chrétiens, s'ils mettaient leur confiance en elle. Par contre-coup, M. Titaud, sans avoir reçu aucune invitation formelle, se préparait, sur un autre point, à entrer aussi en campagne.

« A Ké-Vinh, le Vicaire apostolique, assisté d'un nombreux clergé, fit solennellement l'ouverture de la retraite ; les exercices commencèrent aussitôt. On prêchait quatre fois par jour, sans compter les lectures et les méditations particulières. Dès le début, les confessionnaux furent assiégés ; il y en avait quatorze, autour desquels se pressait, durant toute la nuit, une multitude immense. Les nouveaux confrères ne concevaient pas d'où pouvait surgir tant de monde. Notez que les mêmes personnes n'assistaient pas à toute la retraite ; après deux ou trois jours, la plupart devaient s'en retourner chez elles, pour permettre aux autres membres de la famille de profiter à leur tour de la grâce commune. Dans un pays où l'on ne connaît ni clefs, ni serrures, et où les voleurs pullulent, il serait très-imprudent de laisser la maison sans gardien. Les chrétientés flottantes des pêcheurs n'avaient pas cet inconvénient. De toutes les parties du fleuve, elles vinrent jeter l'ancre à deux pas de l'église, dans le vaste bassin qui baigne le jardin du collége; on eût dit une forêt de petits mâts. Le calme le plus parfait, au dedans et au dehors, régna pendant la retraite, qui fut terminée par la touchante et majestueuse cérémonie de l'ordination, par une belle procession et par la bénédiction générale de tous les chrétiens.

« A Bai-Vang, même concours de population, même assiduité aux exercices, même encombrement autour des confessionnaux. Malheureusement, nous n'étions que six prêtres, tandis que douze n'auraient pas été de trop. Aussi M. Castex dut-il prolonger la mission, quoique nous eussions constamment travaillé le jour et la nuit. Nous n'eûmes à regretter aucun incident désagréable ; la tranquillité fut aussi parfaite qu'à Ke-Vinh. Qu'y avait-il d'étonnant ? La Vierge immaculée, avec laquelle, au dire des chrétiens, Mgr d'Acanthe a fait un pacte, veillait sur nous.

« La fête triomphante de Pâques couronna dignement les exercices de la mission et les touchantes cérémonies de la semaine sainte. Eglise magnifiquement ornée, messe pontificale, grand sermon, chant et musique sacrée, communions sans fin, procession en l'honneur de la sainte Vierge, joie et piété des néophytes, rien ne manqua de tout ce qui peut le plus contribuer à rendre une solennité parfaite. »

A la suite de ces travaux, les missionnnaires se rendirent à Ke-Vinh, auprès de Mgr Retord, qui était de retour dans sa résidence, depuis la fin du temps pascal. Le prélat décrit ainsi leur arrivée, dans la lettre déjà citée à M. Laurent ; « Portez, dit-il, vos regards vers le nord-ouest : voici venir une élégante balancelle, qui suit doucement le cours de la rivière de Ninh-Binh ; elle est montée par mon vénérable coadjuteur, qui amène à l'ordination un certain nombre de ses théologiens. Et vers le nord-est, n'apercevez-vous pas cette autre gondole qui vogue rapidement sur le grand fleuve de Song-Caï? elle nous apporte MM. Castex, Titaud et Vénard, tandis que MM. Charbonnier et Saiget viennent à pied des régions du sud-ouest, et que MM. Theurel et Mathevon (1) s'avancent du côté opposé vers le même rendez-vous. Nous voilà donc réunis, sous le même toit, dix missionnaires Européens, dont deux évêques, c'est-à-dire tous les apôtres de mon vicariat, un seul excepté..., qui est trop éloigné pour franchir sans danger la distance qui nous sépare. »

Les missionnaires firent ensemble leur retraite spirituelle. Ces exercices achevés pour eux, ils

____

(1) MM. Saiget et Mathevon étaient arrivés tout nouvellement dans la mission.

les recommencèrent pour une quinzaine de théologiens que le Pontife ordonna solennellement à différents degrés de la cléricature. On célébra ensuite la fête de saint Pierre, une des principales de la communauté. Ce fut une joie de famille, un peu renfermée, il est vrai, mais d'autant plus douce qu'elle était partagée par des frères, qui ne s'étaient jamais trouvés réunis en si grand nombre dans une aussi belle circonstance.

Comme c'était l'époque des grandes chaleurs et que les missionnaires jouissaient d'une paix parfaite dans leur petit cénacle, ils continuèrent à rester ensemble jusqu'à la fin du mois de juillet, occupés en leur particulier à lire et à étudier les livres chinois ou annamites, et tenant en commun des conférences sur les devoirs ecclésiastiques et les fonctions de leur ministère. Vers la fin de juillet, ils commencèrent à se disperser de nouveau, chacun de son côté « comme une poignée de poussière jetée au vent, » dit Mgr Retord. Si ces séparations ne sont jamais sans une grande tristesse, celle-ci, plus que les autres, fut pénible aux missionnaires. Ils avaient pu reprendre un peu de cette liberté qu'on leur refusait, grâce au courage tout apostolique de Mgr Retord et à sa confiance inébranlable en la protection de la Vierge Immaculée. Mais le glaive de la persécution n'en demeurait pas moins suspendu sur leurs têtes ; ils pouvaient facilement, d'un moment à l'autre, tomber aux mains des satellites qui les livraient aux mandarins. Peut-être cette réunion serait-elle la dernière, et ne se rencontreraient-ils plus jamais dans le monde.

XVII.

M. NÉRON EN XU-DOAI.

Nous n'avons pas vu M. Néron prendre part à la belle mission de Ke-Vinh, et le lecteur aura vainement cherché son nom parmi ceux des missionnaires que Mgr Retord avait pu réunir autour de lui pour la fête de saint Pierre. C'est qu'en effet il n'était pas rentré à son collége, depuis la fameuse alerte qui l'avait forcé, avec Mgr Retord et M. Theurel, de quitter Ke-Vinh, pour se réfugier à Ke-Bang ; son évêque, le rendant au ministère pastoral, lui avait confié de nouveau le soin d'un district. Kim-Son, où nous l'avons vu travailler pendant les deux premières années de son ministère, était occupé depuis peu par M. Legrand. La Providence, qui conduit tout par des voies suaves et fortes à ses fins, fit donner en échange au futur martyr le district de Xu-Doài, la province la plus éloignée vers le nord. C'était l'arène prédestinée où Dieu l'appelait à remporter la couronne.

Le district de Xu-Doài, ou Son-Tay, le plus vaste du vicariat, s'étend de Ke-Cho, la capitale du Tonkin, jusqu'aux portes de la Chine, dans la direction du Yunnan. Il comprend deux départements et demi dont on ne ferait certainement le tour, dit Mgr Theurel, qu'en plusieurs mois de marche. La population chrétienne est de 16,000 âmes, distribuée en quatre paroisses : chacune est desservie par deux prêtres indigènes. Son-Tay, la capitale, n'a que peu de chrétiens ; le troupeau est disséminé dans les environs. Au-delà de Son-Tay, en s'avançant vers le nord, on trouve la paroisse de Bau-No, qui demeurera célèbre dans les annales de l'église du Tonkin. Mentionnons aussi près des montagnes de l'ouest, deux petites chrétientés rapprochées l'une de l'autre et dont le nom reviendra souvent dans la dernière partie de cette vie : Ta-Xa et Yen-Tap.

M. Néron se mit avec joie en route pour sa nouvelle mission. Aura-t-il pressenti, en quittant Mgr Retord, que la bénédiction de son évêque serait la dernière et qu'il disait à ses confrères, en la personne de M. Theurel, un suprême adieu ? Il est permis de le conjecturer, quoique toute communication nous fasse défaut à ce sujet. C'était en Xu-Doài, il ne l'ignorait pas, qu'avaient été cueillies les plus belles palmes offertes dans ces derniers temps à la Congrégation. MM. Cornay, Charrier, Schoeffler, ces trois illustres confesseurs et martyrs, avaient pris avant lui cette même route qu'il tenait aujourd'hui, et elle les avait mis sur la voie du martyre. Il put, en passant près de Son-Tay, visiter dans une chrétienté du voisinage, le tombeau du Vén. Augustin Schoeffler qui remporta sous les murs de la ville, aussi bien que le Vén. Cornay, sa dernière victoire. « J'y ai fait quelques prières, écrit-il à ses parents, pour recommander à notre bienheureux tout ce qui m'est cher. » La chrétienté de Bau-No, qu'il rencontra plus loin, était pleine des souvenirs des martyrs. Elle avait donné asile en 1837 à M. Cornay, qui y fut découvert et arrêté. M. Charrier, après y avoir séjourné trois mois en 1841, la quittait pour trouver plus de sûreté dans une autre paroisse rapprochée des montagnes, quand il tomba, dans la nuit du 5 octobre, entre les mains des idolâtres et fut livré aux mandarins. C'était encore au sortir de Bau-No, dont il venait d'achever l'administration pastorale, que M. Schoeffler était tombé, le 1er mars 1851, entre les mains des satellites. Le séjour de cette chrétienté avait donc de quoi faire battre le cœur d'un martyr. Mais la prudence ne permettait pas à M. Néron d'y fixer sa résidence. Ta-Xa, village de 500 âmes, beaucoup plus rapproché des montagnes, et tout chrétien, offrait au missionnaire un asile plus sûr. Il y posa sa tente.

Le 21 novembre 1855, il écrivait à ses parents : « La terre que j'habite est toute pleine de grands souvenirs: trois missionnaires ont été arrêtés en Xu-Doài et deux y ont obtenu la palme du martyre. Aurai-je le même sort que mes devanciers ? je ne saurais vous le dire et je n'ose me promettre une aussi grande faveur de la part de Notre-Seigneur. Seulement les mandarins vexent beaucoup plus ici que dans les autres provinces ; les prêtres annamites eux-mêmes ne peuvent aller faire l'administration.

Pour moi, je me tiens retiré au fond d'une maison, d'où je ne sors que pour respirer de temps à autre le grand air. Certes, si MM. les mandarins savaient qu'il y a là un européen, ils ne feraient pas difficulté de lui mettre la main dessus, afin d'obtenir les trente barres d'argent promises et de se ménager quelque avancement dans les dignités. Je me dispose donc à tout évènement ; mon sort est entre les mains de Dieu. N'allez pas croire pour autant que je doive prochainement faire un martyr ; ce n'est point du tout certain. »

La maison où se tenait ainsi caché M. Néron était celle des religieuses, dites *Amantes de la Croix* ; l'espèce d'inviolabilité dont jouissent leurs couvents, même auprès des païens, mettait plus facilement le missionnaire à l'abri de toute perquisition. Aux approches des fêtes de Noël, il quitta la communauté pour venir habiter la *Maison de Dieu*. Ces fêtes toujours si belles, même au temps des persécutions, purent se célébrer dans l'église du village. M. Néron entendit la confession des chrétiens et donna le sacrement de confirmation (1) à quelques fidèles. Dans le milieu de l'Octave de l'Epiphanie, des

(1) Quoique l'évêque seul soit, par son caractère, ministre ordinaire du sacrement de la Confirmation, un simple prêtre, avec la délégation expresse du Saint-Siége, peut aussi administrer ce sacrement, en se servant du Saint-Chrême consacré par l'évêque. Le Souverain-Pontife accorde généralement ce pouvoir aux missionnaires, dans les contrées infidèles.

bruits plus ou moins fondés l'obligèrent de déloger et de regagner son ancien gîte. Mais au carême, il retourna dans la *Maison de Dieu* de Ta-Xa, d'où il ne voulut plus sortir. Une lettre datée de là, qu'il écrivait à M. Clément, le 14 novembre 1856, nous renseigne sur son nouveau genre de vie.

« J'ai pu, dit-il, faire l'administration du village ; seulement les chrétiens des environs n'ont pas eu la facilité de venir jusqu'à moi. Ils craignaient de faire découvrir ma retraite et de causer par là mon arrestation, ou tout au moins de me forcer à chercher ailleurs un asile. Une dizaine de fois cependant, malgré la sévérité de ma réclusion, j'ai pris le grand air en allant visiter les malades, soit dans l'intérieur du village de Ta-Xo, soit à Yen-Tap, village voisin où se trouve la première *Maison de Dieu* de toute la paroisse qui embrasse une grande superficie de terrain. De plus, dans la seconde quinzaine de juillet, nous avons eu des pluies torrentielles et une inondation telle que de mémoire d'hommes, au dire des anciens, on n'en avait vu de pareille. Ma chambre a été envahie par les eaux, au point qu'il m'a fallu céder la place et m'en aller de nouveau passer trois semaines chez les *Amantes de la Croix*. Dans le mois de septembre j'ai encore opéré un déménagement, et c'est le plus fameux, pour aller à l'administration dans le village d'Yen-Tap, dont je vous ai déjà dit un mot. Mon séjour y a été d'un mois et quelques jours. Les autres chrétientés ne pouvant encore me recevoir, il m'a fallu, ma besogne terminée, reprendre le chemin de Ta-Xa. Voilà à quoi se sont réduites mes courses apostoliques pendant le cours de l'année qui vient de s'écouler. La cause en est dans les terribles édits de persécution, dont nous avons eu à souffrir en Xu-Doài, plus encore que dans les autres parties du vicariat. Les mandarins s'entendent à merveille à extorquer de l'argent à nos pauvres chrétiens, déjà passablement éprouvés par l'insuffisance des récoltes : et les gens de nos montagnes n'étant ni assez audacieux, ni assez habiles pour se soustraire à leurs concussions, sont obligés de leur livrer tout ce qu'ils demandent. Bienheureux, si à ce prix ils peuvent n'être impliqués dans aucune superstition, ou même éloigner d'eux les tentatives par lesquelles on cherche à les faire apostasier ! Cependant j'espère que des jours meilleurs se lèveront bientôt sur l'horizon et qu'il me sera donné de faire davantage pour la portion de vigne qui m'a été assignée. Les besoins spirituels de mes ouailles sont si grands ! Quand pourrai-je les visiter, leur administrer les sacrements, et leur rompre le pain de la parole de Dieu qu'elles attendent de moi ?

« Dans les autres parties de la mission, on a joui de jours plus sereins. Les prêtres indigènes ont pu se livrer assez librement à l'exercice de leurs fonctions : sur plusieurs points même les missionnaires, brisant leurs entraves, n'ont pas craint de se montrer et d'agir ; ils ont évangélisé, sinon avec autant de facilité que par le passé, du moins avec une certaine latitude (1). Toutefois il y a eu des vexations et des persécutions locales. Dans la province de Ninh-Binh, un de nos prêtres indigènes a été arrêté et martyrisé le 27 avril ; de leur côté les RR. PP. Dominicains du Tonkin central ont vu aussi un de leurs prêtres annanites s'envoler au ciel, la palme du martyre à la main (2). Je ne vous raconterai pas la mort de ces deux vaillants athlètes de Jésus-Christ ; les détails ne m'en sont pas parvenus, vu mon grand éloignement du lieu de leur exécution. Ainsi, vous le voyez, nous n'avons pas encore la liberté, et il pourrait bien se faire qu'un jour il nous fallût laisser notre tête entre les mains du bourreau.

« En attendant, d'après les nouvelles qui m'ont été tout récemment transmises, M. de Montigny, envoyé français, se trouve en ce moment, avec trois vaisseaux à Phu-Xuân, capitale du royaume, dans le but d'obtenir la liberté de religion ; il est bien décidé, dit-on, à faire jouer le canon au cas où notre petit tyran Tu-Duc se refuserait

(1) M. Néron fait ici allusion aux deux missions de Ke-Vinh et de Bai-Vang, dont nous avons entretenu le lecteur. Le catalogue des sacrements administrés en 1856 porte 26,096 Baptêmes : dont 642 d'adultes, 239 d'orphelins de parents païens adoptés par la mission, 5,868 d'enfants chrétiens et 19,345 d'enfants infidèles, baptisés à l'article de la mort ; 3,500 Extrêmes-Onctions ; 1,238 Mariages ; 3,895 Confirmations ; 213,637 Confessions et 155,988 Communions.

(2) Nous avons mentionné ces deux martyres au chapitre précédent.

à l'accorder. Jugez de nos transports, si nous voyions paraître un décret qui permît le libre exercice de la religion, et nous donnât toute liberté d'annoncer la bonne nouvelle à tant de païens qui sont encore assis à l'ombre de la mort ! Mais nos chants d'allégresse ne seront pas moins vifs si le bon Dieu, dans sa miséricorde, nous appelle à sceller de notre sang la vérité de la religion. Nos premiers vœux, sans doute, sont pour la paix et la liberté ; elles permettraient à nos pauvres chrétiens de pratiquer plus facilement leur religion, et attireraient un plus grand nombre de païens dans le bercail de l'Eglise. Que Dieu nous donne toutefois de rougir et de féconder de notre sang le sillon où nous jetons le bon grain : que nous nous voyions près de nous envoler au Ciel, décorés de la palme du martyre, et nos cœurs battront encore avec plus de force. Mais avant tout, et toujours, la plus grande gloire de Dieu et le salut du plus grand nombre d'âmes possible ! »

Les nouvelles, récemment transmises à M. Néron sur M. de Montigny, lui venaient de M. Galy, son confrère le plus rapproché. M. Galy était un des cinq missionnaires qui attendaient héroïquement la mort dans les prisons de la capitale, quand l'énergique intervention du commandant de l'*Héroïne*, M. Lévêque, vint arracher les confesseurs au supplice mais en même temps au martyre. Moins d'un an après sa délivrance, il s'embarquait de nouveau à Anvers, avec M. Charrier, pour sa chère mission, impatient de ressaisir la palme qui lui avait échappé. Le missionnaire, pendant sept années d'un second apostolat en Cochinchine, eut tout à souffrir et se vit exposé à toutes sortes de périls, tant de la part des persécuteurs qu'il lui fallut fuir presque mourant, que du côté des tigres et des autres animaux féroces, dans le repaire desquels il lui arriva de tomber. Une fois, en 1851, il se crut sur le point d'emporter la couronne. « Si je suis arrêté, s'écriait-il transporté et tout joyeux, quel bonheur ! Enfin le sabre ne m'épargnera plus ! Ma qualité de récidiviste éloignera de moi une cruelle indulgence ; au moins je reverrai ces chères prisons où s'écoulèrent les plus beaux jours de ma vie. »

Mais tandis que M. Duclos, son ancien compagnon de captivité, avait le bonheur, un an et demi après son retour en Cochinchine, de mourir prisonnier pour Jésus-Christ, M. Galy échappait comme miraculeusement à tous les dangers et venait poursuivre sa carrière apostolique auprès de Mgr Retord, où nous le trouvons dès 1854. Le prélat, après la belle réunion des missionnaires de 1856, l'avait envoyé dans le district voisin du Xu-Doài, entre Ke-Cho et Son-Tay. Les communications avec M. Néron lui étaient plus faciles qu'aux autres confrères ; il sut lui témoigner la charité d'un confesseur, dont l'âme aussi tendre que forte faisait entendre un jour ces belles paroles : « Oh ! que je plains

____

(1) Lettre de M. Galy, *Ann.* tome XXX, p. 86.

l'infortuné qui n'a point d'amis, et qu'il me paraît digne d'envie le bonheur de celui qui en possède de semblables aux miens ! » Venu longtemps après lui dans le champ des missionnaires, M. Néron se trouvait, par privilége, aux avantpostes. Si M. Galy eût connu la prédiction de N.-D. des Victoires, notre futur martyr eût été davantage encore « l'objet d'une pieuse envie, pour celui qui ne connaissait pas de bonheur égal à celui de verser son sang pour Jésus-Christ et qui, ramené de l'entrée du ciel que le sabre devait lui ouvrir, était dévoyé sur cette triste terre et ne pouvait se consoler de sa disgrâce. »

Le missionnaire reclus se promettait, pour 1857, une plus grande liberté d'action que celle dont il avait joui en 1856. Mais ses espérances furent complètement déçues. La nouvelle de l'arrivée des navires français dans le port de Touranne était parvenue sur les montagnes de Doài ; elle réveilla l'esprit de persécution, non encore bien assoupi, dans le cœur des grands et des petits mandarins, des chefs, sous-chefs de canton, maires et adjoints de village.

« Il me fut rapporté, écrit M. Néron, que ma présence dans le pays commençait à transpirer ; il y avait, disait-on, un Européen caché dans les environs ; le mandarin de la sous-préfecture voisine en avait connaissance. On ajoutait qu'un certain nombre d'espions circulaient en tous sens, sous l'habit de mendiants, de petits marchands et autres gens de cette espèce ; la grande liberté que prenait le père n'était donc plus de saison : il lui fallait songer à battre en retraite et à quitter la *Maison de Dieu* pour aller de nouveau chercher une cachette chez les religieuses (1).

« Force me fut de me rendre à ces arguments. Quoiqu'il me semblât bien que la peur était en tout ceci la principale conseillère de mes gens, je ne laissai pas de carguer les voiles et de retourner à mon ancien gîte, chez les *Amantes de la Croix* de Ta-Xa. C'était le 19 décembre 1856, que j'allais ainsi commencer une vie de profonde retraite en échange du ministère plus actif que je me promettais encore trois semaines auparavant. Voilà comme l'homme, le missionnaire propose et Dieu dispose. Que son saint nom soit à jamais, et en tous lieux, béni !

« Je dus donc me résoudre à vivre en véritable ermite dans la maison des religieuses. Mon parti en fut vite pris. Déjà je me façonnais à ce genre de vie, mettant mon plaisir à suivre, en ceci comme en tout le reste, la sainte volonté de Dieu, lorsque tout-à-coup un drame inattendu vint décorer la scène. Le 17 mars 1857, pendant que j'étais encore à dire la messe, un chef de canton païen se présenta chez les religieuses, accompagné du maire et de quelques-uns des principaux du village. Après une courte action de grâces, comme il n'y avait pas moyen d'échapper, je me présentai et leur payai de bon cœur à tous un verre de thé chinois, puis je les laissai

_____

(1) Lettre du 19 novembre 1857, à M. Clément.

ensemble pour aller réciter mes petites heures. Le maire était chrétien ainsi que ceux de Ta-Xa. S'ils ne m'avaient pas averti de ce qui se préparait, c'est qu'ils n'en avaient pas eu le temps. A peine avais-je récité deux petites heures, qu'instruit secrètement par le maire et profitant d'une distraction du chef de canton, je m'échappai et allai passer la journée dans les bois du village ; on m'y apporta à manger. Le soir, je pus, à la faveur des ténèbres, rentrer dans le village, où je passai encore deux jours. J'allai ensuite me cacher chez les religieuses d'un village voisin, distant du premier d'environ un quart d'heure. J'y demeurai jusqu'au 29 mars, époque où je les laissai, pour demander asile à une maison chrétienne.

« Mais les mauvaises nouvelles continuant de foisonner, je dus aller passer la nuit du 1er au 2 avril dans les bois. Une petite baraque de cinq pieds carrés environ, sur le bord d'une rivière appelée Thao, reçut le missionnaire du Bon Dieu. J'y dormis d'un profond sommeil, et sans me mettre en peine du tigre, lequel vient quelquefois faire ses promenades jusque dans l'intérieur des villages. Le lendemain j'eus le plaisir de vivre en ermite, dans une plantation de ces palmiers à rondes et larges feuilles, dont on se sert pour couvrir les maisons, confectionner de grands chapeaux, fabriquer des éventails, etc., etc. Elles sont si belles qu'une seule peut au besoin servir de parasol ou de parapluie. Cette promenade forcée dans les bois ne se renouvela pas ; j'ai pu, depuis, vivre tranquille dans la maison chrétienne qui me donnait asile ; le séjour que j'y fis se prolongea jusqu'au 24 mai.

« Dans ma fuite de Ta-Xa, tous mes effets ont été sauvés et le chef de canton païen n'a rien pris ; ainsi on ne pourra pas abuser d'objets enlevés au missionnaire, pour vexer davantage nos chrétiens. Toutefois, afin de ménager à la chrétienté de Ta-Xa tant soit peu de liberté, soit pour aller à la messe et fréquenter les sacrements, soit pour conserver la maison de Dieu et le couvent des religieuses, comme aussi pour se racheter des superstitions, il a bien fallu apaiser la faim des païens. Trois cents ligatures, environ trois cents francs de notre monnaie, sont donc devenues leur proie. Le gros de la somme déboursée est demeuré à la charge de la communauté : c'était justice ; la chrétienté n'avait été ainsi vexée, que pour m'avoir donné l'hospitalité pendant près de deux ans.

« Il paraîtrait que le chef de canton n'avait réellement pas l'intention de se saisir de moi ; au fond il n'en voulait qu'à ma bourse. Ses antécédents mêmes ne permettaient pas de le soupçonner. Il était venu me saluer, dans le Carême de 1856, et s'était montré très-convenable. Je lui avais fait présent d'un joli couteau européen et l'avais entretenu de nos merveilles d'Europe, de sorte qu'en s'en allant il paraissait très-content. Aussi avais-je pu rester toute l'année à Ta-Xa, qui est de sa juridiction, sans qu'il m'inquiétât et me dît le moindre mot. Ce n'est qu'à la nouvelle de l'arrivée des vaisseaux d'Europe qu'il me tourna le dos. Il m'a même dit qu'il n'avait pas eu l'initiative dans cette affaire et qu'il n'était pas l'auteur de tout ce bruit. A l'entendre, il avait fallu que je fusse dénoncé au grand mandarin, pour qu'il se décidât à procéder contre moi. Mais nous sommes moralement certains qu'il était au moins de connivence avec le dénonciateur.

« Voilà, pour le moment, toutes les courses apostoliques que j'ai faites depuis le départ de ma dernière lettre ; elles ne sont pas nombreuses, vous le voyez, et il faudrait bien des années comme celle-ci pour convertir à la foi tous les païens de mon district. Hélas ! que voulez-vous! Avant tout, la très aimable et très sainte volonté de Dieu. »

Cette lettre fut la dernière de M. Néron. Aucune autre ne devait parvenir de lui à sa famille. Il s'excuse auprès de M. Clément de ne pas relire les longues pages qu'il lui envoie, à cause de ses occupations. Si l'apôtre, en effet, ne pouvait donner un libre essor à son zèle en parcourant avec une infatigable ardeur l'immense district qui lui était assigné, le missionnaire devoué ne restait pas inactif. Renfermé dans son secret.réduit, il employait tous ses moments libres à la traduction en langue annamite des cours de MM. de Montferrier, Bordes et Poirier, traduction que nous lui avons vu commencer au collége de Ke-Vinh. L'arithmétique et l'algèbre furent terminées en 1858 et il s'occupait, peu de jours encore avant son arrestation, à transcrire au net la géométrie. Du reste il était toujours « bien portant, joyeux et content. » Son âme, complètement retirée du monde, n'avait vue que sur Dieu. Il préludait admirablement par cette vie cachée à ce dépouillement et à cette mort parfaite de tout l'homme, qui devait préparer en lui l'immolation finale.

La suite du récit nous amènerait à retracer l'ensemble des événements qui vont se presser jusqu'en 1860, pour aboutir au triomphe tant désiré. Mais le lecteur nous saura gré auparavant de demander à la correspondance du missionnaire une dernière révélation, la plus intime de toutes, de l'âme de l'apôtre. Jusqu'ici nous avons pris par le dehors, si l'on peut dire, la vie apostolique de M. Néron. Avec ses lettres, nous remonterons jusqu'à la source ; elles traduisent admirablement cet amour de Dieu et des âmes qui allait toujours consumant le cœur du missionnaire.

XVIII

CORRESPONDANCE DU MISSIONNAIRE.

La pensée de M. Néron, sur la terre d'Annam, se reportait souvent vers sa patrie et les siens. Chaque année régulièrement, le courrier apportait une lettre du missionnaire à sa famille ou à M. Clément. Il n'eut garde d'oublier M. Monnard, le digne prêtre en qui il vénérait un de ses premiers et plus insignes bienfaiteurs. C'est à lui qu'est adressée la troisième des lettres qui nous ont été conservées, dans laquelle il donne la relation du martyre du Vén. Augustin Schœffler.

Plus l'apôtre était éloigné de sa terre natale, plus il se sentait avide de tout ce qui pouvait le renseigner sur chacun des membres de sa famille, sur son village, ses *vieilles connaissances*, comme il dit, ses anciens maîtres, ses amis de classe ou d'enfance. « Ma vénération pour mon ancien pasteur, disait-il à M. Clément dans sa dernière lettre, mon affection pour mes parents et mon amour pour mon pays vous disent assez la joie que ressent mon cœur, chaque fois que j'ai le bonheur de recevoir quelques nouvelles de vous. »

Dans une lettre précédente il s'exprimait ainsi : « Impossible de vous dire combien je suis content, lorsque je reçois des nouvelles de mon pays natal. Les dernières lettres m'ont été d'autant plus agréables, qu'elles me mettent au courant de bien des choses relatives à ma famille, et qu'elles me renseignent sur ce qui regarde Bornay et concerne mes anciens compagnons d'enfance et d'études (1). »

Il veut qu'on lui fasse tout connaître : « Mettez-moi tous les petits détails de famille, écrivait-il à ses parents ; rien ne m'intéresse et ne me fait plaisir autant que ces détails. Tout ce qui a rap-

(1) Lettre du 21 novembre 1855.

port au pays est pour moi comme un mets délicieux (1). » Et dans une autre lettre, du 20 Février 1854 : « Que font tous nos cousins, tant de Vernantois et de Cressia que de Bornay... Que fait mon parrain, comment va ma marraine ? Qui est maintenant maire à Bornay ; qui avez-vous pour adjoint ? Quel est votre instituteur ? Je ne puis tout vous demander, mais vous savez bien les nouvelles qui m'intéresseront le plus. Faites-moi donc une belle et longue lettre, en écriture fine et serrée et sur du papier mince et léger, qui contienne beaucoup de nouvelles. Ecrivez-moi les choses, comme elles vous viennent et sans aucun apprêt ; racontez-moi toutes les petites histoires du pays, de Bornay, de Courbette, Vernantois, Moiron, Saint-Laurent, Saint-Maur. Et mes petits neveux, comment vont-ils ? sont-ils forts ? »

Reprochant à ses anciens condisciples, dans une lettre à M. Clément, de ne pas lui donner le moindre signe de vie : « Se figurent-ils donc, dit le missionnaire, que parce que j'ai quitté le pays pour venir chercher les âmes dans ces contrées lointaines, je suis insensible à tout ce qui part d'un cœur humain, d'un cœur de compatriote et d'ami (2). »

Il y a dans ses lettres un souvenir qui nous a profondément ému. Le lecteur se rappelle cet homme aveugle de Bornay, que le jeune Né-

(1) Lettre du 4 mai 1852.
(2) Lettre du 14 novembre 1856.

ron, devenu le modèle de la paroisse, allait prendre souvent pour le conduire et le ramener de l'église. Le missionnaire, qui n'a pas oublié le pauvre vieillard, écrit du fond du Tonkin à ses parents : « Et le bon père Guillaume ? Il doit être bien âgé et bien infirme. J'oubliais de vous demander de ses nouvelles. Se porte-t-il bien (1) ? »

Sa reconnaissance pour M. Clément, qui veut bien lui écrire et le mettre au courant de ce qui peut l'intéresser, n'a point de bornes. « Je vous remercie de tout cœur, lui dit-il dans sa quatrième lettre, et au nom de mes parents, de la peine que vous prenez de m'écrire. Vous vous plaisez à me donner, dans votre dernière lettre, les renseignements que vous savez devoir m'être si agréables, sur ma famille, sur Bornay et sur la France. Puisse le bon Jésus vous le rendre au centuple et vous accorder dès ici-bas, en outre des biens éternels, toutes sortes de prospérités ! » — « Il paraît, dit-il à ce même propos dans une autre lettre, que votre rôle dans nos rapports mutuels, est de me conférer des bienfaits, et le mien, de les recevoir : que le bon Dieu en soit béni ! Si je ne puis vous payer de retour, au moins je vous recommanderai à Notre Seigneur dans mes prières de chaque jour et au Saint Sacrifice, conjurant le bon Maître de se charger de ma dette envers vous (2). »

(1) Lettre du 20 février 1854.
(2) Lettre du 21 novembre 1855.

Le sentiment n'est ainsi vrai dans cette âme, que parce qu'il est avant tout religieux. On voit combien le touche profondément le plus petit service rendu. Moins que jamais dans les missions, il oublie de mentionner les bienfaiteurs, prêtres ou pieux laïques, qui ont aidé sa vocation ecclésiastique. Son langage, quand il parle d'eux, a quelque chose de plus achevé encore, que dans les lettres de l'élève de Nozeroy et de l'aspirant des missions. « Toutes les fois, mande-t-il à M. Monnard, que j'ai écrit soit à mes parents, soit à M. le Curé, je n'ai pas manqué de vous faire renouveler par eux l'expression de ma plus vive reconnaissance et de mon religieux attachement. Mais cela ne saurait suffire à mon cœur. Faisant trêve aujourd'hui à mes nombreuses occupations et prenant sur les heures de repos, je tiens à mieux vous prouver que je n'oublie point mes bienfaiteurs et que je sais encore reporter ma pensée vers ceux qui ont de si grands titres à mon souvenir (1). »

Il écrit à M. Clément le 21 novembre 1855 : « Veuillez dire à tous ces messieurs qui m'ont pris autrefois sous leur protection, que je suis fidèle au devoir sacré de la reconnaissance. Leur pieux souvenir m'est sans cesse présent et je ne laisse passer aucun jour sans adresser pour eux des vœux ardents au Ciel. Faites-moi connaître, en me répondant, l'état de leur santé et toutes les choses importantes qui peuvent les concerner.

(1) Lettre à M. Monnard, du 4 mai 1852.

M. Monnard, curé de Moiron, doit être déjà âgé. A-t-il connu, dans ses études théologiques, Mgr Jeantet, notre vénérable coadjuteur? Il a déjà plus de trente ans de mission. Sa barbe et ses cheveux sont blancs comme de l'argent. M. Bœuf est-il toujours robuste? fait-il toujours des retraites? Je m'arrête, car si je me mettais à entrer dans les détails, je ne serais pas près d'en finir. » — Dans mes prières, dit-il ailleurs, il y a toujours un *memento* pour le grand et les petits séminaires, pour MM. Cornu, Balland et Bailly (1). »

En lisant ce que contient encore la dernière de ses lettres, à l'adresse de ses bienfaiteurs, on dirait qu'il pressentait que ce témoignage serait le dernier. « Je renouvelle l'expression de ma reconnaissance envers tous ces messieurs qui se sont intéressés autrefois à moi, et qui aujourd'hui continuent de ne pas m'oublier. Il serait trop long et inutile de les mentionner tous ici. Veuillez leur dire, Monsieur le Curé, que ne pouvant m'acquitter autrement de ma dette envers eux, je les recommande tous les jours à Notre-Seigneur, conjurant ce bon Jésus de leur donner les grâces les plus abondantes en cette vie, pour qu'ils puissent obtenir une belle couronne en l'autre (2). »

Entre tous ses bienfaiteurs, M. Clément a toujours un rang à part; c'est véritablement le prêtre de son cœur.

(1) Lettre à M. Clément, du 14 novembre 1856.
(2) Lettre à M. Clément, du 11 novembre 1857.

« Quant à vous, monsieur le Curé, il est su-
perflu de vous dire combien je vous demeure attaché et reconnaissant, combien je serai toujours fidèle à me rappeler votre pieux souvenir
devant le Bon Dieu et à vous accorder un *memento* spécial au Saint-Sacrifice. Je supplie Notre-
Seigneur de fortifier votre santé et de multiplier
vos consolations dans l'exercice du saint ministère. Que ne m'est-il donné d'éloigner de vous
toutes les tribulations qui peuvent vous venir de
la part de mes compatriotes! Je fais surtout des
vœux pour que vous obteniez une des plus belles
couronnes au ciel. Mais ne m'oubliez pas de votre
côté et employez-vous auprès de Notre-Seigneur,
pour que j'aille vous rejoindre un jour au séjour
des bienheureux, où nous nous embrasserons
pour ne plus nous séparer jamais. Je vous embrasse, en attendant, dans les saints cœurs de
Jésus et de Marie, ainsi que mon père et ma
mère, mon frère et mes sœurs et tous ceux qui
me sont chers (1). »

Les choses de la paroisse l'intéressent comme
aux jours où il édifiait Bornay de sa présence.
Grâce à la persévérance du digne curé et de ses
paroissiens, l'ancienne chapelle du *castrum*, qui
tombait de vétusté, avait été remplacée par une
église convenable. Le missionnaire aime à en féliciter M. Clément et les gens de Bornay. Il
en profite pour parler à ses compatriotes ce
langage de l'apôtre, toujours si pressant, mais en

____

(1) Lettre à M. Clément, du 14 novembre 1856.

même temps si charitable et si humble, par lequel il sait trouver le chemin des cœurs. » Il me serait difficile, Monsieur le curé, de vous rendre mon contentement, en apprenant que notre église qui vous a coûté tant de démarches et qui vous a occasionné tant d'ennuis et de peines, était enfin terminée. Que Dieu en soit béni! Quand vous m'écrirez de nouveau, vous aurez à m'apprendre avec quelle décence elle est ornée et l'ardeur que mettent les habitants de Bornay à contribuer, chacun selon ses ressources, à décorer la maison de Dieu. Je vais plus loin et me plais à penser que vous pourrez me rendre ce témoignage de vos paroissiens, qu'après avoir élevé un temple matériel au Dieu trois fois saint, ils voudront lui en élever dans leurs cœurs un autre, dont le premier n'est que la figure, en se sanctifiant par la pratique des commandements, par leur empressement à s'approcher des sacrements et par la concorde qui doit régner entre des fidèles, membres d'un même corps.

« Car permettez-moi, monsieur le curé, à moi qui suis né et qui ai grandi parmi eux, qui ai partagé leurs travaux, qui ai supporté comme eux le poids du jour et de la chaleur et qui me trouve aujourd'hui jeté loin de mon pays, sur une terre infidèle, permettez-moi, dis-je, de leur rappeler qu'il n'y a réellement que la pratique de la vertu et la fidélité à ses devoirs qui puissent rendre l'homme heureux, dès ce monde. Ce n'est point en suivant la fougue des passions qu'on trouve la paix de l'âme, cette douce paix qui peut seule rendre léger le poids des tribulations de la vie. Si nous voulons utiliser nos peines et rendre vraiment profitables pour nous cette sueur qui, du matin au soir, inonde notre front, et ces larmes qui, du berceau à la tombe, détrempent notre pain, il nous faut à tout prix pratiquer la vertu et observer la loi du Seigneur (1). »

« Je m'empresse d'assurer mes compatriotes, dit-il dans la lettre de l'année suivante, que je suis très-sensible au bon souvenir que me garde mon village natal. Tous les jours je pense à eux devant le bon Dieu, le priant de leur accorder toutes sortes de prospérités en ce monde, mais demandant surtout à son infinie Bonté, qu'Elle les rende tous fervents et assidus à s'acquitter fidèlement de leurs devoirs de religion. Car, bien que cinq mille lieues me séparent de Bornay, je ne laisse pas de me souvenir d'eux et j'espère que, si je ne puis les revoir en ce monde, nous nous retrouverons du moins tous au Ciel. C'est là que je leur donne rendez-vous ; qu'ils aient donc bien soin de ne pas y manquer. La seule pensée que quelques-uns pourraient y faire défaut, me rendrait inconsolable. Je désirerais pourtant beaucoup pouvoir me transporter en un clin d'œil au milieu de Bornay, pour donner à tous l'accolade de la bonne et sincère fraternité, visiter notre nouvelle église qui est enfin terminée, y dire la Messe, m'arrêter devant les autels, enfin compli-

(1) Lettre à M. Clément, du 19 février 1854.

menter mes compatriotes sur leur zèle à orner la maison de Dieu. »

Ce bonheur, qui devait lui être refusé, de prier dans la nouvelle église de sa chère paroisse, le R. P. Thomas, son compagnon d'études au presbytère de Bornay, avait pu en jouir. Ordonné prêtre chez les Dominicains, où il avait fait profession religieuse, il était venu célébrer le Saint Sacrifice au milieu des siens: et M. le curé, dans la lettre qui avait suivi, avait fait au missionnaire le récit de la petite fête célébrée à cette occasion. « Vraiment, lui répond M. Néron, la charmante fête dont a été l'objet le P. Thomas me fait venir l'eau à la bouche ; et, s'il était permis de regarder en arrière, lorsque l'on a tout abandonné pour Jésus-Christ, ce serait à me rendre jaloux. Mais à la distance où je suis de Bornay, je ne pense qu'à l'éternelle fête dont nous jouirons ensemble dans le Ciel. Je dis adieu à toutes les réjouissances terrestres. Il n'y a guère d'apparence que je puisse jamais vous aller mettre en frais d'une fête. » Quand M. Néron écrivait cette lettre, qui fut la dernière, déjà en effet approchait la tempête. Il se faisait noir autour du pauvre reclus. S'il détournait, dans ces circonstances, sa pensée des fêtes du ciel, c'était pour la reporter sur le martyre, la voie par laquelle il demandait à être mis en possession de son Dieu.

En attendant, le salut seul des âmes le préoccupe. S'informe-t-il auprès de M. le curé de quelqu'un de ses anciens amis de Bornay, il sait toujours et à propos glisser le mot de salut qui convient. « Que fait Pierre N..., écrit-il dans sa dernière lettre ? Comment va ce vieil ami, que j'ai particulièrement connu ? Chante-t-il toujours au lutrin, comme autrefois ? Je ne demande pas s'il fait ses Pâques, s'il fréquente les offices, en un mot s'il remplit les devoirs essentiels du chrétien. Se montrer indifférent sur ce point est le propre d'une jeunesse irréfléchie, qui se laisse séduire par les choses du dehors et ne veut point s'arrêter à ce qui seul est vraiment digne d'occuper l'homme. Quand l'âge a mis un frein aux passions, le philosophe commence à paraître. On abandonne la région des sens pour vivre dans les sphères de la raison et l'on donne surtout ses soins à la plus noble partie de soi. Dès lors on s'acquitte de ses devoirs de religion, avec conscience et en homme de cœur. Je ne m'inquiète donc point si, mûr et réfléchi, comme on l'est à son âge, ce vieil ami observe fidèlement ce qu'il doit à Dieu. Mais ne voilà-t-il pas qu'en voulant demander des nouvelles de Pierre N..., je fais de la philosophie morale ? Que voulez-vous, c'est le résultat de mes habitudes d'esprit. Il faut me le pardonner, à cause du respect auquel a droit toute bonne philosophie, comme la mienne. Quoi qu'il en soit, je serais bien aise d'avoir des nouvelles de cet excellent ami. »

C'est surtout dans ses communications avec sa famille que se révèlent toutes les richesses de l'âme de l'apôtre. Il est tendre pour les siens, de cette vraie tendresse que sait particulièrement

FAC-SIMILE DE L'ÉCRITURE DE M. NÉRON

Félletj   11 9bre 1857

Monsieur le curé

Il y a deux ou trois mois que j'ai reçu
votre dernière et toute aimable lettre en date du
25 novembre 1856. Je ne me mettrai pas en frais
pour vous dire combien elle m'a causé de plaisir,
parce que ce serait une chose au dessus de mes
et de plus inutile : car ma vénération et mon
respect pour mon ancien pasteur, mon affection
pour mes parents et mon amour pour mon pays
vous disait plus que suffisamment toute la joie
que ressent mon cœur chaque fois que j'ai le
bonheur de recevoir quelques nouvelles de vous.

Néron Louis
apost.

inspirer la charité pour les âmes. « Comment vont mon oncle et ma tante Renaud, écrit-il à ses parents? Ils doivent être bien cassés de vieillesse. Je prie le bon Dieu de leur rendre doux et légers les travaux de la campagne, si fatigants à leur âge. Leur fidélité à remplir tous les devoirs de la religion est toujours plus grande, je l'espère. Car il se fait tard : nous ne sommes plus au midi de la vie ; déjà le soleil touche à son déclin ; la nuit vient, dans laquelle il n'est plus temps d'opérer pour le salut. Ainsi donc je prie mon oncle et ma tante, moi qui suis loin d'eux, exposé à chaque instant sur cette terre de persécution à perdre la vie et à donner mon sang pour Jésus-Christ, je les prie d'être assidus à fréquenter les sacrements, qui seuls leur assureront le repos de l'éternité. »

Ses accents sont encore plus religieux et plus émus, quand il s'adresse directement à sa famille. Il y a, en particulier, dans sa dernière lettre écrite du Tonkin, une abondance de sentiments, une énergie de langage, une véhémence de zèle, une tendresse de piété et d'abandon filial pour Marie, qu'on ne retrouve que dans les saints. Le missionnaire, entièrement séparé de ses confrères et réduit à vivre caché dans un misérable gîte, s'est tourné tout entier, on le sent, vers Dieu. Jamais peut-être, chez lui, le sentiment n'avait jailli aussi puissant de sa source vive qui est Dieu ; jamais l'âme de l'apôtre n'avait fait entendre de tels cris :

« J'envoie en guise de présent à mon père et

à ma mère, pour les consoler dans leur vieillesse, les vœux les plus sincères et les plus ardents de mon cœur devant Dieu ; c'est tout ce que je puis faire dans ma position et mon éloignement. Chaque jour j'adresse mes prières à la divine bonté, à l'effet d'obtenir pour eux les grâces qui les aideront efficacement à supporter avec joie et contentement toutes les infirmités de leur âge, afin qu'au sortir de cette vallée de larmes ils puissent être reçus instantanément dans les tabernacles éternels ; là il n'y aura plus ni douleurs ni amertumes.

« Maintenant je prie le bon Dieu de bien mettre dans le cœur de mon frère et de mes sœurs l'intime persuasion que ce n'est probablement qu'au ciel que nous pourrons nous revoir. Ainsi travaillons tous, et sérieusement, à nous y rendre, de peur que quelqu'un de nous ne laisse sa place vide. Quel deuil alors, quelle séparation fatale, quels cuisants et éternels regrets pour un cœur qui aime ! Après une si longue absence, ne jamais pouvoir s'embrasser, ni se dire un mot ! Être condamné, après les fatigues si nombreuses, si continuelles et si dures de la vie, à ne jamais pouvoir jouir ensemble de quelques instants de repos ! N'échanger une vie misérable que pour une vie plus malheureuse encore : et cela sans remède, sans compensation, sans moyen de réparer jamais la faute qui nous a séparés de Dieu ! Quel désespoir ! Quel ver rongeur ! Quelle mort éternelle !

« Pour mon compte, j'aime trop mon frère et

mes sœurs pour consentir à ne les revoir jamais. Mon parti est donc pris : Je l'ai juré et résolu, *Juravi et statui*, j'irai au Ciel, quoiqu'il m'en coûte. Oui, quelles que doivent être les amertumes de cette vie, de quelque lourdes et nombreuses croix que soit semée la voie, il faut que, Dieu aidant, j'aille au Ciel. La seule idée de me voir à jamais séparé des miens m'est plus pénible que toutes les peines du monde, plus amère que toutes les amertumes de la vie, plus crucifiante que toutes les croix ensemble.

« Ainsi donc, au Ciel ! allons au Ciel ! si l'ennemi vient me susciter des entraves, je m'appuierai sur ma Mère : au fort des tribulations, je recourrai à Marie, je me jetterai aux pieds de Marie, je pleurerai aux pieds de Marie, je répandrai mon cœur dans le cœur de Marie, je lui conterai mes douleurs, comme on les conte à celle dont on attend toute consolation, je lui exposerai ma faiblesse et mes besoins, je lui protesterai que je veux absolument, et quoi qu'il m'en coûte, aimer Jésus et le servir à jamais : et alors Marie me prendra par la main, comme une mère prend son petit enfant ; elle me portera, elle me conduira, elle me soutiendra, elle me défendra, elle me fera triompher de mes ennemis, elle m'obtiendra mon pardon auprès de Jésus, elle me fera octroyer les grâces nécessaires dans les situations difficiles où je me trouverai, enfin elle m'introduira dans le Paradie. Oh ! Marie Immaculée ! Qu'elle est bonne, qu'elle est aimante, qu'elle est compatissante, qu'elle aime à venir en aide aux pauvres enfants d'Adam, à les consoler dans leur douleur, à les assister dans leur détresse. Quiconque met sa confiance dans Marie, est sûr d'aller au Ciel ; il ne saurait se perdre. Voilà donc le moyen que j'emploierai. J'exhorte mon frère et chacune de mes sœurs à en faire autant ; de la sorte ils seront sûrs d'obtenir la paix et la tranquillité dans ce monde et le Paradis en l'autre : et nous pourrons ainsi tous nous embrasser, pendant l'éternité tout entière. Que nous serons heureux alors ! »

La même lettre en contenait une autre du missionnaire, adressée à ses deux sœurs, Louise et Marie. Le lecteur nous saura gré de la détacher, pour la mettre tout entière sous ses yeux :

« 11 novembre 1857.

« *A mes sœurs Louise et Marie.*

« Vous seriez sans doute peinées, mes chères sœurs, si ma lettre à M. le curé ne contenait pas quelque chose pour vous. Et que vous dirai-je ? Votre cœur désire que je vous entretienne de notre bon Jésus, l'amant divin de vos âmes, Celui à qui vous vous êtes données tout entières. Que vous êtes heureuses, ô mes sœurs, de vous être ainsi consacrées à Jésus ! Comme Marie, vous avez choisi la meilleure part ; elle ne vous sera point enlevée.

« S'il était besoin de vous donner quelques

mots d'encouragement, et que vous n'eussiez pas
en Monsieur le Curé un directeur autrement sage
et éclairé que moi, je vous dirais : Donnez-vous
chaque jour de nouveau à ce divin Jésus, mais
donnez-vous tout entières, de sorte qu'il ne reste
plus rien de vous, qui ne soit à Jésus. Puisque
vous ne voulez point de ce monde, que faites-
vous encore ? Pourquoi ne pas être comme des
lampes ardentes, qui se consument d'amour pour
Jésus ?

« Savez-vous que je vous aime beaucoup ?
J'aurais aimé à vous voir religieuses. Mais puisque le bon Dieu en a autrement disposé, pour
sa plus grande gloire, pour la consolation de nos
parents, pour le bon exemple de mon frère et
de mes autres sœurs, il faut que vous vous mon-
triez dignes de votre vocation.

« Savez-vous que je voudrais vous voir des
saintes ? Beaucoup de saintes, et de grandes
saintes, se sont sanctifiées dans le monde. Entre
toutes brille sainte Catherine de Sienne. Dans le
fond de son cœur, elle s'était fait une retraite
d'où elle ne sortait jamais ou presque jamais,
occupée à s'entretenir sans cesse avec Jésus et ne
pensant qu'à Jésus : conversant ou travaillant
elle était avec Jésus. Rien autour d'elle ne pouvait la distraire de ses entretiens avec son bien-
aimé. Faisait-elle la cuisine pour les siens, elle
voyait dans sa mère la sainte Vierge, dans son
père Notre-Seigneur, dans ses frères ou ses sœurs
les disciples de Jésus : et, de la sorte, elle se trouvait remplie de joie de pouvoir leur préparer à

manger. Le feu de la cuisine lui rappelait celui de l'enfer ; les choses belles ou bonnes la faisaient penser au Paradis : tout en un mot lui servait à se conserver dans la présence de Dieu, comme à s'exciter à son amour et à son service.

« Il est impossible de raconter toutes les industries de l'amour, tant il est ingénieux à trouver des moyens pour plaire au bien-aimé. Lorsque l'amour règne en maître dans une âme et que cette âme ne veut, en toute vérité, vivre que pour Jésus, comme vous aspirez à le faire, alors elle ne veut rien, elle ne recherche rien pour son propre plaisir : mais elle veut uniquement ce qui fait plaisir au bon Jésus. Quoi qu'il s'agisse de faire, ayant, pour ainsi dire, Jésus devant les yeux, elle lui demande si c'est son bon plaisir qu'elle fasse cette action ; et elle embrasse de préférence ce qui plaît au Bon Maître. L'âme, dans ces moments d'amour, ne sent ni amertumes, ni fatigues, ni peines : ou mieux, elle les aime, parce que c'est le bon plaisir de Jésus ; elle les embrasse, parce que Jésus a embrassé la croix et la mort pour l'amour de nous. Quand l'amour de Jésus s'est ainsi rendu maître de notre cœur, notre première pensée est pour Jésus, et notre dernière pensée est encore pour lui. Nous ne pensons qu'à Jésus : tout ce que nous faisons, nous le faisons parce que Jésus le veut, et comme il le veut.

« O saintes industries de l'amour, que vous êtes admirables ! Il n'y a que le cœur qui aime à pouvoir vous comprendre. Livrez-vous donc tout entières, mes chères sœurs, à l'amour de Jésus ; ne travaillez et ne respirez que pour l'amour de Jésus. Dites à monsieur le Curé : — Nous avions envie d'être religieuses, Monsieur le Curé ; mais la divine Providence en a disposé autrement. Nous venons donc nous jeter à vos pieds et vous conjurer de vouloir bien nous conduire dans le chemin de la perfection, de telle sorte que nous ne laissions passer aucun jour sans y faire quelques progrès : en un mot, nous vous prions de faire de nous des saintes. Et si Monsieur le Curé vous dit que c'est bien de l'ambition et de la prétention, répondez-lui, avec beaucoup d'humilité, que sainte Thérèse ne trouvait pas qu'il y eût orgueil à convoiter les plus grandes places au Paradis. Mais, si vous ne voulez vivre que d'amour, comme je vous le conseille, il faut dire à Monsieur le Curé que vous ne voulez plus avoir de volonté, que vous ne ferez rien que par ses conseils et qu'avec son approbation : que vous désirez faire la méditation le matin et la continuer pendant le travail, que vous avez soif de communier souvent, etc., etc...

« Mais mon affection pour vous m'a fait vous dire plus de choses que je ne me proposais d'abord de vous en écrire. Que voulez-vous ? Celui qui aspire à aimer et à faire aimer Jésus ne connaît plus de bornes.

« Tout vôtre, dans les saints Cœurs de Jésus et de Marie.

« Néron, Miss. apost. »

L'âme de l'apôtre nous est maintenant connue. C'était désormais un fruit mûr pour le Ciel. Aussi bien le moment approchait où la faux du martyre allait détacher le fruit de l'arbre, et Dieu le cueillir pour les greniers éternels.

LA CONSOMMATION

PAR LE MARTYRE

QUATRIÈME PARTIE

LA CONSOMMATION

PAR LE MARTYRE

I

L'ORAGE ÉCLATE SUR LA MISSION.

Il y avait plus de trente années que la persécution pesait sur l'église d'Annam. Après avoir entassé les ruines et multiplié les martyrs sous Minh-Menh, le Néron annamite, elle s'était peu à peu relâchée de ses rigueurs. On avait vu les chrétientés se relever, et la longue administration de Mgr Retord avait été en particulier, pour l'Eglise du Tonkin occidental, une ère de prospérité, d'accroissement et de conquête. En 1856, après le dernier édit lancé par Tu-Duc, la persécution s'était d'abord ranimée : grâce cependant à l'initiation hardie du vicaire apostolique, les travaux, un instant suspendus, n'avaient point tardé à reprendre. Les missionnaires que nous avons vu réunis chez Mgr Retord, après les deux grandes missions de Ke-Vinh et de Bai-Vang, avaient même emporté, en se séparant, des espérances d'une paix prochaine. Des lettres, écrites par leurs confrères de Cochinchine, venaient de leur apprendre la mission confiée à M. de Montigny, consul général en Chine, de négocier avec la cour de Hué un traité, où serait stipulée la liberté des chrétiens.

Le *Catinat*, envoyé par M. de Montigny, arrivait en effet à Touranne, le 18 septembre 1856. Il était porteur de lettres et de présents pour Tu-Duc. Mais en présence de la mauvaise volonté des gens du roi, le capitaine dut canonner et détruire les forts. Dans le courant d'octobre, la *Capricieuse*, corvette commandée par le capitaine Collin, vint remplacer le *Catinat* à Touranne. Cette fois, le souverain annamite parut avoir peur : d'autant plus qu'on lui annonçait la prochaine arrivée du plénipotentiaire français avec de nouvelles forces. Il se montra donc disposé à traiter, et les négociations commencèrent. On attendait vainement depuis trois mois M. de Montigny, lorqu'enfin, le 23 janvier 1857, il arriva à Touranne, sur un petit bâtiment à vapeur qui remorquait une jonque montée par des Chinois. Un typhon terrible, qui s'était déclaré au sortir de Siam, avait forcé l'ambassadeur de relâcher à Syncapour ; de là il lui avait fallu se rendre à Bornéo, puis à Manille, d'où il avait fait voile vers le Tonkin. C'était trop tard : le *Catinat* avait été rappelé à Hong-Kong, et les forces françaises, par suite de ce contre-temps, se trouvèrent trop affaiblies pour imposer à Tu-

Duc des négociations sérieuses. En partant, le 13 février, M. de Montigny écrivit au roi qu'il allait prendre de nouveau les ordres de son souverain ; que si, pendant son absence, le gouvernement annamite vexait les chrétiens, ou toute autre personne, à l'occasion de l'ambassade, la France en tirerait vengeance.

Tu-Duc ne tint nul compte des menaces de la France. Bien plus, l'intérêt que M. de Montigny portait aux chrétiens servit de prétexte au persécuteur, pour les accuser d'avoir appelé les Français. Aussi vit-on concorder avec le départ des vaisseaux français une explosion de haine violente contre les chrétiens, qui devait aller toujours grandissant. Au lieu des espérances de paix qu'on se promettait, ce fut l'orage qui, en février 1857, commença à éclater sur la mission.

Phat-Dziem, centre d'une paroisse de plus de huit mille âmes, au district de Kim-Son, se vit bloquer le 2 février, fête de la Purification, par le gouverneur de la province de Ninh-Binh. Le prêtre annamite qui dirigeait cette belle chrétienté, put s'évader ; mais le catalogue des chrétientés environnantes, avec la liste nominale de tous les néophytes, tomba aux mains des mandarins. Aussi les arrestations furent nombreuses. Huit prisonniers, parmi lesquels le chef de canton, le maire du village et deux autres chrétiens notables de l'endroit, furent conduits au chef-lieu de la province, chargés chacun d'une lourde cangue.

Le 27 du même mois, Ké-Vinh, où se trouvaient Mgr Retord avec MM. Charbonnier et Vénard, était à son tour cerné par les mandarins. Les deux missionnaires, prévenus à temps, purent se glisser dans une cachette pratiquée entre deux murs, et l'évêque se coucher vivant dans un souterrain où il n'avait qu'un petit trou pour respirer. Mais le P. Paul Tinh, directeur du collége, fut pris et mis à la cangue, avec un de ses élèves, le maire du village et son adjoint. Le P. Paul Tinh avait confessé la foi sur la fin du règne de Minh-Menh, et sous celui de Thieu-Tri ; c'était un professeur distingué de langue latine et qui faisait honneur, par ses vertus, au clergé annamite. Le 6 avril il donna glorieusement sa vie pour J.-C., à Vi-Hoang, chef-lieu de la province de Nam-Dinh, pendant que ses trois compagnons prenaient la route de l'exil.

Quelques jours après ce premier blocus, Ke-Vinh en subissait un second. Un millier de soldats, armés de toutes pièces, flanqués de deux éléphants et munis de canons, vinrent de nouveau cerner cette chrétienté, quartier général des Européens. Grâce aux bonnes dispositions d'un des mandarins qui faisaient partie de l'expédition, les troupes ne firent aucun mal au peuple. Les prêtres annamites et leurs élèves avaient pris la fuite ; on avait porté d'avance dans les hameaux voisins tous les effets de quelque importance, et il ne restait dans la communauté que quelques vieux serviteurs des missionnaires. Le sous-préfet se contenta de faire abattre onze des maisons qui formaient l'établissement : c'était à peu près le tiers du collége.

Mais les ravages subis par les PP. Dominicains dans le Tonkin central furent autrement terribles. Le 21 mai, jour de l'Ascension, Mgr Diaz était arrêté dans le village de Bui-Chu, avec deux ou trois notables de l'endroit. Cette capture aurait dû contenter les mandarins : mais, poussés par leur haine croissante, ils s'en prirent aux églises environnantes qu'ils abattirent, renversèrent de fond en comble le collége et démolirent les maisons de la résidence épiscopale, dont ils transportèrent le bois à la ville, pour servir à la réparation des greniers royaux. L'illustre prisonnier conduit à Vi-Hoang, chef-lieu de la province de Nam-Dinh, put être visité dans ses fers par une lettre de Mgr Retord ; il donna courageusement sa tête au bourreau, le 20 juillet 1857.

Quelques jours après, deux vapeurs français paraissaient dans le golfe du Tonkin, tentant de remonter le fleuve de Nam-Dinh, pour obtenir l'élargissement de l'évêque captif. Mgr Diaz était déjà couronné du martyre ; mais la France ne devait pas tarder à demander à Tu-Duc un compté sérieux de sa conduite envers les missionnaires et les chrétiens.

L'orage, montant toujours, approchait de M. Néron. Le 25 mai, quatre jours après l'arrestade Mgr Diaz, Pierre Van-Van, catéchiste de soixante-dix-sept ans, au service du P. Ly, curé de la paroisse de Bau-Nô, répandit son sang pour

J.-C., au même lieu où avait déjà coulé celui de M. Cornay et de M. Schœffler. Le maire païen de Bau-Nô l'avait livré au mandarin de la sous-préfecture, affirmant que c'était un prêtre.

Le reste de l'année 1857 et les premiers mois de 1858 se passèrent dans des transes continuelles : les missionnaires vivaient retirés vers les montagnes, ou cachés dans des réduits souterrains, creusés par les catéchistes. « Une fois, dit « Mgr Retord, nous y sommes restés ensevelis « pendant huit heures, n'ayant pour respirer « que l'air communiqué par un petit tube de « bambou ; quand nous en sortîmes nous étions « tout hébêtés et presque idiots (1). » M. Castex, provicaire de la mission, mourut sur ces entrefaites au collége de Hoang-Nguyen, où Mgr Retord s'était porté pour l'assister. Le prélat nomma provicaires, dans les mois qui suivirent sa mort, MM. Theurel et Charbonnier.

Un nouvel édit de Tu-Duc, qui renchérissait sur les précédents, avait paru le 7 juin 1857. Le roi s'efforçait de stimuler le zèle des mandarins, des soldats, des notables, des magistrats en retraite ou destitués, de tous les païens en un mot qui avaient des chrétiens dans leur voisinage, afin qu'ils recherchassent et arrêtassent les prêtres Européens ou annamites avec leurs élèves. Ke-Vinh, Ke-Non et Hoang-Nguyen, furent dénoncés comme des nids d'Européens, et les missionnaires durent abandonner ces résidences.

(1) *Annales*, tome XXXI, p. 35.

En suite de ces dénonciations, les mandarins de Ke-Cho bloquèrent, le 11 juin 1858, les villages de Hoang-Neguyen, Bai-Vang, etc. Le collége, la maison de Dieu et les églises de ces villages furent abattus et brûlés. On arrêta un diacre, trois catéchistes et six autres personnes du collége, et de plus quelques principaux habitants des villages.

Ke-Non était cerné à son tour, une première fois le 15 juin, et une seconde fois quelques jours après seulement. Il ne resta rien du séminaire, les jardins et les champs furent confisqués au grand préjudice de la mission.

C'est le 19 juin que les mandarins s'attaquèrent à Ke-Vinh. Rien ne manqua à la désolation qui fut épouvantable : destruction entière de la Communauté, pillage complet de tous les effets des missionnaires, village rasé, maisons des chrétiens abattues, emplacement des habitations livré aux païens, fouilles exécutées partout, terrains remués de fond en comble pour livrer ce qu'ils recelaient de trésors de la mission ; la rage des persécuteurs se donna pleine carrière.

Et, comme si ce n'eût pas été assez de toutes ces rigueurs, un nouvel édit, motivé par l'approche des troupes réunies de France et d'Espagne, qui venaient, dit-on, venger la mort de Mgr Diaz, accumula encore les ruines dans le Tonkin occidental et particulièrement dans le Tonkin central, mission des PP. Dominicains.

On menaçait tous les missionnaires qui seraient découverts, du supplice affreux du *Lang-*

tri, qui consiste à dépecer tout vivant le patient comme le fut M. Marchand en 1835. Tombé le 8 juillet entre les mains des mandarins, Mgr Melchior, vicaire apostolique du Tonkin oriental, subit ce supplice avec la constance et la force d'un martyr, après avoir vu décapiter sous ses yeux ses deux servants, qu'il exhorta courageusement jusqu'à la fin, en leur montrant le Ciel. Le blocus et le pillage des chrétientés, les arrestations des fidèles et des prêtres indigènes, allèrent se multipliant ; la simple énumération en serait longue.

« Et nous, s'écrie Mgr Retord, que sommes-nous devenus pendant une telle tribulation, qui dure encore, et qui, dit-on, va recommencer avec une nouvelle fureur ?... Où sommes-nous maintenant, nous autres malheureux apôtres de cette mission si belle autrefois, à cette heure si désolée, si abattue ? Où sommes-nous ? Je ne le sais trop. Voilà six mois que je n'ai point reçu de nouvelles de M. Néron : je ne sais ni où il est, ni s'il vit encore. M. Galy, qui s'était sauvé en Hun-ghe, voyant l'abîme affreux où nous étions plongés ici.., est parti de Hun-ghe, le 15 août sur une barque de marchands annamites, pour aller implorer l'assistance de nos chers compatriotes ou des Espagnols de Manille ; mais qu'est-il devenu, et ne lui sera-t-il pas arrivé comme au P. Salgot (1) ? MM. Titaud, Theurel et Vénard

(1) Le P. Salgot, missionnaire dominicain du Tonkin, avait été massacré sur mer, en se réfugiant auprès des Européens.

s'étaient d'abord retirés dans les montagnes de Dong-Chiem, dans une petite cabane de bambous ; mais ils ont été obligés d'en sortir et de se disperser : voilà deux mois que je n'en ai pas reçu de nouvelles. Mgr Jeantet a rôdé longtemps sur les montagnes de Lan-mot, puis il a habité quelques jours chez des paysans ; il est tombé dans l'eau en courant la nuit, et a failli se noyer ; il est maintenant, je crois, dans la paroisse de Bai-Vong. Je n'ai absolument aucune nouvelle de M. Saiget ; on croit qu'il est dans un village païen, avec le P. Dung. Quant à M. Charbonnier, M. Mathevon et moi, qui étions à But-Son depuis le 13 juin, nous avons habité dans quatre cabanes de chrétiens, dans quatre maisons de bambous et dans une quinzaine d'autres, ou sous des arbres, ou dans des broussailles, courant par les chemins les plus scabreux, sur les pierres, dans les buissons et la boue, couchant dehors avec la pluie sur le dos, n'ayant presque rien à manger, et point d'habits pour nous couvrir, accablés de fatigue, de chagrin, sans savoir que faire ni où donner de la tète : nos tribulations ont été et sont encore incroyables. Notre bande se composait de nous trois, de trois prêtres indigènes et de six catéchistes : tous nous avons été malades ; un de mes hommes est mort, et trois compagnons de notre fuite, un prêtre et deux catéchistes, sont encore gravement malades. Voilà quatre mois que nous n'avons pas dit la Sainte-Messe, n'ayant plus d'ornements et point de maison pour la dire. Presque aucun des prêtres annamites ne peut la dire non plus, et à peu près tous les malades meurent sans les sacrements. Tout est dispersé, brûlé ; tout est abattu, tout est en fuite ; peu de gens savent où je suis ; je n'ai personne pour envoyer des lettres ; celles qu'on m'écrit ne me parviennent pas : personne n'ose les porter ; on les brûle. C'est miraculeux que la vôtre me soit parvenue, et si vous recevez celle-ci, ce sera aussi un grand miracle. Nous sommes vraiment à la dernière extrémité. Je suis dans les gorges de Tong-Bau ; il faudrait, pour que je pusse descendre aux navires, qu'il en vînt un jusqu'aux environs de Don-Chine ; autrement je mourrai dans mon trou, ou j'y serai pris, ou je n'en sortirai que lorsque nous aurons la paix, s'il nous est donné de l'avoir (1). »

Le grand évêque qui écrivait, le 7 octobre 1858, cette magnifique lettre, où il fait l'inventaire des ruines accumulées par la persécution, et donne les avis les plus utiles à l'expédition franco-espagnole, touchait à sa fin. Pris d'une fièvre tierce, dont il ne put supporter que trois accès, il succomba le 22 octobre 1858, au milieu d'une forêt peuplée de tigres, dans une cabane de feuillages ayant environ six pieds carrés. M. Mathevon, qui eut la consolation de l'assister, dut laisser son corps aux montagnes, en attendant des jours meilleurs. Mgr Retord, comme autrefois

______

(1) Lettre de Mgr Retord, à M. Legrand de la Liray, lequel se trouvait auprès de l'amiral commandant l'expédition franco-espagnole. *Ann.*, tome XXXI, p. 122.

Moïse, mourut sur la montagne, entrevoyant et saluant l'ère de paix dont il ne lui fut pas donné de jouir, après vingt années d'un vicariat rempli de travaux incessants et toujours agité par la persécution, réalisant à la mort, comme dans tout le cours de sa pénible vie, l'héroïque devise gravée sur son seing : *Fac me cruce inebriari* (1).

Les Français, unis aux Espagnols, avaient emporté les forts de Touranne le 1er septembre, après une affaire qui leur coûta seulement cinq blessés. Si les instructions de l'amiral Rigault de Genouilly lui eussent permis de marcher sur Hué, il ne lui eût guère été plus difficile d'avoir raison du roi et de sa capitale. Mais isolé forcément dans une presqu'île basse et humide, à l'extrémité d'un vaste empire qui comptait sur la dyssenterie, le typhus et la fièvre pour se défendre, il ne put être à ce moment d'aucun secours pour les chrétiens. L'amiral cherchait par tous les moyens à faire arriver à son bord nos missionnaires. Les côtes étaient trop bien gardées. M. Galy, ainsi qu'il a été dit, put seul s'échapper et arriva heureusement à Hong-Kong, après avoir couru mille dangers.

Comme il était aisé de s'y attendre, la persécution ne fit que redoubler. Ne pouvant repousser les barbares, campés sur ses rivages, Tu-Duc se vengeait sur les chrétiens de l'intérieur, particulièrement sur ceux du Tonkin, qui se trouvait à une très-grande distance du corps expédi-

____

(1) « Donnez-moi de m'enivrer de la Croix. »

tionnaire et où les bâtiments européens n'abordaient presque jamais. Du mois de septembre 1858 au mois de juin 1859, la mission du Tonkin occidental fournit 13 martyrs, parmi lesquels six prêtres indigènes. En décembre 1859, cinq prêtres furent encore pris et incarcérés. Le Tonkin central à lui seul avait vu, dans le même intervalle, seize prêtres annamites donner à Jésus-Christ ce témoignage du sang qui devait tant illustrer ces chrétientés.

C'est dans ces circonstances désastreuses que Mgr Jeantet, déjà affaibli par l'âge, résolut de se donner un coadjuteur. Voulant avoir, comme il disait, un solide bâton de vieillesse, qui lui fournît l'appui dont il avait besoin dans ces temps difficiles, il ne vit personne qui convînt mieux pour ces redoutables fonctions que son jeune et intrépide pro-vicaire, M. Theurel. L'épiscopat était bien alors la plus lourde croix qui pût être imposée à un missionnaire, puisqu'il le désignait de plus en plus à la rage des persécuteurs. Avec la croix pastorale et l'anneau de Mgr Retord, le nouveau coadjuteur reçut aussi son titre d'évêque d'Acanthe; il n'eut garde de laisser la devise plus que jamais de circonstance : *Fac me cruce inebriari.* C'est le 6 mars 1859 que Mgr Theurel reçut la consécration épiscopale. Mgr Jeantet, pour sacrer son jeune coadjuteur, n'était assisté que de deux prêtres annamites. La cérémonie fut terminée plus de deux heures avant le lever du soleil.

« Le Coadjuteur, jeune, robuste, intrépide,

devient dès ce moment, dit l'auteur de sa vie, l'âme de la mission ; c'est lui qui administre, avec l'agrément de l'évêque de Pentacomie, lui qui donne les ordres, rédige les correspondances, veille aux besoins des chrétiens, des captifs, des confesseurs de la foi ; c'est lui enfin qui écrit les actes des martyrs (1). »

Un de ses premiers soins fut de faire connaître la triste situation des chrétiens au commandant de l'escadre française en rade de Touranne : il prévenait en même temps l'amiral que les négociations entamées et traînées en longueur n'étaient qu'une feinte, un moyen de gagner du temps et que, dans l'esprit du roi et des mandarins, elles n'étaient destinées qu'à épuiser le corps expéditionnaire français, pour amener ensuite un redoublement de colère contre les chrétiens. L'événement ne justifia que trop bien les prévisions des missionnaires, puisqu'après de longues négociations, les Européens durent continuer l'expédition, au mois de septembre 1860.

En attendant, les provinces limitrophes de la Chine regorgeaient de confesseurs exilés, appartenant la plupart aux maisons de Dieu. Les chemins et avenues des villages étaient couverts de croix pour forcer ou amener plus facilement les chrétiens à apostasier. Ordre était donné de disperser les populations chrétiennes dans les villages païens. Au mois de novembre 1859, les principaux chrétiens étaient nominativement ar-

(1) Mgr Theurel, p. 103.

rêtés, au nombre de plus de 2,000, dans toute l'étendue du royaume annamite. C'était en un mot une guerre d'extermination. Les désastres sous Minh-Menh avaient été tout au plus le dixième de ce que l'on avait à déplorer aujourd'hui.

Veut-on savoir à quelle vie étaient réduits, pendant ce temps, les apôtres de cette mission si cruellement éprouvée ? Par respect pour l'âge et le caractère de Mgr Jeantet, les missionnaires furent unanimes à lui céder les antres les plus commodes et les cachettes les plus impénétrables, tandis qu'eux-mêmes demeuraient dans les régions les plus exposées. Mais écoutons Mgr Theurel nous faire la description saisissante de la vie souterraine qu'il menait avec MM. Saiget et Vénard, et des tortures qui déchiraient l'âme de l'évêque :

« Quel sort digne d'envie, cher ami ! Trois missionnaires, dont un évêque, couchés côte à côte, jour et nuit, dans un espace d'un mètre cinquante centimètres carrés, recevant un jour incertain par trois gros trous à passer le doigt, perforés dans la terre de la cloison, et que notre vieille hôtesse a bien soin encore de boucher à demi par un fagot de paille en dehors. Et si les méchants nous inquiètent, ne croyez pas que nous soyons à bout de ressources. Sous nos pieds est un antre en briques fort bien construit, quoique à la chandelle, pendant deux ou trois nuits, par un de nos catéchistes ; dans cet antre, il y a trois tubes de bambou qui vont habilement sous terre chercher l'air extérieur sur les bords d'une mare voisine. Ce catéchiste a encore bâti deux antres dans le même village, sans compter quatre ou cinq entre-cloisons.

« Nous avons joui de l'hospitalité offerte par la vieille chrétienne pendant trois semaines, et ne croyez pas que nous étions tristes au moins. Je n'ose le dire, mais peut-être eussiez-vous été mal édifiés de notre gaîté. Quand notre fenêtre à trois trous nous refusait le jour, nous avions une lampe préparée artistement de manière à laisser échapper trois rayons de lumière, juste assez pour éclairer une demi page d'un livre in-12, et sans oublier l'abat-jour, afin que la lumière ne se réflétât pas sur la cloison et ne sortît pas à l'extérieur par les fentes.

« Peut-être me demanderez-vous : dans un pareil état de réclusion, sans air, sans lumière, sans exercice, comment pouvez-vous encore vivre ! Cher ami, votre question est parfaitement raisonnable ; vous pourriez même demander : comment ne devenez-vous des fous ? Toujours renfermés dans l'étroitesse de quatre murs, sous un toit que vous touchez de la main, ayant pour commensaux, les araignées, les rats et les crapauds, obligés de parler toujours à voix basse, comme le vent, disent les Annamites, assaillis chaque jour de mauvaises nouvelles : prêtres pris, décapités ; chrétientés détruites et dispersées parmi les païens ; beaucoup de chrétiens qui apostasient, et ceux qui demeurent fermes envoyés dans les montagnes malsaines, où ils périssent abandonnés, etc., etc., et cela sans que l'on puisse prévoir quelle en sera la fin, ou plutôt, ne la prévoyant que trop, j'avoue qu'il faut une grâce spéciale, ce qu'on appelle une grâce d'état, pour résister à la tentation du découragement et de la tristesse. »

Mais qu'était devenu M. Néron, pendant ces jours de violente persécution ? Le missionnaire avait-il continué de trouver un asile soit dans la maison de Dieu, soit chez les religieuses de Ta-Xa ? Quelque cachette d'Yen-Tap l'avait-elle dérobé aux poursuites si actives des satellites, ou s'était-il vu réduit à se jeter dans les montagnes, certain d'être consumé à la longue par la fièvre ? Nous avons hâte de renseigner le lecteur.

II

DERNIERS TEMPS EN XU-DOAI.

M. Néron, à la date de sa dernière lettre, en novembre 1857, était toujours au village de Ta-Xa, tantôt habitant la maison de Dieu, tantôt caché chez les *Amantes de la Croix*. Pendant les années qui suivirent, les communications devinrent de plus en plus difficiles au missionnaire ; le cercle de fer, que la persécution traçait autour de lui, allait toujours se resserrant.

Nous avons entendu Mgr Retord, dans cette admirable lettre du 7 octobre 1858, où il se demande ce que sont devenus les apôtres de cette mission, si belle autrefois, à cette heure si désolée, déclarer, que depuis six mois, il n'avait point reçu de nouvelles. de M. Néron, qu'il ne savait ni où il était, ni s'il vivait encore. Au mois de mai de cette même année, toujours d'après le même prélat, deux catéchistes de M. Néron, apportant ses lettres et celles des PP. Annamites de la province, furent arrêtés en Ha-Noi et livrés au grand mandarin. Tous deux souffrirent beaucoup ; l'un, Van-man, eut la gloire de mourir dans les fers pour Jésus-Christ ; l'autre Van-vi se vit condamner à l'exil.

Jusqu'en 1859, notre missionnaire put demeurer caché dans les villages de Ta-Xa et d'Yen-Tap. Mais, à la fin de 1859, la persécution devenant furieuse sur tous les points, il dut se retirer aux montagnes. Les lettres de Mgr Retord et de Mgr Theurel nous ont dit éloquemment ce que furent les tribulations des confesseurs réduits à cette extrémité. Un prêtre annamite de Xu-Doai a rapporté que M. Néron, cerné dans les montagnes par les satellites, y avait passé quatre jours seul et sans aucune provision. La troupe ayant levé cette espèce de siége, il fut trouvé sans connaissance (1). Une autre fois il s'égara, et ce ne fut qu'après vingt-quatre heures de recherches que ses conducteurs le trouvèrent, épuisé de faim et de fatigue. Il était étendu sans mouvement, quoique ayant encore sa connaissance. Dans les lettres qu'il réussit à faire par-

(1) Lettre de Mgr Theurel à M. Charrier, citée dans la vie du prélat, p. 119.

venir au vicaire apostolique, il se borne à dire qu'il a eu beaucoup de tribulations et passe sous silence ces accidents (1).

Depuis le mois d'octobre 1859 jusqu'à celui d'août 1860, on n'eut aucune nouvelle de lui ; ce n'était pas qu'il négligeât d'écrire à ses confrères ; il fit, du lieu éloigné où il se trouvait, plusieurs tentatives, pour faire parvenir ses lettres, mais toujours inutilement. Enfin, au commencement d'août, tandis que Mgr Theurel se trouvait avec Mgr Jeantet, qu'il était venu visiter à la faveur de l'inondation, les deux prélats reçurent des lettres de M. Néron. Le missionnaire y exposait sa situation, qui le réduisait parfois à prendre pension chez des païens ; il demandait s'il était convenable qu'il essayât de revenir près de ses confrères, dans des lieux plus habitables. Il lui fut immédiatement répondu qu'il cherchât aussitôt les moyens de se rapprocher de son évêque.

M. Néron se tenait alors caché dans une maison isolée, à l'entrée du village d'Yen-Tap, à l'insu de presque tout le monde, comme c'est l'ordinaire dans les mauvais temps. La réponse du coadjuteur n'eut pas le temps de lui parvenir. Quand il demandait ainsi, au commencement d'août, les ordres de ses supérieurs, son heure approchait. Bientôt il serait lavé dans ce baptême de sang que la grâce de son sauveur lui

(1) Relation de Mgr Theurel, *Annales*, tome XXXIII, p. 363.

avait fait si ardemment désirer. Celui qui devait le livrer n'était pas loin.

III

PASSION DE M. NÉRON.

Le martyre est la grande victoire remportée par le chrétien sur le monde, le noble et éclatant témoignage rendu par le fidèle à Jésus-Christ, l'amour pour Dieu qui va jusqu'à donner sa vie pour Celui qu'on aime. « Le monde vous pressurera, avait dit Jésus-Christ à ses disciples, la veille de sa mort ; mais ayez confiance ; j'ai vaincu le monde (1). » Et de fait, le monde qui avait d'abord haï le maître, a poursuivi de la même haine les disciples (2). Comme le Sauveur, ils ont été mis sous le pressoir de la tribulation. A l'instigation du même esprit de ténèbres, les mêmes passions ont été soulevées contre eux ; car ce que le monde poursuit encore et voudrait anéantir aujourd'hui, c'est toujours Jésus-Christ, dont les fidèles sont les membres ; c'est sa vérité, qui brille en eux par la foi ; c'est sa grâce, dont la sainteté est un reproche aux méchants ; c'est, en un mot, toute la personne du fils de Dieu qui se reflète dans ses saints.

Forts de la parole du Christ, les apôtres, les

(1) S. Jean. Chap. XVI, 33.
(2) *Ibid.* Chap. XV, 18.

martyrs ont eu confiance ; et ils ont vaincu le monde : ou plutôt, Jésus-Christ en eux a continué de vaincre le monde, qui ne se lasse point de le persécuter. « *Le Sauveur*, dit saint Cyprien, *qui a vaincu une fois pour nous la mort, remporte tous les jours cette même victoire dans ses martyrs* (1). Pendant trois siècles, l'empire romain a épuisé contre eux tous les supplices et les tourments, mais pour citer la noble apostrophe du même pontife aux martyrs et aux confesseurs : « *Ce n'est pas vous qui avez cédé aux supplices, ce sont bien plutôt les supplices qui ont dû céder* (2). » La violence des tourments et l'horreur des supplices n'ont fait que mieux montrer la divine force de Celui qui luttait dans les martyrs et la grandeur de l'amour qui donnait ainsi généreusement sa vie.

Ce même spectacle, vraiment digne de Dieu et de ses anges, ne cesse point d'être donné par l'Eglise. Au XIXe siècle, dans l'extrême Orient, comme à Rome au temps des Néron, des Dèce et des Dioclétien, c'est avec des formes diverses, la même rage des bourreaux, le même raffinement de tourments, la même cruauté de supplices, déployés contre les confesseurs, et, dans ceux-ci, c'est la même force divine, la même sérénité, le même triomphe de la grâce. Nous

(1) « *Et qui pro nobis mortem semel vicit, semper vincit in nobis* » Ep. ad. Martyres et confessores, lib. 2.

(2) « *Nec cessistis suppliciis, sed vobis potius supplicia cesserunt.* »

trouvons en Annam, comme dans le vieux monde romain, l'horreur des prisons, le sombre des cachots, les lourdes et pesantes chaînes, les flagellations sanglantes; le glaive demeure l'instrument prédestiné de la gloire des martyrs, celui qui consomme ordinairement leur sacrifice à Dieu. Mais à la place des roues, des chevalets, des ongles de fer, des fouets plombés, des chaudières bouillantes, des chaises embrasées, etc., c'est la cage réservée aux grands criminels, c'est la cangue, la chaîne triangulaire, ce sont les *ceps*, le rotin, les pointes aigües, etc. La passion de M. Néron devant être marquée de la plupart de ces supplices, nous en placerons ici une description exacte, qui permettra au lecteur de mieux apprécier les souffrances du martyr et tout ce qui a décoré son triomphe.

La cage est réservée aux grands criminels. Ecoutons M. Cornay nous décrire celle qu'on lui avait préparée, dans cette même prison de Son-Tay, qui s'ouvrira bientôt à M. Néron : « Elle est carrée, écrivait le vénérable confesseur, posée sur quatre pieds de six pouces d'élévation. Sa longueur est de cinq pieds environ, sur quatre de large et autant de hauteur, à l'intérieur. On est vite fatigué d'être toujours assis ou couché dans une si étroite circonférence. La nuit surtout, je suis brisé par la dureté du bois; mais il faut bien souffrir, sans autre perspective qu'une augmentation de douleurs de jour en jour. Tel est la volonté de Dieu: qu'elle s'accomplisse ! Quant à mes occupations, je récite mon office, je médite et je m'abandonne à la sainte volonté de Dieu, le priant de me donner la force de confesser son saint nom devant les infidèles (1). »

C'est l'illustre Mgr Retord qui nous donnera la description des autres supplices, qu'il a si souvent retracés dans les actes des martyrs (2). Le premier supplice, écrit donc le prélat, est celui de la *cangue* (pareillement usité en Chine). La cangue est une espèce d'échelle de quatre ou cinq pieds de longueur, de dix à quarante livres de pesanteur, dont les deux côtés sont unis ensemble à une distance d'environ six pouces, par quatre chevilles ou échelons de fer. La tête du patient est passée entre les deux traverses du milieu ; il a ainsi les deux montants sur chacune de ses épaules. Or, un semblable meuble, à porter jour et nuit pendant plusieurs mois ou plusieurs années, est extrêmement incommode ; et lors même qu'on obtienne qu'il soit allégé, à la longue, il devient bien pesant ; le cou et les épaules finissent par en être écorchés.

On charge aussi les confesseurs, au lieu ou même en sus de la cangue, de la *chaîne*. Elle a trois branches, dont l'une est attachée au cou par une grande boucle, et les deux autres fixées aux jambes par les anneaux qui les terminent. Elle pèse de cinq à quinze livres, plus ou moins, selon le plus ou moins d'argent donné pour la rendre légère. Quelquefois elle est trop longue,

(1) Voir en particulier LA SALLE DES MARTYRS, p. 138.
(2) *Annales*, tome XXXI, p. 53.

et alors, pour marcher, il faut la relever d'une main (comme nous l'avons vu faire à M. Schoeffler, s'avançant au martyre); d'autrefois elle est trop courte, ce qui oblige le captif à se tenir constamment courbé.

Un autre supplice de la prison est celui des *ceps*, ou entraves. Ce sont deux pièces de bois, dans lesquelles les pieds se trouvent pris audessus de la cheville, et d'où l'on ne peut les retirer que lorsque le geôlier desserre une des traverses, ce qu'il ne fait que pour quelque temps, et lorsqu'il a été soudoyé. Or, ces entraves entament souvent les pieds, et la douleur est d'autant plus grande qu'on ne peut y appliquer aucun médicament pour l'adoucir. Comme elles sont fixées et immobiles, les prisonniers sont obligés de se tenir, toute la nuit, couchés ou assis, sans pouvoir bouger de place. C'est aux *ceps* que fut mis saint Paul avec Silas, dans la prison de Philippes. L'auteur des *Actes* dit du gardien : « *et pedes eorum strinxit ligno* (1). »

Il est souvent fait mention, dans le récit des souffrances endurées par les Confesseurs, du supplice du *rotin*. Le rotin est une verge flexible, de la grosseur du petit doigt, d'environ quatre pieds de long ; le bout en a été fendu en quatre parties, qui sont reliées très-fortement entre elles par une ficelle trempée dans la colle, ce qui le rend plus lourd à son extrémité et lui empêche de s'écraser en frappant. Avec cette verge, le

____

(1) *Actes des Apôtres*, XVI, 24.

bourreau, qui est toujours un homme fort et exercé, assène des coups violents sur les patients couchés sur le ventre. Il en donne de cinquante à soixante coups, allant lentement, afin de laisser au grand mandarin le temps de faire, entre chaque coup, ses admonitions à celui qu'il fait frapper.

Après la flagellation, viennent les tenailles, tantôt froides, tantôt rougies au brasier d'un forgeron qui est toujours là avec son soufflet, dont le bruit seul fait frémir. On pince avec ces tenailles un morceau de chair aux cuisses du malheureux patient, couché et lié à terre, et on le lui arrache par un double mouvement de torsion et de traction brusque et saccadé; cette cruelle opération est renouvelée cinq ou six fois sur le même individu.

Un dernier instrument de tortures est celui des pointes de clous fixés dans une planche, sur laquelle on fait mettre le confesseur à genoux, pendant un temps plus ou moins long. Ces pointes aiguës lui entrent dans les jointures et pénètrent jusqu'aux os; le sang ruisselle, la victime pousse des soupirs déchirants, et les mandarins, riant de ses contorsions, mêlent à ses angoisses des blasphèmes contre Jésus-Christ et des imprécations contre les chrétiens. Lorsque le néophyte a tenu ferme contre la douleur de tous ces tourments, on use d'un nouveau supplice, qui consiste à le porter sur la croix par les deux bouts de sa cangue, tandis qu'on lui tire les pieds et qu'on les lui frappe à coups de rotin pour le contraindre à la fouler. S'il prononce les saints noms de Jésus et de Marie, s'il murmure quelques prières, les bourreaux lui appliquent des soufflets sur la bouche, pour le faire taire ; d'autres satellites, pour l'enhardir à cette profanation, outragent en sa présence l'objet de son culte ; le mandarin fait battre le crucifix sous ses yeux, le fait fouler aux pieds par des soldats païens, en disant au confesseur : « Tu vois bien que ton Jésus n'a aucun pouvoir. »

Le lecteur sait maintenant ce que souffrent les confesseurs, dans les prisons d'Annam. Il peut se représenter cette cage des grands criminels, dans laquelle M. Néron sera renfermé plusieurs mois pour Jésus-Christ ; la lourde mais glorieuse chaîne, qui décorera le confesseur ; la cruelle flagellation du rotin, à laquelle il sera soumis.

Jésus-Christ, qui souffre dans ses martyrs, leur fait l'insigne honneur de conformer leur passion à la sienne. Chaque confesseur porte en lui la ressemblance du Sauveur, à laquelle on reconnaît la grâce du Chef. Les actes de M. Néron nous le montreront, comme son Maître, trahi par un des siens, doux, patient, se taisant devant ses juges, n'ouvrant pas la bouche pour se plaindre, ne faisant pas entendre un soupir. Ces traits sont communs à tous les martyrs ; chacun a de plus sa physionomie propre. M. Cornay chantait devant le mandarin, qui voulait entendre sa belle voix ; il chantait dans sa cage, après la cruelle question qui avait sillonné son corps de cinquante coups de rotin ; il chantait encore, pendant que le cortége qui le conduisait au supplice, faisait le tour de la forteresse où il avait été renfermé. Son jeune compatriote, Jean-Théophane Vénard honorera aussi de ses chants le palais du mandarin ; il écrira de sa cage des lettres qui auront le secret d'émouvoir l'Europe, et se montrera joyeux, comme un enfant dont le Bon Dieu, dit-il, ménage la faiblesse. Entendons-le dire à Marie, dans son beau et poétique langage : « Quand ma tête tombera sous la hache du bourreau, ô Mère Immaculée, recevez votre petit serviteur, comme la grappe de raisin mûr tombé sous le tranchant, comme la rose épanouie cueillie en votre honneur : *Ave, Maria.* » C'était, dans ces jeunes martyrs, la charité de Jésus-Christ qui les pressait. Le même esprit de Jésus-Christ agira dans M. Néron, pour le constituer déjà extérieurement comme mort, en l'arrachant à tout ce qui l'entoure et le séparant entièrement des hommes, de manière à l'absorber complètement en Dieu. Nous le verrons exprimer particulièrement, dans sa personne, Jésus-Christ, le *grand délaissé*, la Victime qui s'anéantit, avant d'être immolée et consumée pour Dieu.

La relation officielle de la captivité et de la mort de M. Néron, qu'il est temps de mettre sous les yeux du lecteur, a été dressée par Mgr Theurel, le coadjuteur de cette église persécutée. Les faits qui y sont contenus ont toute l'authenticité désirable. Le prélat déclare les tenir de la bouche du diacre Nhât, qui avait suivi notre martyr du commencement à la fin, et qu'il avait interrogé sur ce sujet avec la plus grande sollicitude. Nous transcrivons ici religieusement ces actes, sans y rien changer, heureux de pouvoir clore cette partie principale de la vie de notre martyr, par le récit du jeune et intrépide évêque qui eut à porter lui-même tout le poids de la persécution.

La lettre où Mgr Theurel donne la relation du martyre de M. Néron est adressée à M. Libois, procureur des Missions-Etrangères à Hong-Kong ; elle porte la date du 10 janvier 1861. Après quelques mots sur la vie apostolique, et en particulier sur les derniers temps du séjour de M. Néron à Yen-Tap, au mois d'août 1860, le prélat continue ainsi :

« La nuit du 5 au 6 août, le maire chrétien du village de Ta-Xa, suivi du chef de canton qui avait déjà arrêté M. Néron deux ans auparavant, ce maire qui avait longtemps donné asile à notre confrère, aujourd'hui converti en Judas, vient se présenter à la porte de la maison qui lui sert de refuge, et l'appelle par son nom. M. Néron, reconnaissant la voix de cet ancien ami, et supposant sans doute qu'il apportait quelque nouvelle d'un blocus imminent, sort sans défiance ; mais à peine a-t-il franchi le seuil, que le traître, pour tout salut, lui décharge sur les jarrets un grand coup de bâton qui le fait tomber à la renverse. La troupe du chef de canton, composée d'environ vingt hommes, se jette alors sur cette proie facile, garotte fortement son prisonnier, l'entraîne dans une barque amenée à ce dessein et s'éloigne à la hâte.

« Le village d'Yen-Tap n'avait pas eu le temps de savoir ce qui se passait, que déjà le guet-à-pens était consommé et irrémédiable. Tout ce que l'on put faire dès lors, ce fut de négocier avec les preneurs, pour qu'ils épargnassent à ce hameau le malheur d'être impliqué dans cette affaire. Cela coûta douze à treize cents ligatures ; et M. Néron fut présenté aux mandarins comme ayant été pris dans les forêts d'Yen-Tap, à l'entrée de la nuit, sans avoir eu le temps de pénétrer dans aucun village. Il était accompagné, ajouta-t-on, de deux disciples ; mais ils s'étaient enfuis d'une course si rapide, qu'il avait été impossible de les atteindre. La vérité était que le diacre qui suivait M. Néron dans ces derniers temps, était absent au moment de l'arrestation.

« Le chef de canton et le maire de Ta-Xa ayant amené leur captif à la sous-préfecture, le petit mandarin du lieu, le capitaine des satellites, le greffier et autres personnages, que l'espoir des récompenses ou la crainte de se voir compromis animait du plus beau zèle, en tout douze ou treize individus, voulurent figurer sur le procès-verbal de capture. Il en résulta que le roi, partageant entre tous ces dévoués serviteurs la somme d'argent promise par ses édits, ne donna à personne aucune dignité, pas même au traître qui avait livré le Père de son âme et son ami.

« La nouvelle d'une telle prise ayant été transmise au chef-lieu du département de Sôn-Tay, un lieutenant-colonel fut immédiatement dépêché avec cinquante soldats pour aller au-devant du cortége. Par ordre du préfet, la garde nationale de tous les villages semés sur la route devait grossir l'escorte d'étape en étape, afin d'éviter tout danger d'enlèvement. Le prisonnier, portant la chaîne, et enfermé dans une cage de bois, privilége exclusif des grands criminels, fut donc conduit au milieu d'un concours immense de peuple, accouru pour voir un visage européen ; et, comme personne au monde n'était tenté d'employer la force pour le délivrer, il arriva sans encombre à la ville, le 7 du mois d'août. Logé dans le palais du mandarin de la justice, il demeura visible aux regards des curieux, qui pouvaient même s'entretenir avec lui, mais difficilement approcher de sa cage.

« Le 2 septembre, M. Néron fut amené solennellement devant le tribunal réuni du mandarin-préfet, du mandarin des tributs et du mandarin de la justice. Interrogé sur l'époque de son arrivée en ce pays, sur les lieux qu'il avait habités, sur l'expédition franco-espagnole en Cochinchine, il répondit en peu de paroles et avec une prudence parfaite : ce dont les juges n'étant pas satisfaits, ils le menacèrent du rotin. M. Néron répondit que le rotin ne l'effrayait pas, que l'ange de Dieu saurait bien le guérir des blessures qu'on lui ferait. Il fut donc étendu par terre et allongé violemment selon l'usage ; puis on fit jouer le bâton. De temps en temps les mandarins interrompaient la série des coups pour adresser au patient quelque question. Mais celui qui auparavant parlait peu, garda alors un silence absolu, se contentant de souffrir pour Dieu, aussi longtemps qu'il plairait aux hommes de le frapper. Après quarante coups bien appliqués, mais qui n'arrachèrent pas à M. Néron le plus léger soupir, ordre fut donné au bourreau de s'arrêter. Le confesseur, dégagé de ses liens, se releva tranquillement et rentra dans sa cage; la séance était levée. On supposait que notre confrère serait encore mis à la question, au moins deux ou trois fois ; mais il n'en fut rien, et c'est peut-être à cause du fait que je vais dire.

« A partir du 4 septembre, M. Néron demeura vingt-un jours sans prendre aucune nourriture, buvant seulement quelques gorgées d'eau fraîche, le matin, lorsqu'il se lavait le visage. Ses gardes, et aussi le lieutenant-colonel qui l'avait amené à la ville, l'engageant à manger, il répondit que le moment n'était pas venu ; et malgré ce jeûne prolongé, il faisait chaque jour, quand on ouvrait sa cage, une petite promenade. Le vingt-deuxième jour il consentit à manger un petit pain très-mince, cela le fit évanouir ; et déjà les mandarins s'apprêtaient à lui couper la tête, lorsqu'il reprit ses sens. Le vingt-troisième jour, il dit à ses gardes de cuire désormais du riz en bonne quantité ; et depuis lors, il mangea beaucoup et très-régulièrement. Voilà un fait extraordinaire sans doute, et j'ai moi-même longtemps refusé d'y croire. Mais, outre qu'une multitude de témoins l'affirment, et en particulier les confesseurs de la foi détenus avec notre confrère, le diacre qui l'avait suivi à la ville, et qui tous les deux jours s'informait de son état auprès de ses gardes mêmes, déclare que c'était une chose si notoire et si avérée, qu'à la fin on avait cessé de présenter des aliments à M. Néron, et que le préfet, étonné qu'il vécût encore après un tel jeûne, disait qu'il était devenu Bouddha consommé. Enfin, ce qui me persuade encore mieux, c'est que dans la sentence de M. Néron, qui fut envoyée à la capitale le 6 septembre, j'ai lu moi-même très-clairement que « *le criminel, depuis qu'il a subi la question, refuse obstinément toute nourriture, sans qu'aucune sollicitation puisse le détourner de cette résolution. Pour ce motif*, ajoutent les mandarins, *nous n'avons pas cru devoir le soumettre à de nouveaux interrogatoires, et nous osons prier le roi de fixer promptement son sort.* » Sur de telles preuves, j'ai cessé de nier ce jeûne de vingt-un jours, et je suppose que M. Néron avait par devers lui quelque intention pieuse, qui n'est connue que de Dieu seul.

« Pendant sa détention qui dura près de trois mois, Mgr Jeantet et moi lui fîmes parvenir plusieurs lettres, auxquelles nous l'invitions à vouloir bien répondre. Mais il garda toujours un silence absolu. Le commandant de ses gardes, à qui l'on avait parlé pour ce sujet, lui ayant offert du papier et une plume pour faire ses adieux à ses amis, il répliqua qu'il n'avait rien à écrire. C'est ainsi qu'il a voulu mourir au monde le plus complètement possible, en ne lui laissant pas même une lettre pour souvenir.

« Plusieurs pensaient que M. Néron serait

mandé à la capitale ; mais le roi approuva simplement la sentence, telle qu'elle avait été rédigée par les mandarins du département ; et, le 3 novembre, notre heureux confrère fut conduit au supplice. Il ne lui restait plus alors, dit son diacre, que la moitié de la corpulence qu'il avait au moment de son arrestation. Le lieu du supplice était éloigné de la ville d'environ une demi-heure : M. Néron y alla à pied, marchant les yeux baissés, et récitant des prières. Son diacre et le prêtre de la paroisse étaient mêlés dans la foule, et, au moment même de l'exécution, se tenaient en face de lui, à une distance de cinq ou six mètres. Il ne les aperçut point, absorbé qu'il était en Dieu. Le même lieutenant-colonel qui l'avait amené à la ville, fut chargé de présider à son exécution. Cet homme s'était attaché à M. Néron ; avant de donner les derniers ordres, il descendit de cheval et vint lui parler un instant, sans doute pour lui demander pardon de la coopération qu'il prenait à sa mort. Le bourreau aussi chercha longtemps un remplaçant, offrant trois ligatures à qui donnerait à sa place le fatal coup de sabre, et publiant hautement la répugnance qu'il avait cette fois, à remplir son office ; mais il ne trouva personne qui consentît à le suppléer. Au premier coup de sabre, M. Néron demeura fixe sur ses genoux ; au deuxième coup, la tête tomba, et notre chère Congrégation compta un martyr de plus. On remarqua que ni avant, ni pendant, ni après l'exécution, le corps et la tête du missionnaire n'avaient éprouvé la moindre convulsion, comme s'il eût été insensible à la douleur. A peine la tête fut-elle séparée du tronc, que bourreaux, capitaines et soldats se précipitèrent sur ces restes sanglants, pour en emporter des reliques, les uns déchirant par lambeaux les habits du martyr, les autres imbibant de son sang des étoffes apportées à ce dessein.

« Par les soins du curé de la paroisse, un païen de la ville, à défaut de chrétiens, dont aucun n'osa paraître en cette occasion, un honnête païen, dis-je, se présenta au nom de l'humanité, et dit que, le prêtre étranger n'ayant personne pour lui rendre les derniers devoirs, il demandait au mandarin la permission d'ensevelir son corps. Cette autorisation fut accordée, et le corps du martyr put reposer dans un cercueil, au lieu même du supplice.

« Quant à la tête, la sentence portait qu'elle serait exposée pendant trois jours. La coutume, quand il s'agit de suppliciés ordinaires, est de piquer cette tête au haut d'un bâton ; mais pour celle du martyr, il n'en fut pas ainsi. On la sala immédiatement, puis elle fut renfermée dans une caisse, qu'on suspendit à côté de l'écriteau abrégé de la sentence, en sorte que la tête elle-même n'était pas visible. Les trois jours expirés, le curé de la paroisse, ayant fait parler au capitaine qui surveillait l'exposition, pensait obtenir ce chef désiré. Mais lorsque le capitaine rapporta la tête au préfet, espérant qu'il serait chargé seul de la jeter au fleuve, le mandarin lui adjoignit

déux autres officiers, leur confiant en commun
l'exécution de ce dernier point de la sentence.
Lorsqu'ils arrivèrent au bord du fleuve, ouvrant
la caisse qui renfermait la tête, ils virent, ont-
ils dit tous les trois, un globe rouge d'environ
quatre pouces de diamètre s'élever de la caisse
jusqu'au ciel. Je rapporte ce fait, sans me prononcer sur son authenticité. Quoi qu'il en soit
du globe rouge, les trois capitaines, après avoir
demandé mille pardons à la tête du martyr, la jetèrent réellement au fleuve, où elle ne put être
retrouvée. C'est à l'ange du seigneur qu'est réservé cet office au jour du jugement. »

APRÈS LE MARTYRE

Nous pourrions clore ici notre récit, à l'acte final de la vie de M. Néron. « Il a été martyr, avons-nous le droit de répéter après saint Ambroise, cela suffit et tout est dit : « *Appellavi martyrem, prœdicavi satis* (1). »

Mais le lecteur, à ce moment, se reporte avec nous vers Bornay, l'humble village de l'Apôtre. Sa pensée va chercher la famille du martyr, ce digne et pieux M. Clément, qui n'a pas été visité, depuis trois ans, par des lettres du missionnaire. Comment leur sera parvenue, comment aura été accueillie la nouvelle de la glorieuse mort ? A l'heure où nous écrivons ces lignes, dix-sept ans se seront bientôt écoulés depuis l'entrée dans la gloire de M. Néron. Son père et sa mère vivent-ils toujours ? Sont-ils encore assis à ce foyer où l'ardent jeune homme se sentit, un soir d'hiver, subitement touché et converti par la grâce ? Bornay a-t-il toujours pour curé l'humble prêtre

_____

(1) S. Ambr. Lib. de Virgin.

que Dieu donna pour ange à son élu ? Et puis, avant de quitter cette terre d'Annam, qui a gardé le corps de notre martyr, nous avons besoin de faire un retour vers ces chrétientés si affligées du Tonkin occidental. La tourmente les a-t-elle détruites, ou bien, grâce au sang de leurs martyrs, sont-elles aujourd'hui debout, florissantes et prospères comme aux beaux jours de Mgr Retord ? Que sont devenus les pasteurs du troupeau, qu'avait dispersés au loin l'orage? Le glaive a-t-il fait de nouveaux martyrs parmi les missionnaires ? Ke-Vinh, Ke-Non, Hoang-Nguyen sortent-ils de leurs ruines ? L'avenir, en un mot, appartient-il à Dieu, dans ces contrées qui ont déjà tant coûté à l'Eglise ? Nous voudrions, avant de nous séparer du lecteur, le satisfaire brièvement sur tous ces points.

M. Néron, dans une lettre qui fut la dernière, écrivait à M. Clément : « Il n'y a guère d'apparence que je puisse jamais vous aller mettre en frais d'une fête..... A la distance où je suis de Bornay, je ne pense qu'à l'éternelle fête dont nous jouirons ensemble dans le ciel. » Notre missionnaire, en effet, ne devait plus revoir Bornay, ni les siens. Moins de trois ans après cette lettre, il était mis en possession de cette fête du ciel, à laquelle il conviait son pieux et saint curé. Mais M. Clément ne s'en mit pas moins en frais d'une fête, pour l'apôtre et le martyr que sa paroisse avait donné à l'Eglise.

La nouvelle de l'arrestation, puis du supplice

de M. Néron, était successivement arrivée en France, par la voie de Hong-Kong. Aussitôt que le triomphe du confesseur put être regardé comme certain, M. Clément conçut le dessein de remercier publiquement Dieu de cette grâce insigne accordée au diocèse de Saint-Claude, et particulièrement à sa paroisse. L'église de Bornay, parée comme aux jours de fête, se remplit de fidèles, compatriotes et amis du missionnaire martyr. Un nombreux clergé, et, au premier rang, les prêtres qui avaient aidé la vocation ecclésiastique du jeune Néron, entouraient M.Clément. M. Serrurot, curé des Cordeliers, de Lons-le-Saunier, fit entendre, dans la circonstance, cette parole élevée, qui sait atteindre, avec clarté, aux profondeurs de la vérité. Tous les membres de la famille du martyr s'approchèrent de la sainte table. C'était du haut du Ciel que l'âme d'un fils, d'un frère, les conviait à ce banquet de Dieu : le premier, il était arrivé, et au prix de son sang, au rendez-vous qu'il leur avait tant de fois donné ; ils se proposaient bien de n'y pas manquer à leur tour. En attendant, ils communiaient sur la terre à ce même Dieu, dont la vue réjouissait éternellement le martyr au ciel.

Ce fut, pour la pieuse mère de M. Néron, sa dernière visite à l'église de Bornay. Elle se vit prise, vers la fin de la messe, d'une seconde attaque de paralysie, qui obligea de l'emporter à la maison, où elle languit encore deux ans.

Son vieux père ne s'éteignit qu'en 1867. Dieu

lui ménagea, avant sa mort, une consolation et un honneur qui le trouvèrent sensible. Le 19 avril 1866, Mgr Theurel, évêque d'Acanthe, que le rétablissement d'une santé prématurément usée avait ramené en France, voulut bien profiter d'un séjour de quelques heures dans notre ville, pour visiter Bornay, et porter une bénédiction à la famille de M. Néron. Son entrevue avec le vieux père et avec le frère du martyr, avec ses sœurs Louise et Marie, fut simple et touchante. Le coadjuteur de Mgr Jeantet n'avait alors que 37 ans. C'était bien ce jeune et intrépide évêque des missions, aux formes alertes et vives, qui avait passé des mois et des années dans des antres ou des cachettes, qui s'échappait comme en se jouant des mains des satellites, et qu'une longue habitude de se faire tout à tous rendait le frère et l'ami, bien plus que le supérieur de tous. On approchait de lui avec ouverture et confiance ; il donnait la main avec bonté, embrassait les enfants, entrait volontiers dans des détails familiers. Le souvenir de son passage à Bornay est demeuré vivant dans le cœur des parents et des amis du Martyr.

M. Clément eut la consolation d'accompagner Mgr Theurel dans cette pieuse excursion de Bornay. Toutefois ce ne fut pas lui qui reçut le prélat au presbytère ; l'humble et saint prêtre était devenu aumônier des Sœurs du tiers-ordre de St-François, dont la maison-mère s'élève au pied même de Bornay. Il passa à Dieu l'année suivante, le 27 août 1867. Ses anciens parois-

siens vinrent prendre le corps du défunt chez
les religieuses et l'emportèrent sur leurs épaules
à Bornay, où il repose au milieu d'eux.

Mais nous avons hâte de revenir à l'église désolée du Tonkin. La persécution, loin de se ra-
lentir, n'avait fait que redoubler d'intensité,
depuis la mort de M. Néron. Un descendant de
l'ancienne famille des Lé avait levé, dans le nord,
l'étendard de la révolte contre Tu-Duc, entraînant à sa suite beaucoup de partisans. Pressé au
sud par les Français, au nord par les révoltés,
Tu-Duc se vengea sur les chrétiens, dont il dé-
créta la proscription en masse. Ce fut dans tout
le Tonkin une affreuse boucherie. On compta
jusqu'à 600 exécutions de chrétiens en un seul
jour. Douze ou quinze cents, entassés dans des
prisons improvisées qu'on avait entourées de
pailles, de bambous et de broussailles, furent
brûlés vifs par des soldats. Dans le Tonkin central, où s'était produit le premier soulèvement
des révoltés, le nombre des fidèles immolés à la
haine des païens atteignit le chiffre de seize
mille.

En octobre 1861, il ne restait au Tonkin occidental que l'Evêque, son coadjuteur et M. Saiget. Vendu, comme M. Néron, par un traître,
M. Vénard avait été saisi dans un double mur,
au mois de décembre 1860, mis en cage et
conduit à Ke-Cho, ancienne capitale du Tonkin.
Le 2 février suivant, jour où la Vierge présenta

la divine victime au temple, Marie reçut « son petit serviteur » dont la tête venait de tomber sous la hache du bourreau, « comme la grappe « de raisin mûr tombé sous le tranchant, comme « la rose épanouie cueillie en son honneur ». MM. Charbonnier et Mathevon, acculés au bord de la mer depuis plus d'un an, tombèrent aux mains de l'ennemi vers le mois de juin de la même année. Enfermés chacun dans une cage, mais sans chaîne, ils furent conduits ensemble au chef-lieu de Thanh-Hoa, où ils devaient passer onze mois dans la même prison. On leur appliqua quinze fois les tenailles à froid et quinze fois les tenailles rougies.

L'Evêque et son coadjuteur furent plus d'une fois sur le point d'être pris. C'est ainsi que le village où était Mgr Jeantet fut bloqué en octobre 1861. Les soldats trouvèrent dans un antre tout ce qui restait des effets du prélat ; s'ils eussent pioché deux pieds plus loin ils déterraient l'Evêque. A la même époque, Mgr Theurel demeura caché dix-sept jours consécutifs dans un antre souterrain, où il faillit sérieusement être asphyxié.

Moins heureuse, la mission des PP. Dominicains vit ses deux évêques NN. SS. Hermosilla et Berrio-Ochoa, tomber avec le P. Almato, un de leurs missionnaires, entre les mains des bourreaux de Tu-Duc. Les trois confesseurs furent décapités ensemble le 1er novembre 1861. En moins d'un demi-siècle, six vicaires apostoliques du Tonkin oriental avaient ajouté la pourpre du martyre à l'éclat de leur robe de pontifes.

Si l'on veut maintenant récapituler, dans le seul clergé indigène, le nombre des martyrs et des confesseurs, trente prêtres, **au Tonkin occidental, avaient, depuis 1858, versé leur sang pour Jésus-Christ ;** neuf demeuraient détenus dans les prisons : le chiffre était plus considérable encore au Tonkin central. Quant aux catéchistes et aux élèves des maisons de Dieu, les prisons ne cessaient d'en regorger, ceux qui étaient envoyés en exil se trouvant aussitôt remplacés par d'autres. La situation du reste des chrétiens, humainement parlant, était totalement désespérée. Un édit du roi, paru vers le mois d'août, ordonnait d'en faire le recensement avec la dernière exactitude, de confisquer leurs biens et de les disperser eux-mêmes aux quatre vents, dans les villages païens. En exécution de ces ordres, on avait fait pour les notables, au département de Ninh-Binh, une prison nouvelle très-vaste, où ils étaient aux ceps le jour et la nuit. Les chefs de famille du menu peuple, rejoints ensuite par leurs femmes et leurs enfants, avaient été répartis dans des villages païens très-éloignés. Dans quelques provinces, tous ces chrétiens, hommes, femmes et enfants, étaient parqués dans des palissades d'où ils ne pouvaient sortir, recevant pour toute nourriture six sapèques de riz par jour. Enfin un édit secret ordonnait de *balayer* tous les chrétiens et, dans le cas où la guerre avec les Français prendrait une tournure alarmante, d'égorger tous ceux qui resteraient (1).

C'est quand tout était humainement perdu, que le salut vint, à l'heure marquée par Dieu. Les Français, malgré les bravades du souverain annamite, s'établissaient définitivement dans la Basse-Cochinchine. Désespérant de chasser les barbares d'Occident et témoin d'ailleurs des progrès de l'insurrection, maîtresse dans neuf départements, Tu-Duc se résolut à *donner la paix* à nos compatriotes, et envoya deux mandarins plénipotentiaires traiter avec le contre-amiral Bonnard à Saïgon. Après des négociations assez laborieuses, un traité, signé le 4 juin 1862, sur six provinces conquises en abandonnait trois à la France, en même temps qu'il reconnaissait la liberté de conscience pour les chrétiens et statuait qu'à l'avenir les Annamites seraient libres d'embrasser la religion chrétienne. Ce traité, qui ne stipulait rien pour le passé, avait été arraché par la force à Tu-Duc. Aussi, six jours après, au Tonkin central, un prêtre était encore décapité ; deux cents chrétiens étaient pareillement mis à mort, le cinq juin à Chan-Dinh et, quelques jours auparavant, cinquante-trois avaient été brûlés vifs à Ke-Doi.

Le Tonkin se trouvait éloigné de l'action française ; il fallut du temps pour croire au traité. Ce fut seulement au mois de septembre qu'on le

(1) Voir pour l'ensemble de ces faits : *Annales,* temo XXXV, p. 142-155, 317-322.

prit au sérieux, et que les missionnaires purent se montrer en plein jour. MM. Charbonnier et Mathevon, sortis de leur cage au bout de onze mois d'une glorieuse captivité, avaient dû être dirigés sur le *Sanatorium* à Hong-Kong. Nous trouvons, le 1er octobre 1862, le Vicaire apostolique et son coadjuteur réunis avec quelque sécurité sous le même toit. Ils pleurent ensemble sur la disparition de leurs prêtres et la dispersion de leur troupeau, sur la destruction de leurs colléges, la dévastation de toutes les chrétientés, et font l'inventaire des ruines accumulées par la persécution.

Cependant les malheureux chrétiens, dispersés dans toutes les provinces, revenaient peu à peu, cherchant à retrouver leurs foyers dévastés. Pour présider au travail de restauration des chrétientés, il n'y avait, avec un vieil évêque affaibli par l'âge et brisé par la persécution, que le Coadjuteur, assisté d'un seul missionnaire, M. Saiget. La difficulté des transports retenait M. Galy à Hong-Kong, où nous l'avons vu se réfugier. On expédiait bien de nouveaux missionnaires d'Europe ; mais il leur fallait six mois pour arriver, et un an ou deux pour se mettre au courant de la langue et des usages du pays. « Le Coadjuteur n'écoutant que son zèle, dit l'auteur de sa vie, courut d'abord au plus pressé et s'installa dans les paroisses centrales de la mission, pour réunir les catéchistes, diriger les prêtres indigènes, recevoir les exilés, accueillir les pécheurs et réconcilier les apostats qui venaient en foule se soumettre aux lois de l'Eglise... Pendant plusieurs mois, il passa les jours et les nuits au confessional, c'est-à-dire enfermé dans une mauvaise cabane de bambou, élevée à la hâte sur les bords de quelque étang ou de quelque marécage. Occupé à la réconciliation des pécheurs, il ne sortait guère de là que pour donner des ordres à ses catéchistes et aux prêtres qu'il avait pu réunir (1). » Mgr Theurel pourvut de la sorte aux plus pressants besoins de l'administration des paroisses et de la réconciliation des pécheurs. Mettant ensuite tous ses soins à l'œuvre du clergé indigène, il s'empressa de rétablir le séminaire dont il se fit tout à la fois le directeur et le professeur. On éleva, en même temps, de petits colléges pour le latin, qui se remplirent vite. Les élèves en furent dispersés dans différents villages, afin d'éviter le plus possible, dans ces commencements, les regards soupçonneux des mandarins.

Quelque vigoureuse que fut la constitution de Mgr Theurel, elle céda à l'excès du travail et de la fatigue. La dyssenterie, fléau le plus redoutable pour les Européens qui habitent l'extrême Orient, épuisait depuis deux mois ses forces, quand Mgr Jeantet, résolu de tout tenter pour le sauver, envoya son jeune coadjuteur à Hong-Kong, avec

(1) Mgr Theurel, par M. l'abbé Morey, p. 128. Ce livre nous a été du plus grand secours pour cette dernière partie de notre travail, et nous y avons plus d'une fois puisé.

ordre de ne pas revenir avant d'être guéri. « Partez, lui dit le vieil évêque, j'attendrai votre guérison pour dire mon *Nunc dimittis* et mourir en paix. » Des prières solennelles étaient en même temps prescrites dans tout le vicariat, pour la guérison du prélat. Mais à Hong-Kong, comme à Saïgon et à Singapore, les médecins déclarèrent que le seul remède, ayant quelque chance de succès, était l'air d'Europe. Mgr Theurel, malgré sa répugnance à s'éloigner du pays de sa mission, dut donc s'embarquer à Singapore, pour la France, vers le milieu de juin 1865 : un catéchiste, nommé Paul Trinh, l'accompagnait.

Le prélat arriva, le 6 août, à Marseille. Moins d'une année après, il fut en état de reprendre le chemin du Tonkin ; quelques mois de séjour en France avaient suffi à vaincre le mal. Il profita de son voyage en Europe, pour aller vénérer à Rome « la pierre de la Confession Apostolique, » et demander au Pontife suprême, pour le pasteur et son troupeau, cette bénédiction qui console et fortifie. Le 24 juillet 1866, il était de retour à Singapore, plein de force et de santé. Ce jour-là même, le vénérable Vicaire apostolique du Tonkin occidental, Mgr Jeantet, rendait son âme à Dieu, après quarante-sept années d'apostolat, laissant au jeune et courageux prélat, que Dieu lui renvoyait, toute la charge de l'administration du vicariat.

Mgr Theurel, rendu à sa mission, se consacra avec une nouvelle ardeur à relever les ruines qu'avait faites la persécution. Il entreprit une visite générale de toutes les chrétientés, en commençant par les provinces méridionales, qui étaient le plus délaissées. A Phat-Diem, où il passa les fêtes de Pâques, l'Evêque se trouva entouré de quatre missionnaires, MM. Puginier, Lesserteur, Schorung et Landais. Douze mille personnes, réunies sous des hangars autour de la chétive église, assistèrent à la grande solennité ; et, parmi elles, beaucoup de païens, des chefs de canton et d'autres personnages remarquables. Cette tournée pastorale, qui ne fut pas interrompue jusqu'à la fin de juillet, eut pour résultat de relever le courage des fidèles ; on leur montrait que le traité de paix devait être pris au sérieux. Plus d'une difficulté locale, dans lesquelles étaient impliqués les chrétiens avec les autorités locales, furent aussi aplanies. Un autre fruit de cette tournée fut la fondation, à Phuc-Nac, d'un collége spécial pour cette partie de la mission ; Monseigneur en confia la direction à M. Puginier. Les colléges du reste du vicariat étaient, pendant ce temps, successivement réorganisés.

L'Avent de 1867 fut employé à la visite de la province de Nam-Dinh, celle où la persécution avait sévi avec le plus de fureur. Malgré les rumeurs qui annonçaient un prochain soulèvement des *lettrés*, le préfet de la province et les mandarins des différents grades accueillirent bien le Vicaire apostolique. L'œuvre de restauration, on le voit, était en bonne voie d'accomplisment. Désireux de la consolider par tous les moyens, l'évêque d'Acanthe profita des pouvoirs qu'il venait de recevoir du Saint-Siége, pour se donner un coadjuteur. Son choix tomba sur le supérieur du collége récemment érigé de Phuc-Nac, M. Puginier. Le nouveau prélat fut sacré le 29 janvier 1868, avec le titre d'évêque de Mauricastre, par Mgr Theurel, assisté de NN. SS. Alcazar et Riano, vicaires apostoliques de la mission dominicaine. Les annales de l'Eglise du Tonkin n'avaient pas conservé le souvenir d'une solennité aussi imposante. On y vit réunis, autour des évêques, tous les missionnaires du vicariat, vingt-huit prêtres indigènes, environ cinq cents catéchistes ou élèves de toutes les catégories. Des milliers de chrétiens étaient accourus de de sept ou huit provinces, pour être témoins de la cérémonie, toujours si imposante, d'un sacre d'évêque.

Ce fut la dernière joie de Mgr Theurel. A ce moment même, s'amoncelaient à l'horizon les nuages qui présageaient une nouvelle tempête ; les soulèvements des *lettrés* contre les chrétiens, dont nous parlerons bientôt, suivirent de près cette belle fête. La douleur qu'en ressentit l'Evêque, comme aussi les fatigues et les travaux incessants de son administration, ramenèrent bientôt les symptômes de son ancienne maladie. Sur ces entrefaites, le prélat eut encore la douleur de perdre son provicaire et ami, M. Saiget, qui avait supporté avec lui le feu de la persécution ; sa position s'en aggrava. La mort l'enleva à son vicariat et aux missions, le 3 novembre

1868, au jour même où M. Néron avait cueilli la palme du martyre. Mgr Theurel n'était âgé que de trente-neuf ans. Sa carrière avait été courte, mais pleine. Il laissait l'administration du vicariat en des mains nouvellement consacrées, qui sauraient tenir avec fermeté et sagesse le gouvernail d'une église, dont les épreuves ne touchaient pas à leur fin.

Depuis le traité de 1862, la situation, on a pu le voir, avait extérieurement bien changé. La tranquillité était revenue; le gouvernement se montrait moins hostile ; et, en beaucoup d'endroits, on trouvait les païens presque sympathiques aux chétiens : il semblait qu'on pouvait envisager l'avenir avec quelque assurance. Tu-Duc, d'autre part, une fois en paix avec les Français, avait eu raison, en peu de temps, des révoltés du Tonkin. Désireux de faire profiter son royaume des sciences de l'Europe et des bienfaits de notre civilisation, il avait envoyé à Paris en 1866, Mgr Gauthier, chargé officiellement de lui ramener des savants ; et, deux ans après, une ambassade solennelle partait de Hué pour la France.

Le monde officiel toutefois, et principalement les *lettrés*, supportait avec indignation la présence à Saïgon des barbares d'Occident, comme ils nous appelaient. Un vaste complot, qui donna l'occasion aux chrétiens de prouver leur fidélité, s'était de bonne heure formé, pour expulser les Français de la Cochinchine, ou tout au moins pour les surprendre et les massacrer.

Mais, la compression énergique de la révolte ayant montré à Tu-Duc que nous entendions rester définitivement à Saïgon, le prince mit en apparence plus de bonne volonté dans l'exécution du traité. L'opposition n'en fermentait pas moins. Profitant de la révolte de la basse Cochinchine, la France réclamait les trois provinces qu'elle avait consenties, par le traité, à rendre à Tu-Duc ; la possession lui en était devenue nécessaire, pour la sécurité de sa colonie. Quand, plus tard, le contre-amiral gouverneur dut les prendre de vive force, l'agitation et le mécontentement furent à leur comble parmi les *lettrés*. Or, l'influence de cette classe est sérieusement à redouter en Annam, particulièrement à l'époque des grands concours. Réunis alors par milliers, les *lettrés* peuvent se porter à des extrémités qu'on ne saurait prévoir.

Leur fureur éclata d'abord dans la province de Nam-Dinh. On y avait établi, sous prétexte de se préparer, en cas d'invasion française, à une résistance énergique, une milice mobile, placée sous la direction de mandarins en retraite ; elle avait pour général un mandarin lettré, cassé depuis longtemps, mais dont l'autorité était très-grande. Se servant de cette milice pour assouvir leurs projets contre les chrétiens, les *lettrés*, au commencement de 1868, brûlèrent et saccagèrent, l'une après l'autre, une douzaine de chrétientés ; près de 4,000 chrétiens furent réduits à n'avoir plus ni feu ni lieu. Au Tonkin méridional, où les *lettrés* se trouvèrent plus puissants, une trentaine de villages devinrent la proie des flammes.

Les demi-mesures prises en cette circonstance par la cour de Hué, l'impunité assurée en plusieurs endroits aux persécuteurs, contribuèrent à rendre de jour en jour plus précaire la situation des chrétiens. En certaines provinces, ils étaient sous la menace d'un massacre général. Le jubilé conciliaire de 1870 apporta une lueur de consolation aux pauvres fidèles. Il faut, pour trouver des fruits aussi consolants de salut, remonter au grand jubilé de 1870. Dans cette année de bénédiction, on compta, dans le Tonkin occidental, 1,021 baptêmes d'adultes, et 1,247 en 1872. Le clergé indigène, d'autre part, était presque remonté au chiffre qu'il atteignait avant la persécution.

Mais les plus mauvais jours n'étaient pas encore passés. La haine croissante des *lettrés* et leur projet d'extermination des chrétiens trouvèrent un aide puissant dans les événements qu'il nous faut maintenant rapporter. M. Dupuis, négociant français, qui était parvenu, après mille difficultés, à remonter, avec deux petits navires et une chaloupe à vapeur, le fleuve Song-Ca et à se fixer à Ke-Cho, sollicitait vainement du gouvernement annamite l'autorisation de circuler sur le grand fleuve. L'amiral Dupré, gouverneur de la colonie française, se décida, sur la demande de Tu-Duc, à envoyer sur les lieux un délégué pour examiner les prétentions de M. Dupuis. Son choix tomba sur un habile et courageux officier, M. Garnier, lieutenant de vaisseau. Il arrivait à Ke-Cho vers la fin d'octobre 1873, à la tête de 300 hommes d'infanterie de marine et avec deux canonnières de fleuve. Les prétentions de M. Dupuis ayant été jugées raisonnables et justes par l'envoyé français, il n'en fallut pas davantage pour soulever tous les mandarins contre lui. Mais les populations, supportant avec peine l'oppression sous laquelle elles gémissaient, saluèrent les Français comme des libérateurs. M. Garnier, le 17 novembre, posait aux mandarins son ultimatum, qui ne fut pas accepté. Le 20, la citadelle de Ke-Cho était prise d'assaut par la petite troupe française. Une foule de volontaires, principalement parmi les chrétiens, vinrent aussitôt offrir leurs services à M. Garnier. En quelques jours les Français s'étaient rendus maîtres de plusieurs villes et postes importants quand, le 21 décembre, M. Garnier, emporté par sa bravoure, se lança, accompagné de quelques hommes seulement, à la poursuite d'un ennemi vingt fois plus nombreux ; cerné par cette troupe, il tomba percé de lances, ainsi que M. Balny et trois soldats français.

Ce fut, pour les *lettrés*, le signal de l'extermination des chrétiens. Dès avant la mort de M. Garnier, et aussitôt après la prise de Nam-Dinh, ils s'étaient mis à parcourir les campagnes, et avaient commencé à assouvir leur haine contre les Français, en se vengeant sur les chrétiens. Mais quand, le 10 janvier, les citadelles tombées en notre pouvoir eurent été évacuées, à la suite de la déclaration d'un nouvel envoyé, qui blâmait M. Garnier comme ayant dépassé ses instructions, leur fureur ne connut plus de bornes ; on compta 84 chrétientés saccagées, 300 chrétiens massacrés, 3 prêtres indigènes tués. Par suite de l'incendie de leurs villages, plus de 25,000 chrétiens se trouvèrent, au mois de février, sans maisons pour s'abriter, avec la perspective de n'avoir échappé au massacre que pour être réduits à mourir de faim. Il faut compter, parmi ces victimes, un grand nombre de martyrs; car, en beaucoup d'endroits, on avait placé des croix le long des routes, et l'on massacrait impitoyablement les chrétiens qui n'osaient, en les franchissant, faire un acte que leur conscience aurait désavoué.

Le Tonkin méridional devait passer par une épreuve plus douloureuse encore. Dans la province de Nghé-An, les *lettrés*, ne gardant plus de frein, purent se livrer à une véritable extermination des chrétiens. Se joignant à des troupes rebelles, avec lesquelles la coupable tolérance de quelques mandarins et la connivence de beaucoup d'autres les avaient encouragé à faire cause commune, ils entassèrent ruines sur ruines. A la fin du mois de juin 1874, il ne restait plus debout, dans la province de Nghé-An, que trois villages chrétiens, qui s'étaient mis en état de défense et servaient de refuge à près de 20,000 personnes. Déjà les rebelles avaient commencé à investir le chef-lieu, et les mandarins cernés de toutes parts, allaient entrer en arrangement avec l'ennemi, quand deux cents chrétiens courageux, mettant leur confiance dans la protection de la sainte Vierge, réussirent à les débloquer. Huit paroisses, contenant en moyenne une population de 3,000 âmes, avaient été pillées, beaucoup de chrétientés brûlées, et près de 10,000 chrétiens massacrés. Quoique la plupart aient été tués dans le sac des villages, beaucoup cependant, emmenés captifs, avaient reçu l'ordre d'apostasier ; et, sur leur refus formel, on leur avait tranché la tête.

Le gouvernement de Tu-Duc déclinait toute participation à ces massacres ; mais la connivence de plusieurs grands mandarins, et même de parents du roi, n'était pas douteuse. D'un autre côté, les mandarins devenaient impuissants à protéger les chrétiens, pour n'avoir pas, au début, arrêté les chefs des *lettrés*, comme c'était leur devoir. Aussi les chrétiens furent-ils obligés de se défendre eux-mêmes. Pour s'étonner de cette résistance, il faudrait avoir oublié qu'ils n'avaient pas affaire au gouvernement, mais bien à des bandes de malfaiteurs. Ils ne faisaient donc qu'user du droit de légitime défense. Il est même regrettable qu'ils n'aient pu ou n'aient osé se défendre, que sur un petit nombre de points. A Xa-Doai, un faible rempart de terre et quelques mauvais fusils suffirent à protéger, pendant longtemps, 12,000 chrétiens (1).

Cette crise terrible, par laquelle passait l'église au Tonkin, n'effrayait pas Mgr Puginier : « Je ne

______

(1) Voir pour cette persécution des *lettrés*, ANNALES, tomes XLI, XLVI, XLVII.

vous cacherai pas, écrivait le prélat, le 26 août 1874, que je la regarde comme de bonne augure pour la religion. Celui qui souffre dans ses membres ne laissera pas sans fruit tant de douleurs, tant d'angoisses et de si grands sacrifices, forcés, il est vrai, mais généralement acceptés avec résignation. Après les jours de désolation, que nous partageons avec l'Eglise entière, viendront aussi pour nous les jours de triomphe. Nos ennemis, alors éclairés, se convertiront en grand nombre, et le vrai Dieu sera connu et glorifié même par ceux qui aujourd'hui persécutent ses enfants. Cette pensée soutient notre foi; elle ramène notre courage, quand il serait tenté de se laisser abattre (1). »

Les jours de triomphe sont en effet venus : aujourd'hui l'Eglise du Tonkin est de nouveau debout, plus forte et plus prospère que jamais. Le traité conclu à Saïgon, le 15 mars 1873, entre la France et le royaume d'Annam, traité par lequel est garantie aux missionnaires la pleine liberté de l'apostolat, et aux Annamites la pleine liberté de professer la religion chrétienne, commence à être fécond en résultats, grâce à la présence des Français à Saïgon. C'est en grand nombre que les païens à cette heure se sentent attirés vers la religion; le sang des martyrs produit des fruits abondants de salut parmi eux, et les espérances de conversions encore plus nombreuses n'ont jamais été aussi fondées.

(1) *Annales.* Tome XLVII, p. 15.

En 1876, la statistique du vicariat du Tonkin Occidental marquait 141,000 chrétiens. On comptait, pour l'année : 1,876 baptêmes d'adultes, chiffre qui n'avait pas encore été atteint dans ce siècle ; 6,403 baptêmes d'enfants de chrétiens ; 44,136 baptêmes d'enfants de païens. Le personnel de la mission se composait d'un évêque, de 28 missionnaires et de 98 prêtres indigènes, assistés par le ministère de 320 catéchistes. Les séminaires, au nombre de trois, renfermaient 268 élèves. Qui n'admirerait la puissante vitalité de cette Eglise !

Mais si elle a pu se relever si vite au lendemain d'atroces persécutions, c'est à l'œuvre des séminaires qu'elle le doit. « Les vicaires apostoliques de cette mission ont tous compris, dit Mgr Puginier, que c'est là l'œuvre fondamentale, et ils n'ont cessé de lui donner leurs plus vives sollicitudes. Si Mgr Retord, d'illustre mémoire, a pu opérer de si grandes choses, s'il a pu braver, pour ainsi dire, la fureur des persécuteurs, en leur fournissant tant de têtes à trancher, c'est grâce aux séminaires qu'il avait trouvés établis et qu'il avait perfectionnés. Si, après la tempête où tant de prêtres avaient glorieusement péri, il en resta cependant assez pour rallier les phalanges des chrétiens dispersés, c'est que Mgr Jeantet et Mgr Theurel purent se procurer des sujets, formés autrefois dans les séminaires. Ces sujets avaient été assez nombreux pour remplir les prisons de toutes les provinces de l'empire annamite. La persécution une fois calmée, ces confesseurs de la foi se trouvèrent préparés à recevoir le caractère sacerdotal. Oui, ce sont les séminaires qui ont sauvé la mission dans les temps de persécution ; ce sont eux qui lui ont permis de se relever si promptement avec la liberté religieuse ; ce sont eux encore, si le bon Dieu les bénit, qui seront le plus puissant moyen d'étendre la religion parmi les païens et de l'affermir dans le cœur des fidèles. »

Avant de nous séparer de cette terre du Tonkin occidental, qui vivra éternellement dans nos souvenirs, avec la mémoire des apôtres qui l'ont fécondée de leurs sueurs et arrosée de leur sang, nous sentons le besoin de visiter une dernière fois tous ces lieux, théâtre de la vie apostolique de notre martyr.

Voici d'abord Ke-Vinh, où le missionnaire passa les premiers temps de son séjour au Tonkin : Ke-Vinh, l'antique résidence des vicaires apostoliques ; le quartier général des opérations ; le principal collége de la mission, que dirigea pendant deux années M. Néron : héroïque chrétienté, qui fut détruite et entièrement rasée par les mandarins en 1858 ! Le palais épiscopal n'a pas été relevé ; Ke-Vinh n'a plus la communauté qui faisait autrefois sa gloire. Au retour de l'exil, les chrétiens ne purent réussir à rentrer en possession de leurs biens, sur lesquels les païens avaient acquis un titre légal. Mais Mgr Theurel, en reconnaissance des innombrables services rendus autrefois à la mission par cette chrétienté, réussit, à force de démarches et après de nombreux délais, à faire rapporter la sentence royale qui l'avait rayée du nombre des communes et entièrement dépossédée. Aujourd'hui elle se reconstitue, et le nombre de ses habitants s'élève déjà à plusieurs centaines. C'est le chef-lieu d'une paroisse que desservent deux prêtres indigènes. Son église, où fut enseveli le Vén. Jean-Louis Bonnard, possède toujours les corps de ses trois martyrs.

Ke-Non est demeurée une chrétienté florissante ; mais le séminaire de théologie, habité si longtemps par Mgr Jeantet et où M. Néron visita son vénérable compatriote, ne s'y trouve plus ; il a été transporté à So-Kien.

So-Kien, déjà collége avant la persécution, chrétienté située dans la province de Ha-Noï, à peu près au centre du vicariat, est devenu la résidence du vicaire apostolique ; le grand séminaire y a été transporté et l'on y compte aussi un collége de catéchistes, avec une imprimerie. Le caveau de son église possède, depuis 1864, le corps de Mgr Retord, que Mgr Theurel est allé chercher chez les sauvages de Dong-Bau, où il demeura enseveli pendant six ans. Près du cercueil du grand évêque a été déposé celui de son successeur, héritier de son zèle pour la mission, comme du titre, désormais glorieux, d'évêque d'Acanthe.

Hoang-Nguyen, dans le Ha-Noi, et Phuc-Nac, dans la province de Ninh-Binh, situés à égale distance de So-Kien, l'un au nord et l'autre au midi, sont aujourd'hui les deux petits séminaires de la mission. Phuc-Nac, collége de création récente, confine au district de Kim-Son, qui fut administré par M. Néron. Nous avons vu Mgr Theurel visiter, en 1867, cette partie du vicariat. La belle paroisse de Phat-Diem, qui le posséda cette année-là pour les fêtes de Pâques, n'a pas vu diminuer le nombre de ses fidèles; elle compte, comme au temps de M. Néron, plus de 8,000 chrétiens.

Reprenons maintenant cette route du Xu-Doai, qui mit notre missionnaire sur la voie du martyre. Le district, divisé aujourd'hui en six paroisses, ne contient plus que 12,000 âmes, au lieu des seize mille que comprenaient les quatre grandes paroisses confiées à M. Néron. Pendant l'espace de sept ans, jusqu'en 1874, cinq de ces paroisses ont été, à plusieurs reprises, ravagées par les rebelles chinois, au moment où, sur d'autres points du vicariat, fermentait, pour éclater ensuite, la persécution des *lettrés*. Une paroisse surtout, Song-Cai, a souffert au-delà de toute mesure. Des trois mille chrétiens qu'elle comptait, c'est à peine s'il en reste aujourd'hui de douze à treize cents. Tous les autres ont été massacrés par les rebelles ou sont morts de misère; les quinze chrétientés qui formaient la paroisse ont été complètement détruites. Mgr Puginier, qui transmettait ces détails à la fin de 1875 (1), travaille avec ardeur à rétablir ces

____

(1) *Annales*, tome XLVIII, p. 393.

chrétientés si dignes d'intérêt. Les prêtres qui en sont chargés le secondent avec un dévouement et un courage au-dessus de tout éloge ; ils consentent à vivre au milieu de ces pauvres gens, dans des cabanes malsaines, qui leur occasionnent des fièvres presque continues ; plus d'une fois ils ont eu à souffrir avec eux de la faim.

Son-Tay, capitale de la province, clora notre pèlerinage. Là, sur cette terre déjà consacrée par le martyre des Vén. Cornay et Schœffler, notre missionnaire a mérité de cueillir la glorieuse palme.

Nous avons vu, dans la relation de son martyre, comment un honnête païen s'était présenté, au nom de l'humanité, et avait enseveli son corps, à l'endroit même où il avait été supplicié. Un capitaine chrétien l'a exhumé de son propre chef et enterré dans sa maison, où il est réuni aux corps de deux autres martyrs. C'est là, nous l'espérons, que l'Eglise le reprendra un jour, pour lui rendre les honneurs de la béatification, en attendant la gloire de la résurrection finale.

Et maintenant adieu, terre du Tonkin, terre des apôtres, des confesseurs et des martyrs ; terre trempée des sueurs de nos missionnaires et qui a bu leur sang : sois désormais la terre du Christ et de son Eglise. Tu es ce champ privilégié auquel le père de famille a prodigué les ouvriers ; qu'à l'avenir tes sillons soient féconds et que nous les voyions se couvrir d'une riche moisson. Trop longtemps, ceux qui t'apportèrent la divine parole l'ont semée dans les larmes; *Euntes ibant et flebant mittentes semina sua :* maintenant, ceux qui te seront envoyés moissonneront dans la joie, emportant dans leurs bras d'abondantes gerbes ; *Venientes autem venient cum exultatione, portantes manipulos suos* (1) !

(1) Psalm. CXXV, 6.

RECTIFICATION

Nous avions dit, p. 66, en parlant de la constitution de la Société des Missions-Etrangères : « Le supérieur du séminaire, rééligible, dans les premiers temps, tous les trois ans, est présentement nommé à vie. » M. Lesserteur, directeur au séminaire des Missions-Etrangères, à qui nous avons communiqué notre travail, a bien voulu nous faire observer que, d'après le règlement *actuellement* en vigueur, il est au contraire élu *pour trois ans.*

« Les directeurs du séminaire, présidés par le Supérieur, avions-nous ajouté, composent le conseil de la Congrégation. Au Conseil appartient l'administration extérieure de la société... » Or, nous devons à la même communication bienveillante de pouvoir signaler une nouvelle inexactitude dans ces lignes. Le Conseil est, à proprement parler, le conseil du Séminaire, *mais non de la Société ;* il ne s'occupe pas non plus, *directement,* de l'administration de la Société.

PRIÈRES

POUR LA CONVERSION

DES INFIDÈLES

MISSÆ VOTIVÆ

PRO FIDEI PROPAGATIONE

ORATIO.

Deus, qui omnes homines vis salvos fieri, et ad agnitionem veritatis venire : mitte, quæsumus, operarios in messem tuam, et da eis cum omni fiducia loqui verbum tuum ; ut sermo tuus currat, et clarificetur, et omnes Gentes cognoscant te solum Deum verum, et quem misisti Jesum Christum Filium tuum Dominum nostrum. Qui tecum.

SECRETA.

Protector noster aspice Deus, et respice in faciem Christi tui, qui dedit redemptionem semetipsum pro omnibus : et fac, ut ab ortu solis usque ad occasum magnificetur nomen tuum in Gentibus, ac in omni loco sacrificetur, et offeratur nomini tuo oblatio munda. Per eumdem Dominum.

POSTCOMMUNIO.

Redemptionis nostræ munere vegetati, quæsumus Domine : ut hoc perpetuæ salutis auxilio, fides semper vera proficiat. Per Dominum.

PRIÈRE DE SAINT FRANÇOIS XAVIER

POUR LA CONVERSION DES INFIDÈLES

O Dieu éternel, créateur de toutes choses, souvenez-vous des âmes des infidèles que vous avez créées à votre image et à votre ressemblance. Voici, mon Dieu, qu'à votre déshonneur, l'enfer en est rempli. N'oubliez pas que Jésus votre fils a souffert pour leur salut une mort très-douloureuse. Veuillez, Seigneur, je vous en supplie, ne pas permettre plus longtemps que votre Fils soit méprisé des infidèles ; mais, apaisé par les prières de vos Saints et de l'Epouse de votre Fils, la sainte Eglise, rappelez-vous votre miséricorde, et oubliant leur idolâtrie et leur infidélité, faites qu'ils connaissent enfin, eux aussi, Celui que vous avez envoyé, Jésus-Christ notre Seigneur, qui est notre salut, notre vie et notre résurrection, par qui nous avons été sauvés et délivrés et à qui appartient la gloire dans les siècles des siècles. Ainsi-soit-il.

Æterne rerum omnium effector Deus, memento abs te animas infidelium procreatas, easque ad imaginem et similitudinem tuam conditas. Ecce, Domine, in opprobrium tuum his ipsis infernus impletur. Memento Jesum Filium tuum pro illorum salute atrocissimam subiisse necem. Noli, quæso, Domine, ultra permittere, ut Filius tuus ab infidelibus contemnatur ; sed precibus sanctorum virorum, et Ecclesiæ, sanctissimi Filii tui sponsæ, placatus, recordare misericordiæ tuæ, et oblitus idololatriæ et infidelitatis eorum, effice ut ipsi quoque agnoscant aliquando, quem misisti Dominum Jesum Christum, qui est salus, vita et resurrectio nostra, per quem salvati et liberati sumus, cui sit gloria per infinita sæcula sæculorum. Amen.

Par un rescrit, en date du 24 mai 1847, le Souverain-Pontife Pie IX a accordé l'indulgence de trois cents jours à tous ceux qui récitent pieusement cette prière.

(P. MACHER, S. J.)

TABLE

PREMIÈRE PARTIE

LA VOCATION

DEUXIÈME PARTIE

LA PRÉPARATION

TROISIÈME PARTIE

LA VIE APOSTOLIQUE

QUATRIÈME PARTIE

LA CONSOMMATION PAR LE MARTYRE

FIN DE LA TABLE.

Lons-le-Saunier, imp. Gauthier Frères.

LÉGENDE EXPLICATIVE

Route postale.
Limites de province.
Limites de vicariat.
Fleuves, rivières.
Chef-lieu de province.
Village.
Résidence épiscopale ou séminaire, collége, orphelinat.
Lieux qui se rattachent à M. Néron.

PRINCIPAUX LIEUX AUXQUELS SE RATTACHE LE SOUVENIR DE M. NÉRON :

Ke-Vinh, résidence du vic. ap. : principal collége, dirigé deux ans par M. Néron.

Kim-Son, district qu'administra deux ans M. Néron.

Ta-Xa, village chrétien, dans la province de Son-Tay, où résida le missionnaire les trois dernières années de sa vie.

Yen-Tap, autre village chétien voisin de Ta-Xa, où fut arrêté M. Néron.

Son-Tay, lieu du martyre.

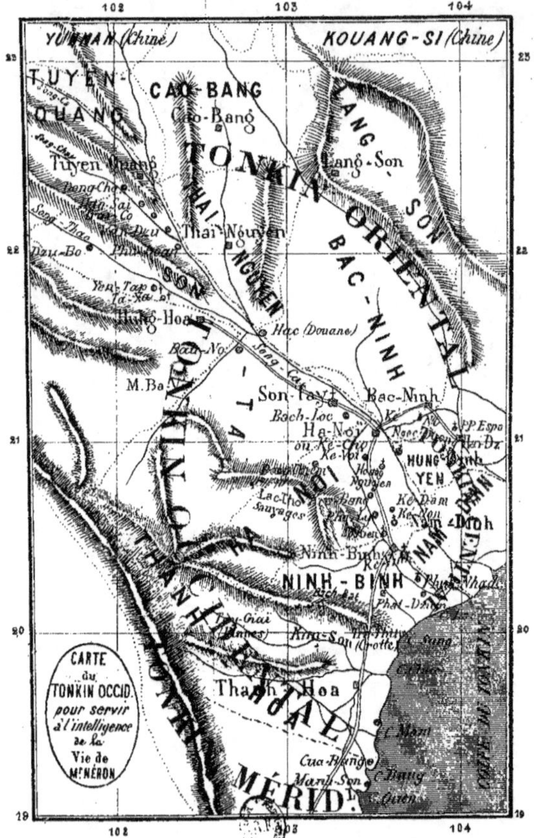
102   103   104
YUNNAN (Chine)   KOUANG-SI (Chine)
23   23
TUYEN-QUANG   CAO-BANG
Cao-Bang
TONKIN ORIENTAL
Tuyen-Quang   Lang-Son
LANG-SON
BAC-NINH
Thai-Nguyen
22   22
Dau-Bo
Yen-Tap
Ta-Xa
Hung-Hoa
Hac (Douane)
Bac-No
M.Ba
Son-Tay   Bac-Ninh
Bach-loc
Ha-Noi
21   21
HUNG-YEN
Lac-Tho
sauvages
Ke-Dam
NAM-DINH
Ninh-Binh
NINH-BINH
20   20
THANH-HOA
CARTE
du
TONKIN OCCID.
pour servir
à l'intelligence
de la
Vie de
M. NÉRON
Thanh-Hoa
Cua-Bange
Maral-Son
MÉRID.
19   19
102   103   104